A Arqueologia
do Saber

COLEÇÃO: EPISTEME – POLÍTICA, HISTÓRIA - CLÍNICA
COORDENADOR: MANOEL BARROS DA MOTTA

- **Cristianismo: Dicionário dos Tempos, dos Lugares e das Figuras**
  André Vauchez

- **Do Mundo Fechado ao Universo Infinito**
  Alexandre Koyré

- **Estudos de História do Pensamento Científico**
  Alexandre Koyré

- **Estudos de História do Pensamento Filosófico**
  Alexandre Koyré

- **Filosofia do Odor**
  Chantal Jaquet

- **A Democracia Internet**
  Dominique Cardon

- **A Loucura Maníaco-Depressiva**
  Emil Kraepelin

- **A Razão e os Remédios**
  François Dagognet

- **O Corpo**
  François Dagognet

- **Estudos de História e de Filosofia das Ciências**
  Georges Canguilhem

- **O Conhecimento da Vida**
  Georges Canguilhem

- **O Normal e o Patológico**
  Georges Canguilhem

- **Realizar-se ou se superar – Ensaio sobre o Esporte contemporâneo**
  Isabelle Queval

- **Da Psicose Paranoica em suas Relações com a Personalidade**
  Jacques Lacan

- **Filosofia das Ciências**
  Jean Cavaillés

- **História da Filosofia Política**
  Leo Strauss e Joseph Cropsey

- **Ditos e Escritos – volumes I a X**
  Michel Foucault

- **O Nascimento da Clínica**
  Michel Foucault

- **A Arqueologia do Saber**
  Michel Foucault

- **Raymond Roussel**
  Michel Foucault

- **História do Egito Antigo**
  Nicolas Grimal

- **Michel Foucault – Uma Trajetória Filosófica**
  Paul Rabinow e Hubert Dreyfus

- **Introdução à Europa Medieval 300 – 1550**
  Peter Hoppenbrouwers – Wim Blockmans

- **Michel Foucault**
  Philippe Artières, Jean-François Bert, Frédéric Gros e Judith Revel

Michel Foucault

A Arqueologia
do Saber

8ª edição

Tradução
Luiz Felipe Baeta Neves

Rio de Janeiro

■ O autor deste livro e a editora empenharam seus melhores esforços para assegurar que as informações e os procedimentos apresentados no texto estejam em acordo com os padrões aceitos à época da publicação, *e todos os dados foram atualizados pelo autor até a data de fechamento do livro.* Entretanto, tendo em conta a evolução das ciências, as atualizações legislativas, as mudanças regulamentares governamentais e o constante fluxo de novas informações sobre os temas que constam do livro, recomendamos enfaticamente que os leitores consultem sempre outras fontes fidedignas, de modo a se certificarem de que as informações contidas no texto estão corretas e de que não houve alterações nas recomendações ou na legislação regulamentadora.

■ O autor e a editora se empenharam para citar adequadamente e dar o devido crédito a todos os detentores de direitos autorais de qualquer material utilizado neste livro, dispondo-se a possíveis acertos posteriores caso, inadvertida e involuntariamente, a identificação de algum deles tenha sido omitida.

■ **Atendimento ao cliente: (11) 5080-0751 | faleconosco@grupogen.com.br**

■ Traduzido de:
L´Archéologie du Savoir
Copyright © Éditions Gallimard, 1969
All rights reserved.

■ Tradução: Luiz Felipe Baeta Neves

■ Direitos exclusivos para a língua portuguesa
Copyright © 2012, 2020, 2025 (10ª impressão) by **Editora Forense Ltda.**
Publicado pelo selo **Forense Universitária**
Uma editora integrante do GEN | Grupo Editorial Nacional
Travessa do Ouvidor, 11
Rio de Janeiro – RJ – 20040-040
www.grupogen.com.br

■ Reservados todos os direitos. É proibida a duplicação ou reprodução deste volume, no todo ou em parte, em quaisquer formas ou por quaisquer meios (eletrônico, mecânico, gravação, fotocópia, distribuição pela Internet ou outros), sem permissão, por escrito, da Editora Forense Ltda.

■ CIP – Brasil. Catalogação-na-fonte.
Sindicato Nacional dos Editores de Livros, RJ.

F86a
8.ed.

Foucault, Michel, 1926-1984
A arqueologia do saber/Michel Foucault; tradução Luiz Felipe Baeta Neves. – 8. ed. – [10ª Reimp.]. – Rio de Janeiro: Editora Forense, 2025.
(Campo teórico)

Tradução de: *L´Archéologie du Savoir*
ISBN 978-85-309-3966-3

1. Teoria do conhecimento. I. Título. II. Série.

11-8002.   CDD: 121
                                                              CDU: 165

Respeite o direito autoral

SUMÁRIO

I – INTRODUÇÃO 1

II – AS REGULARIDADES DISCURSIVAS 23
    1. As Unidades do Discurso.................................... 25
    2. As Formações Discursivas 38
    3. A Formação dos Objetos..................................... 49
    4. A Formação das Modalidades Enunciativas......... 61
    5. A Formação dos Conceitos.................................. 67
    6. A Formação das Estratégias................................ 76
    7. Observações e Consequências 84

III – O ENUNCIADO E O ARQUIVO 93
    1. Definir o Enunciado 95
    2. A Função Enunciativa... 106
    3. A Descrição dos Enunciados 129
    4. Raridade, Exterioridade, Acúmulo...................... 145
    5. O *A Priori* Histórico e o Arquivo......................... 154

IV – A DESCRIÇÃO ARQUEOLÓGICA 163
    1. Arqueologia e História das Ideias....................... 165
    2. O Original e o Regular 172
    3. As Contradições... 183
    4. Os Fatos Comparativos....................................... 192
    5. A Mudança e as Transformações 202
    6. Ciência e Saber... 214

V – CONCLUSÃO.. 237

O GEN | Grupo Editorial Nacional – maior plataforma editorial brasileira no segmento científico, técnico e profissional – publica conteúdos nas áreas de ciências humanas, exatas, jurídicas, da saúde e sociais aplicadas, além de prover serviços direcionados à educação continuada e à preparação para concursos.

As editoras que integram o GEN, das mais respeitadas no mercado editorial, construíram catálogos inigualáveis, com obras decisivas para a formação acadêmica e o aperfeiçoamento de várias gerações de profissionais e estudantes, tendo se tornado sinônimo de qualidade e seriedade.

A missão do GEN e dos núcleos de conteúdo que o compõem é prover a melhor informação científica e distribuí-la de maneira flexível e conveniente, a preços justos, gerando benefícios e servindo a autores, docentes, livreiros, funcionários, colaboradores e acionistas.

Nosso comportamento ético incondicional e nossa responsabilidade social e ambiental são reforçados pela natureza educacional de nossa atividade e dão sustentabilidade ao crescimento contínuo e à rentabilidade do grupo.

I

INTRODUÇÃO

Há dezenas de anos que a atenção dos historiadores se voltou, de preferência, para longos períodos, como se, sob as peripécias políticas e seus episódios, eles se dispusessem a revelar os equilíbrios estáveis e difíceis de serem rompidos, os processos irreversíveis, as regulações constantes, os fenômenos tendenciais que culminam e se invertem após continuidades seculares, os movimentos de acumulação e as saturações lentas, as grandes bases imóveis e mudas que o emaranhado das narrativas tradicionais recobrira com toda uma densa camada de acontecimentos. Para conduzir essa análise, os historiadores dispõem de instrumentos que criaram ou receberam: modelos de crescimento econômico, análise quantitativa dos fluxos de trocas, perfis dos desenvolvimentos e das regressões demográficas, estudo do clima e de suas oscilações, identificação das constantes sociológicas, descrição dos ajustamentos técnicos, de sua difusão e persistência. Estes instrumentos permitiram-lhes distinguir, no campo da história, camadas sedimentares diversas: as sucessões lineares, que até então tinham sido o objeto da pesquisa, foram substituídas por um jogo de interrupções em profundidade. Da mobilidade política às lentidões próprias da "civilização material", os níveis de análises se multiplicaram: cada um tem suas rupturas específicas, cada um permite um corte que só a ele pertence; e, à medida que se desce para bases mais profundas, as escansões se tornam cada vez maiores. Por trás da história desordenada dos governos, das guerras e da

4 Michel Foucault – A Arqueologia do Saber

fome, desenham-se histórias, quase imóveis ao olhar – histórias com um suave declive: história dos caminhos marítimos, história do trigo ou das minas de ouro, história da seca e da irrigação, história da rotação das culturas, história do equilíbrio obtido pela espécie humana entre a fome e a proliferação. As velhas questões de análise tradicional (Que ligação estabelecer entre acontecimentos díspares? Como estabelecer entre eles uma sequência necessária? Que continuidade os atravessa ou que significação de conjunto acabamos por formar? Pode-se definir uma totalidade ou é preciso limitar-se a reconstituir encadeamentos?) são substituídas, de agora em diante, por interrogações de outro tipo: Que estratos é preciso isolar uns dos outros? Que tipos de séries instaurar? Que critérios de periodização adotar para cada uma delas? Que sistema de relações (hierarquia, dominância, escalonamento, determinação unívoca, causalidade circular) pode ser descrito entre uma e outra? Que séries de séries podem ser estabelecidas? E em que quadro, de cronologia ampla, podem ser determinadas sequências distintas de acontecimentos?

Ora, mais ou menos na mesma época, nessas disciplinas chamadas histórias das ideias, das ciências, da filosofia, do pensamento e da literatura (a especificidade de cada uma pode ser negligenciada por um instante), nessas disciplinas que, apesar de seu título, escapam, em grande parte, ao trabalho do historiador e a seus métodos, a atenção se deslocou, ao contrário, das vastas unidades descritas como "épocas" ou "séculos" para fenômenos de ruptura. Sob as grandes continuidades do pensamento, sob as manifestações maciças e homogêneas de um espírito ou de uma mentalidade coletiva, sob o devir obstinado de uma ciência que luta apaixonadamente por existir e por se aperfeiçoar desde seu começo, sob a persistência de um gênero, de uma forma, de uma disciplina, de uma atividade teórica, procura-se agora detectar a incidência das interrupções, cuja posição e natureza são, aliás, bastante diversas. *Atos e liminares epistemológicos* descritos por G. Bachelard: suspendem o acúmulo indefinido dos conhecimentos, quebram sua lenta maturação e os introduzem em um tempo novo, os afastam de sua origem empírica e de suas motivações iniciais, e os purificam de suas cumplicidades imaginárias; prescrevem, desta forma, para a análise histórica, não mais a pesquisa dos começos silenciosos, não mais a regressão sem fim em direção aos primeiros precursores, mas a identificação de um novo tipo de racionalidade e de seus efeitos múltiplos. *Deslocamentos e transformações* dos conceitos: as análises de G. Canguilhem podem servir de modelo, pois mostram que a história de um conceito não é, de forma alguma, a de seu refinamento progressivo, de sua racionalidade continuamente crescente, de seu gradiente de abstração, mas a de seus diversos campos de constituição e de validade, a de suas regras sucessivas de uso, a dos meios teóricos múltiplos em que foi realizada e concluída sua elaboração. Distinção, feita igualmente por G. Canguilhem, entre as *escalas micro e macroscópicas* da história das ciências, onde os acontecimentos e suas consequências não se distribuem da mesma forma: assim, uma descoberta, o remanejamento de um método, a obra de um intelectual – e também seus fracassos – não têm a mesma incidência e não podem ser descritos da mesma forma em um e em outro nível, onde a história contada não é a mesma. *Redistribuições recorrentes* que fazem aparecer vários passados, várias formas de encadeamento, várias hierarquias de importância, várias redes de determinações, várias teleologias, para uma única e mesma ciência, à medida que seu presente se modifica: assim, as descrições históricas se ordenam necessariamente pela atualidade do saber, se multiplicam com suas transformações e não deixam, por sua vez, de romper com elas próprias (M. Serres acaba de apresentar a teoria desse fenômeno no domínio da matemática). *Unidades arquitetônicas dos sistemas*, tais como foram analisadas por M. Guéroult e para as quais a descrição das influências, das tradições, das continuidades culturais não é pertinente como o é a das coerências internas, a dos axiomas, das cadeias dedutivas, das compatibilidades. Finalmente, as escansões mais radicais são, sem dúvida, os cortes efetuados por um trabalho de transformação teórica quando "funda uma ciência destacando-a da ideologia de seu passado e revelando este passado como

6 Michel Foucault – A Arqueologia do Saber

ideológico".[1] A isso seria necessário acrescentar, é evidente, a análise literária, considerada daqui por diante como unidade: não a alma ou a sensibilidade de uma época, nem os "grupos", as "escolas", as "gerações" ou os "movimentos", nem mesmo o personagem do autor no jogo de trocas que ligou sua vida à sua "criação", mas sim a estrutura própria de uma obra, de um livro, de um texto.

E, assim, o grande problema que se vai colocar – que se coloca – a tais análises históricas não é mais saber por que caminhos as continuidades se puderam estabelecer; de que maneira um único e mesmo projeto pôde-se manter e constituir, para tantos espíritos diferentes e sucessivos, um horizonte único; que modo de ação e que suporte implica o jogo das transmissões, das retomadas, dos esquecimentos e das repetições; como a origem pode estender seu reinado bem além de si própria e atingir aquele desfecho que jamais se deu – o problema não é mais a tradição e o rastro, mas o recorte e o limite; não é mais o fundamento que se perpetua, e sim as transformações que valem como fundação e renovação dos fundamentos. Vê-se, então, o espraiamento de todo um campo de questões – algumas já familiares – pelas quais essa nova forma de história tenta elaborar sua própria teoria: como especificar os diferentes conceitos que permitem avaliar a descontinuidade (limiar, ruptura, corte, mutação, transformação)? Através de que critérios isolar as unidades com que nos relacionamos: O que é *uma* ciência? O que é *uma* obra? O que é *uma* teoria? O que é *um* conceito? O que é *um* texto? Como diversificar os níveis em que podemos colocar-nos, cada um deles compreendendo suas escansões e sua forma de análise? Qual é o nível legítimo da formalização? Qual é o da interpretação? Qual é o da análise estrutural? Qual é o das determinações de causalidade?

Em suma, a história do pensamento, dos conhecimentos, da filosofia, da literatura, parece multiplicar as rupturas e buscar toda as perturbações da continuidade, enquanto a história propriamente dita, a história pura e

---

1   Althusser, *Pour Marx*, p. 168.

I – Introdução   7

simplesmente, parece apagar, em benefício das estruturas fixas, a irrupção dos acontecimentos.

*

Mas que este entrecruzamento não nos iluda. Não imaginemos, com fé nas aparências, que algumas das disciplinas históricas caminharam do contínuo ao descontínuo, enquanto outras iam do formigamento das descontinuidades às grandes unidades ininterruptas; não imaginemos que, na análise da política, das instituições ou da economia, fomos cada vez mais sensíveis às determinações globais, mas sim que, na análise das ideias e do saber, prestamos uma atenção cada vez maior aos jogos da diferença; não acreditemos que, ainda uma vez, essas duas grandes formas de descrição se cruzaram sem se reconhecerem.

Na verdade, os problemas colocados são os mesmos, provocando, entretanto, na superfície, efeitos inversos. Podem-se resumir esses problemas em uma palavra: a crítica do *documento*. Nada de mal-entendidos: é claro que, desde que existe uma disciplina como a história, temo-nos servido de documentos, interrogamo-los, interrogamo-nos a seu respeito; indagamos-lhes não apenas o que eles queriam dizer, mas se eles diziam a verdade, e com que direito podiam pretendê-lo, se eram sinceros ou falsificadores, bem informados ou ignorantes, autênticos ou alterados. Mas cada uma dessas questões e toda essa grande inquietude crítica apontavam para um mesmo fim: reconstituir, a partir do que dizem estes documentos – às vezes com meias-palavras –, o passado de onde emanam e que se dilui, agora, bem distante deles; o documento sempre era tratado como a linguagem de uma voz agora reduzida ao silêncio: seu rastro frágil mas, por sorte, decifrável. Ora, por uma mutação que não data de hoje, mas que, sem dúvida, ainda não se concluiu, a história mudou sua posição acerca do documento: ela considera como sua tarefa primordial não interpretá-lo, não determinar se diz a verdade nem qual é seu valor expressivo, mas sim trabalhá-lo no interior e elaborá-lo: ela o organiza, recorta, distribui,

8 Michel Foucault – A Arqueologia do Saber

ordena e reparte em níveis, estabelece séries, distingue o que é pertinente do que não é, identifica elementos, define unidades, descreve relações. O documento, pois, não é mais, para a história, essa matéria inerte através da qual ela tenta reconstituir o que os homens fizeram ou disseram, o que é passado e o que deixa apenas rastros: ela procura definir, no próprio tecido documental, unidades, conjuntos, séries, relações. É preciso desligar a história da imagem com que ela se deleitou durante muito tempo e pela qual encontrava sua justificativa antropológica: a de uma memória milenar e coletiva que se servia de documentos materiais para reencontrar o frescor de suas lembranças; ela é o trabalho e a utilização de uma materialidade documental (livros, textos, narrações, registros, atas, edifícios, instituições, regulamentos, técnicas, objetos, costumes etc.) que apresenta sempre e em toda a parte, em qualquer sociedade, formas de permanências, quer espontâneas, quer organizadas. O documento não é o feliz instrumento de uma história que seria em si mesma, e de pleno direito, *memória*; a história é, para uma sociedade, uma certa maneira de dar *status* e elaboração à massa documental de que ela não se separa.

Digamos, para resumir, que a história, em sua forma tradicional, se dispunha a "memorizar" os *monumentos* do passado, transformá-los em *documentos* e fazer falarem estes rastros que, por si mesmos, raramente são verbais, ou que dizem em silêncio coisa diversa do que dizem; em nossos dias, a história é o que transforma os *documentos* em *monumentos* e que desdobra, onde se decifravam rastros deixados pelos homens, onde se tentava reconhecer em profundidade o que tinham sido, uma massa de elementos que devem ser isolados, agrupados, tornados pertinentes, inter-relacionados, organizados em conjuntos. Havia um tempo em que a arqueologia, como disciplina dos monumentos mudos, dos rastros inertes, dos objetos sem contexto e das coisas deixadas pelo passado, se voltava para a história e só tomava sentido pelo restabelecimento de um discurso histórico; poderíamos dizer, jogando um pouco com as palavras, que a história, em nossos dias, se volta para a arqueologia – para a descrição intrínseca do monumento.

Isso tem várias consequências. Inicialmente, o efeito de superfície que já se assinalou: a multiplicação das rupturas na história das ideias, a exposição dos períodos longos na história propriamente dita. Esta, na verdade, sob sua forma tradicional, se atribuía como tarefa definir relações (de causalidade simples, de determinação circular, de antagonismo, de expressão) entre fatos ou acontecimentos datados: sendo dada a série, tratava-se de precisar a vizinhança de cada elemento. De agora em diante, o problema é constituir séries: definir para cada uma seus elementos, fixar-lhes os limites, descobrir o tipo de relações que lhe é específico, formular-lhes a lei e, além disso, descrever as relações entre as diferentes séries, para constituir, assim, séries de séries, ou "quadros": daí a multiplicação dos estratos, seu desligamento, a especificidade do tempo e das cronologias que lhes são próprias; daí a necessidade de distinguir não mais apenas acontecimentos importantes (com uma longa cadeia de consequências) e acontecimentos mínimos, mas sim tipos de acontecimentos de nível inteiramente diferente (alguns breves, outros de duração média, como a expansão de uma técnica, ou uma rarefação da moeda; outros, finalmente, de ritmo lento, como um equilíbrio demográfico ou o ajustamento progressivo de uma economia a uma modificação do clima); daí a possibilidade de fazer com que apareçam séries com limites amplos, constituídas de acontecimentos raros ou de acontecimentos repetitivos. O aparecimento dos períodos longos na história de hoje não é um retorno às filosofias da história, às grandes eras do mundo, ou às fases prescritas pelo destino das civilizações; é o efeito da elaboração, metodologicamente organizada, das séries. Ora, na história das ideias, do pensamento e das ciências, a mesma mutação provocou um efeito inverso: dissociou a longa série constituída pelo progresso da consciência, ou a teleologia da razão, ou a evolução do pensamento humano; pôs em questão, novamente, os temas da convergência e da realização; colocou em dúvida as possibilidades da totalização. Ela ocasionou a individualização de séries diferentes, que se justapõem, se sucedem, se sobrepõem, se entrecruzam, sem que se possa reduzi-las a um esquema linear. Assim, apareceram, em lugar dessa cronologia contínua da razão, que se fazia remontar invariavelmente à inacessível origem, à sua abertura fundadora, escalas às vezes breves, distintas umas das outras, rebeldes diante de uma lei única, frequentemente portadoras de um tipo de história que é própria de cada uma, e irredutíveis ao modelo geral de uma consciência que adquire, progride e que tem memória.

Segunda consequência: a noção de descontinuidade toma um lugar importante nas disciplinas históricas. Para a história, em sua forma clássica, o descontínuo era, ao mesmo tempo, o dado e o impensável; o que se apresentava sob a natureza dos acontecimentos dispersos – decisões, acidentes, iniciativas, descobertas – e o que devia ser, pela análise, contornado, reduzido, apagado, para que aparecesse a continuidade dos acontecimentos. A descontinuidade era o estigma da dispersão temporal que o historiador se encarregava de suprimir da história. Ela se tornou, agora, um dos elementos fundamentais da análise histórica, onde aparece com um triplo papel. Constitui, de início, uma operação deliberada do historiador (e não mais o que recebe involuntariamente do material que deve tratar), pois ele deve, pelo menos a título de hipótese sistemática, distinguir os níveis possíveis da análise, os métodos que são adequados a cada um, e as periodizações que lhes convêm. É também o resultado de sua descrição (e não mais o que se deve eliminar sob o efeito de uma análise), pois o historiador se dispõe a descobrir os limites de um processo, o ponto de inflexão de uma curva, a inversão de um movimento regulador, os limites de uma oscilação, o limiar de um funcionamento, o instante de funcionamento irregular de uma causalidade circular. Ela é, enfim, o conceito que o trabalho não deixa de especificar (em lugar de negligenciá-lo como uma lacuna uniforme e indiferente entre duas figuras positivas);

ela toma uma forma e uma função específica de acordo com o domínio e o nível em que é delimitada: não se fala da mesma descontinuidade quando se descreve um limiar epistemológico, a reversão de uma curva de população, ou a substituição de uma técnica por outra. Paradoxal noção de descontinuidade: é, ao mesmo tempo, instrumento e objeto de pesquisa, delimita o campo de que é o efeito, permite individualizar os domínios, mas só pode ser estabelecida através da comparação desses domínios. Enfim, não é simplesmente um conceito presente no discurso do historiador, mas este, secretamente, a supõe: de onde poderia ele falar, na verdade, senão a partir dessa ruptura que lhe oferece como objeto a história – e sua própria história? Um dos traços mais essenciais da história nova é, sem dúvida, esse deslocamento do descontínuo: sua passagem do obstáculo à prática; sua integração no discurso do historiador, no qual não desempenha mais o papel de uma fatalidade exterior que é preciso reduzir, e sim o de um conceito operatório que se utiliza; por isso, a inversão de signos graças à qual ele não é mais o negativo da leitura histórica (seu avesso, seu fracasso, o limite de seu poder), mas o elemento positivo que determina seu objeto e valida sua análise.

Terceira consequência: o tema e a possibilidade de uma *história global* começam a se apagar, e vê-se esboçar o desenho, bem diferente, do que se poderia chamar uma *história geral*. O projeto de uma história global é o que procura reconstituir a forma de conjunto de uma civilização, o princípio – material ou espiritual – de uma sociedade, a significação comum a todos os fenômenos de um período, a lei que explica sua coesão – o que se chama metaforicamente o "rosto" de uma época. Tal projeto está ligado a duas ou três hipóteses: supõe-se que entre todos os acontecimentos de uma área espaço-temporal bem definida, entre todos os fenômenos cujo rastro foi encontrado, será possível estabelecer um sistema de relações homogêneas: rede de causalidade permitindo derivar cada um deles relações de analogia mostrando como eles se simbolizam uns aos outros, ou como todos exprimem um único e mesmo núcleo central; supõe-se, por outro lado, que uma única e mesma forma de historicidade compreenda as estruturas econômicas, as estabilidades sociais, a inércia das mentalidades, os hábitos técnicos, os comportamentos políticos, e os submeta ao mesmo tipo de transformação; supõe-se, enfim, que a própria história possa ser articulada em grandes unidades – estágios ou fases – que detêm em si mesmas seu princípio de coesão. São estes postulados que a história nova põe em questão quando problematiza as séries, os recortes, os limites, os desníveis, as defasagens, as especificidades cronológicas, as formas singulares de permanência, os tipos possíveis de relação. Mas não que ela procure obter uma pluralidade de histórias justapostas e independentes umas das outras: a da economia ao lado da das instituições e, ao lado delas ainda, as das ciências, das religiões ou das literaturas; não, tampouco, que ela busque somente assinalar, entre essas histórias diferentes, coincidências de datas ou analogias de forma e de sentido. O problema que se apresenta – e que define a tarefa de uma história geral – é determinar que forma de relação pode ser legitimamente descrita entre essas diferentes séries; que sistema vertical podem formar; qual é, de umas às outras, o jogo das correlações e das dominâncias; de que efeito podem ser as defasagens, as temporalidades diferentes, as diversas permanências; em que conjuntos distintos certos elementos podem figurar simultaneamente; em resumo, não somente que séries, mas que "séries de séries" – ou, em outros termos, que "quadros"[2] – é possível constituir. Uma descrição global cinge todos os fenômenos em torno de um centro único – princípio, significação, espírito, visão do mundo, forma de conjunto; uma história geral desdobraria, ao contrário, o espaço de uma dispersão.

---

2   Será preciso assinalar, para os mais desatentos, que um "quadro" (e, sem dúvida, em todos os sentidos do termo) é formalmente uma "série de séries"? De qualquer forma, não se trata de uma pequena imagem fixa que se coloca diante de uma lanterna mágica, para grande decepção das crianças, que, nessa idade, preferem, é claro, a vivacidade do cinema.

I – Introdução   13

Finalmente, última consequência: a história nova encontra um certo número de problemas metodológicos, muitos dos quais, sem dúvida, a antecediam há muito, mas cujo feixe agora a caracteriza. Entre eles, podem-se citar: a constituição de *corpus* coerentes e homogêneos de documentos (*corpus* abertos ou fechados, acabados ou indefinidos); o estabelecimento de um princípio de escolha (conforme se queira tratar exaustivamente a massa documental, ou se pratique uma amostragem segundo métodos de levantamento estatístico, ou se tente determinar, antecipadamente, os elementos mais representativos); a definição do nível de análise e dos elementos que lhe são pertinentes (no material estudado, podem-se salientar as indicações numéricas; as referências – explícitas ou não – a acontecimentos, a instituições, a práticas; as palavras empregadas, com suas regras de uso e os campos semânticos por elas traçados, ou, ainda, a estrutura formal das proposições e os tipos de encadeamento que as unem); a especificação de um método de análise (tratamento quantitativo dos dados, decomposição segundo um certo número de traços assinaláveis, cujas correlações são estudadas, decifração interpretativa, análise das frequências e das distribuições); a delimitação dos conjuntos e dos subconjuntos que articulam o material estudado (regiões, períodos, processos unitários); a determinação das relações que permitem caracterizar um conjunto (pode tratar-se de relações numéricas ou lógicas; de relações funcionais, causais, analógicas; pode tratar-se da relação significante-significado).

Todos estes problemas fazem parte, de agora em diante, do campo metodológico da história, campo que merece atenção por duas razões. Inicialmente, porque vemos até que ponto se libertou do que constituía, ainda há pouco, a filosofia da história, e das questões que ela colocava (sobre a racionalidade ou a teleologia do devir, sobre a relatividade do saber histórico, sobre a possibilidade de descobrir ou de dar um sentido à inércia do passado e à totalidade inacabada do presente). Em seguida, porque coincide, em alguns de seus pontos, com problemas que se encontram em alguma outra parte – nos domínios, por exemplo, da linguística, da etnologia, da economia, da análise literária, da mitologia. A estes problemas pode-se atribuir a sigla do estruturalismo. Sob várias condições, entretanto, eles estão longe de cobrir, sozinhos, o campo metodológico da história, de que só ocupam uma parte cuja importância varia com os domínios e os níveis de análises; salvo em certo número de casos relativamente limitados, eles não foram importados da linguística ou da etnologia (conforme o percurso hoje frequente), mas nasceram no campo da própria história – essencialmente no da história econômica e em virtude das questões que ela colocava; enfim, não autorizam, de modo algum, que se fale de uma estruturalização da história, ou, ao menos, de uma tentativa para superar um "conflito" ou uma "oposição" entre estrutura e devir: já há bastante tempo que os historiadores identificam, descrevem e analisam estruturas, sem jamais se terem perguntado se não deixavam escapar a viva, frágil e fremente "história". A oposição estrutura-devir não é pertinente nem para a definição do campo histórico nem, sem dúvida, para a definição de um método estrutural.

*

Esta mutação epistemológica da história não está ainda acabada. Não data de ontem, entretanto, pois se pode, sem dúvida, fazer remontar a Marx o seu primeiro momento. Mas seus efeitos demoraram. Ainda em nossos dias, e sobretudo para a história do pensamento, ela não foi registrada nem refletida, enquanto outras transformações mais recentes puderam sê-lo – as da linguística, por exemplo – como se fosse particularmente difícil, nesta história que os homens retraçam com suas próprias ideias e com seus próprios conhecimentos, formular uma teoria geral da descontinuidade, das séries, dos limites, das unidades, das ordens específicas, das autonomias e das dependências diferenciadas. É como se aí onde estivéramos habituados a procurar as origens, a percorrer de volta, indefinidamente, a linha dos antece-

I – Introdução   15

dentes, a reconstituir tradições, a seguir curvas evoluti-
vas, a projetar teleologias, e a recorrer continuamente às
metáforas da vida, experimentássemos uma repugnância
singular em pensar a diferença, em descrever os afasta-
mentos e as dispersões, em desintegrar a forma tranquilizadora do idêntico. Ou, mais exatamente, é como se a
partir desses conceitos de limiares, mutações, sistemas
independentes, séries limitadas – tais como são utilizados de fato pelos historiadores – tivéssemos dificuldade
em fazer a teoria, em deduzir as consequências gerais
e mesmo em derivar todas as implicações possíveis. É
como se tivéssemos medo de pensar o outro no tempo de
nosso próprio pensamento.

Há uma razão para isso. Se a história do pensamento pudesse permanecer como o lugar das continuidades
ininterruptas, se ela unisse, continuamente, encadeamentos que nenhuma análise poderia desfazer sem abstração,
se ela tramasse, em torno do que os homens dizem e fazem, obscuras sínteses que a isso se antecipam, o preparam e o conduzem, indefinidamente, para seu futuro, ela
seria, para a soberania da consciência, um abrigo privilegiado. A história contínua é o correlato indispensável à
função fundadora do sujeito: a garantia de que tudo que
lhe escapou poderá ser devolvido; a certeza de que o tempo nada dispersará sem reconstituí-lo em uma unidade
recomposta; a promessa de que o sujeito poderá, um dia
– sob a forma da consciência histórica –, se apropriar, novamente, de todas essas coisas mantidas a distância pela
diferença, restaurar seu domínio sobre elas e encontrar o
que se pode chamar sua morada. Fazer da análise histórica o discurso do contínuo e fazer da consciência humana
o sujeito originário de todo o devir e de toda prática são
as duas faces de um mesmo sistema de pensamento. O
tempo é aí concebido em termos de totalização, onde as
revoluções jamais passam de tomadas de consciência.

Sob formas diferentes, esse tema representou um papel constante desde o século XIX: proteger, contra todas
as descentralizações, a soberania do sujeito e as figuras
gêmeas da antropologia e do humanismo. Contra a des-

centralização operada por Marx – pela análise histórica das relações de produção, das determinações econômicas e da luta de classes – ele deu lugar, no final do século XIX, à procura de uma história global em que todas as diferenças de uma sociedade poderiam ser conduzidas a uma forma única, à organização de uma visão do mundo, ao estabelecimento de um sistema de valores, a um tipo coerente de civilização. À descentralização operada pela genealogia nietzschiana, o tema opôs a busca de um fundamento originário que fizesse da racionalidade o *telos* da humanidade e que prendesse a história do pensamento à salvaguarda dessa racionalidade, à manutenção dessa teleologia e à volta, sempre necessária, a este fundamento. Enfim, mais recentemente, quando as pesquisas da psicanálise, da linguística, da etnologia descentraram o sujeito em relação às leis de seu desejo, às formas de sua linguagem, às regras de sua ação, ou aos jogos de seus discursos míticos ou fabulosos, quando ficou claro que o próprio homem, interrogado sobre o que era, não podia explicar sua sexualidade e seu inconsciente, as formas sistemáticas de sua língua ou a regularidade de suas ficções, novamente o tema de uma continuidade da história foi reativado: uma história que não seria escansão, mas devir; que não seria jogo de relações, mas dinamismo interno; que não seria sistema, mas árduo trabalho da liberdade; que não seria forma, mas esforço incessante de uma consciência em se recompor e em tentar readquirir o domínio de si própria, até as profundezas de suas condições; uma história que seria, ao mesmo tempo, longa paciência ininterrupta e vivacidade de um movimento que acabasse por romper todos os limites. Para tornar válido este tema que opõe à "imobilidade" das estruturas, a seu sistema "fechado", à sua necessária "sincronia", a abertura viva da história, é preciso, evidentemente, contestar nas próprias análises históricas o uso da descontinuidade, a definição dos níveis e dos limites, a descrição das séries específicas, a revelação de todo o jogo das diferenças. Somos, então, levados a antropologizar Marx, a fazer dele um historiador das totalidades

I – Introdução   **17**

e a reencontrar nele o propósito do humanismo; somos levados a interpretar Nietzsche nos termos da filosofia transcendental e a rebaixar sua genealogia no plano de uma pesquisa do originário; finalmente, somos levados a deixar de lado, como se jamais tivesse aflorado, todo este campo de problemas metodológicos que a história nova propõe hoje. Pois se era tido como certo que a questão das descontinuidades, dos sistemas e das transformações, das séries e dos limiares se colocava em todas as disciplinas históricas (e nas que dizem respeito às ideias ou às ciências tanto quanto nas que dizem respeito à economia e às sociedades), como se poderia opor, com qualquer aspecto de legitimidade, o "devir" ao "sistema", o movimento às regulações circulares, ou, como se diz em uma irreflexão bem ligeira, a "história" à "estrutura"?

É a mesma função conservadora que se encontra em atividade no tema das totalidades culturais – pelo qual se criticou e depois distorceu Marx –, no tema de uma busca do originário – que se opôs a Nietzsche antes de se querer transpô-lo –, e no tema de uma história viva, contínua e aberta. Denunciaremos, então, a história assassinada, cada vez que em uma análise histórica – e sobretudo se se trata do pensamento, das ideias ou dos conhecimentos – virmos serem utilizadas, de maneira demasiado manifesta, as categorias da descontinuidade e da diferença, as noções de limiar, de ruptura e de transformação, a descrição das séries e dos limites. Denunciaremos um atentado contra os direitos imprescritíveis da história e contra o fundamento de toda historicidade possível. Mas não devemos nos enganar: o que tanto se lamenta não é o desaparecimento da história, e sim a supressão desta forma de história que era em segredo, mas totalmente referida à atividade sintética do sujeito; o que se lamenta é o devir que deveria fornecer à soberania da consciência um abrigo mais seguro, menos exposto que os mitos, os sistemas de parentesco, as línguas, a sexualidade ou o desejo; o que se lamenta é a possibilidade de reanimar pelo projeto o trabalho do sentido ou o movimento da totalização, o jogo das determinações materiais, das regras de prática, dos sistemas inconscientes, das relações rigorosas mas não refletidas, das correlações que escapam a qualquer experiência vivida; o que se lamenta é o uso ideológico da história, pelo qual se tenta restituir ao homem tudo o que, há mais de um século, continua a lhe escapar. Acumulamos todos os tesouros de outrora na velha cidadela desta história; acreditamos que ela fosse sólida; sacralizamo-la; fizemos dela o lugar último do pensamento antropológico; acreditamos poder aí capturar até mesmo aqueles que se tinham encarniçado contra ela; acreditamos poder torná-los guardiões vigilantes. Mas os historiadores desertaram há muito tempo dessa velha fortaleza e partiram para trabalhar em outro campo; percebe-se mesmo que Marx ou Nietzsche não asseguram a salvaguarda que se lhes tinha confiado. Não se deve mais contar com eles para proteger os privilégios, nem para afirmar, uma vez mais – e, entretanto, só Deus sabe se se teria necessidade disso na aflição de hoje –, que a história, pelo menos ela, é viva e contínua; que ela é, para o tema em questão, o lugar do repouso, da certeza, da reconciliação – do sono tranquilizado.

Neste ponto se determina uma empresa cujo perfil foi traçado por *Histoire de la folie, Naissance de la clinique, Les mots et les choses*, muito imperfeitamente. Trata-se de uma empresa pela qual se tenta medir as mutações que se operam, em geral, no domínio da história; empresa onde são postos em questão os métodos, os limites, os temas próprios da história das ideias; empresa pela qual se tenta desfazer as últimas sujeições antropológicas; empresa que quer, em troca, mostrar como essas sujeições puderam-se formar. Estas tarefas foram esboçadas em uma certa desordem, e sem que sua articulação geral fosse claramente definida. Era tempo de lhes dar coerência – ou, pelo menos, de colocá-las em prática. O resultado desse exercício é este livro.

Eis algumas observações, antes de começar e para evitar qualquer mal-entendido.

I – Introdução   19

– Não se trata de transferir para o domínio da história, e singularmente da história dos conhecimentos, um método estruturalista que foi testado em outros campos de análise. Trata-se de revelar os princípios e as consequências de uma transformação autóctone que está em vias de se realizar no domínio do saber histórico. É bem possível que essa transformação, os problemas que ela coloca, os instrumentos que utiliza, os conceitos que aí se definem, os resultados que ela obtém não sejam, até certo ponto, estranhos ao que se chama análise estrutural. Mas não é essa análise que aqui se encontra, especificamente, em jogo.

– Não se trata (e ainda menos) de utilizar as categorias das totalidades culturais (sejam as visões de mundo, os tipos ideais ou o espírito singular das épocas) para impor à história, e apesar dela, as formas da análise estrutural. As séries descritas, os limites fixados, as comparações e as correlações estabelecidas não se apoiam nas antigas filosofias da história, mas têm por finalidade colocar novamente em questão as teleologias e as totalizações.

– Na medida em que se trata de definir um método de análise histórica que esteja liberado do tema antropológico, vê-se que a teoria que vai ser esboçada agora se encontra, com as pesquisas já feitas, em uma dupla relação. Ela tenta formular, em termos gerais (e não sem muitas retificações e elaborações), os instrumentos que essas pesquisas utilizaram ou criaram para atender às necessidades da causa. Mas, por outro lado, ela se reforça com os resultados então obtidos para definir um método de análise que esteja isento de qualquer antropologismo. O solo sobre o qual repousa é o que ela descobriu. As pesquisas sobre a loucura e o aparecimento de uma psicologia, sobre a doença e o nascimento de uma medicina clínica, sobre as ciências da vida, da linguagem e da economia, foram tentativas de certa forma cegas: mas elas se esclareciam sucessivamente, não somente porque precisavam, pouco a pouco, seu método, mas porque descobriram – neste debate sobre o humanismo e antropologia – o ponto de sua possibilidade histórica.

20 Michel Foucault – A Arqueologia do Saber

Em uma palavra, esta obra, como as que a precederam, não se inscreve – pelo menos diretamente ou em primeira instância – no debate sobre a estrutura (confrontada com a gênese, a história, o devir); mas sim no campo em que se manifestam, se cruzam, se emaranham e se especificam as questões do ser humano, da consciência, da origem e do sujeito. Mas, sem dúvida, não estaríamos errados em dizer que aqui também se coloca o problema da estrutura.

Este trabalho não é a retomada e a descrição exata do que se pode ler em *Histoire de la folie, Naissance de la clinique* ou *Les mots et les choses*. Em muitos pontos ele é diferente, permitindo também diversas correções e críticas internas. De maneira geral, *Histoire de la folie* dedicava uma parte bastante considerável, e aliás bem enigmática, ao que se designava como uma "experiência", mostrando assim o quanto permanecíamos próximos de admitir um sujeito anônimo e geral da história. Em *Naissance de la clinique*, o recurso à análise estrutural, tentado várias vezes, ameaçava subtrair a especificidade do problema colocado e o nível característico da arqueologia. Enfim, em *Les mots et les choses*, a ausência da balizagem metodológica permitiu que se acreditasse em análises em termos de totalidade cultural. Entristece-me o fato de que eu não tenha sido capaz de evitar esses perigos: consolo-me dizendo que eles estavam inscritos na própria empresa, já que, para tomar suas medidas, ela mesma tinha de se livrar desses métodos diversos e dessas diversas formas de história; e depois, sem as questões que me foram colocadas,[3] sem as dificuldades levantadas, sem as objeções, eu, sem dúvida, não teria visto desenhar-se tão clara a empresa à qual, quer queira, quer não, me encontro ligado de agora em diante. Daí, a

---

3   As primeiras páginas deste texto, especialmente, constituíram, sob forma um pouco diferente, uma resposta às questões formuladas, pelo Cercle d'épistémologie de E.N.S. (v. Cahiers pour *l'analyse*, nº 9). Por outro lado, um esboço de certas exposições foi apresentado em resposta aos leitores de *Esprit* (abril, 1968).

maneira precavida, claudicante deste texto: a cada instante, ele se distancia, estabelece suas medidas de um lado e de outro, tateia em direção a seus limites, se choca com o que não quer dizer, cava fossos para definir seu próprio caminho. A cada instante, denuncia a confusão possível. Declina sua identidade, não sem dizer previamente: não sou isto nem aquilo. Não se trata de uma crítica, na maior parte do tempo; nem de uma maneira de dizer que todo mundo se enganou a torto e a direito; mas sim de definir uma posição singular pela exterioridade de suas vizinhanças; mais do que querer reduzir os outros ao silêncio, fingindo que seu propósito é vão – tentar definir esse espaço branco de onde falo, e que toma forma, lentamente, em um discurso que sinto como tão precário, tão incerto ainda.

*

– Você não está seguro do que diz? Vai novamente mudar, deslocar-se em relação às questões que lhe são colocadas, dizer que as objeções não apontam realmente para o lugar em que você se pronuncia? Você se prepara para dizer, ainda uma vez, que você nunca foi aquilo que em você se critica? Você já arranja a saída que lhe permitirá, em seu próximo livro, ressurgir em outro lugar e zombar como o faz agora: não, não, eu não estou onde você me espreita, mas aqui de onde o observo rindo.

– Como?! Você pensa que eu teria tanta dificuldade e tanto prazer em escrever, que eu me teria obstinado nisso, cabeça baixa, se não preparasse – com as mãos um pouco febris – o labirinto onde me aventurar, deslocar meu propósito, abrir-lhe subterrâneos, enterrá-lo longe dele mesmo, encontrar-lhe desvios que resumem e deformam seu percurso, onde me perder e aparecer, finalmente, diante de olhos que eu não terei mais que encontrar? Vários, como eu sem dúvida, escrevem para não ter mais um rosto. Não me pergunte quem sou e não me diga para permanecer o mesmo: é uma moral de estado civil; ela rege nossos papéis. Que ela nos deixe livres quando se trata de escrever.

II

AS REGULARIDADES DISCURSIVAS

1

AS UNIDADES DO DISCURSO

O emprego dos conceitos de descontinuidade, de ruptura, de limiar, de limite, de série, de transformação coloca, a qualquer análise histórica, não somente questões de procedimento, mas também problemas teóricos. São estes os problemas que vão ser aqui estudados (as questões de procedimento serão consideradas no curso das próximas pesquisas empíricas, se eu tiver, pelo menos, a oportunidade, o desejo e a coragem de empreendê-las). Entretanto, só serão considerados em um campo particular: nessas disciplinas tão incertas de suas fronteiras, tão indecisas em seu conteúdo, que se chamam história das ideias, ou do pensamento, ou das ciências, ou dos conhecimentos.

Há, em primeiro lugar, um trabalho negativo a ser realizado: libertar-se de todo um jogo de noções que diversificam, cada uma à sua maneira, o tema da continuidade. Elas, sem dúvida, não têm uma estrutura conceitual bastante rigorosa; mas sua função é precisa. Assim é a noção de tradição: ela visa a dar uma importância temporal singular a um conjunto de fenômenos, ao mesmo tempo sucessivos e idênticos (ou, pelo menos, análogos); permite repensar a dispersão da história na forma desse conjunto; autoriza reduzir a diferença característica de qualquer começo, para retroceder, sem interrupção, na atribuição indefinida da origem; graças a ela, as novidades podem ser isoladas sobre um fundo de permanência, e seu mérito transferido para a originalidade, o gênio, a decisão própria dos indivíduos. O mesmo ocorre com a noção de influência, que fornece um suporte – demasiado mágico para poder ser bem analisado – aos fatos de transmissão e de comunicação; que atribui a um processo de andamento causal (mas sem delimitação rigorosa nem definição teórica) os fenômenos de semelhança ou de repetição; que liga, a distância e através do tempo – como por intermédio de um meio de propagação –, unidades definidas como indivíduos, obras, noções ou teorias. Assim também ocorre com as noções de desenvolvimento e de evolução: elas permitem reagrupar uma sucessão de acontecimentos dispersos; relacioná-los a um único e mesmo princípio organizador; submetê-los ao poder exemplar da vida (com seus jogos de adaptação, sua capacidade de inovação, a incessante correlação de seus diferentes elementos, seus sistemas de assimilação e de trocas); descobrir, já atuantes em cada começo, um princípio de coerência e o esboço de uma unidade futura; controlar o tempo por uma relação continuamente reversível entre uma origem e um termo jamais determinados, sempre atuantes. O mesmo acontece, ainda, com as noções de "mentalidade" ou de "espírito", que permitem estabelecer entre os fenômenos simultâneos ou sucessivos de uma determinada época uma comunidade de sentido, ligações simbólicas, um jogo de semelhança e de espelho – ou que fazem surgir, como princípio de unidade e de explicação, a soberania de uma consciência coletiva. É preciso pôr em questão, novamente, essas sínteses acabadas, esses agrupamentos que, na maioria das vezes, são aceitos antes de qualquer exame, esses laços cuja validade é reconhecida desde o início; é preciso desalojar essas formas e essas forças obscuras pelas quais se tem o hábito de interligar os discursos dos homens; é preciso expulsá-las da sombra onde reinam. E ao invés de deixá-las ter valor espontaneamente, aceitar tratar apenas, por questão de cuidado com o método e em primeira instância, de uma população de acontecimentos dispersos.

É preciso também que nos inquietemos diante de certos recortes ou agrupamentos que já nos são familiares. É possível admitir, tais como são, a distinção dos

II – As Regularidades Discursivas   27

grandes tipos de discurso, ou a das formas ou dos gêneros que opõem, umas às outras, ciência, literatura, filosofia, religião, história, ficção etc., e que as tornam espécies de grandes individualidades históricas? Nós próprios não estamos seguros do uso dessas distinções no nosso mundo de discursos, e ainda mais quando se trata de analisar conjuntos de enunciados que eram, na época de sua formulação, distribuídos, repartidos e caracterizados de modo inteiramente diferente: afinal, a "literatura" e a "política" são categorias recentes que só podem ser aplicadas à cultura medieval, ou mesmo à cultura clássica, por uma hipótese retrospectiva e por um jogo de analogias formais ou de semelhanças semânticas; mas nem a literatura, nem a política, nem tampouco a filosofia e as ciências articulavam o campo do discurso nos séculos XVII ou XVIII como o articularam no século XIX. De qualquer maneira, esses recortes – quer se trate dos que admitimos ou dos que são contemporâneos dos discursos estudados – são sempre, eles próprios, categorias reflexivas, princípios de classificação, regras normativas, tipos institucionalizados: são, por sua vez, fatos de discurso que merecem ser analisados ao lado dos outros, que com eles mantêm, certamente, relações complexas, mas que não constituem seus caracteres intrínsecos, autóctones e universalmente reconhecíveis.

Mas, sobretudo, as unidades que é preciso deixar em suspenso são as que se impõem da maneira mais imediata: as do livro e da obra. Aparentemente, pode-se apagá-las sem um extremo artifício? Não são elas apresentadas da maneira mais exata possível? Individualização material do livro que ocupa um espaço determinado, que tem um valor econômico e que marca por si mesmo, por um certo número de signos, os limites de seu começo e de seu fim; estabelecimento de uma obra que se reconhece e que se delimita, atribuindo um certo número de textos a um autor. E, no entanto, assim que são observadas um pouco mais de perto, começam as dificuldades. Unidade material do livro? Será a mesma quando se trata de

28 Michel Foucault – A Arqueologia do Saber

uma antologia de poemas, de uma coletânea de fragmentos póstumos, do *Traité des coniques* ou de um tomo da *Histoire de France* de Michelet? Será a mesma quando se trata de *Un coup de dés*, do processo de Gilles de Rais, do *San Marco* de Butor, ou de um missal católico? Em outros termos, a unidade material do volume não será uma unidade fraca, acessória, em relação à unidade discursiva a que ela dá apoio? Mas essa unidade discursiva, por sua vez, será homogênea e uniformemente aplicável? Um romance de Stendhal ou um romance de Dostoiévski não se individualizam como os de *La comédie humaine*; e estes, por sua vez, não se distinguem uns dos outros como *Ulisses* da *Odisseia*. É que as margens de um livro jamais são nítidas nem rigorosamente determinadas: além do título, das primeiras linhas e do ponto final, além de sua configuração interna e da forma que lhe dá autonomia, ele está preso em um sistema de remissões a outros livros, outros textos, outras frases: nó em uma rede. E esse jogo de remissões não é homólogo, conforme se refira a um tratado de matemática, a um comentário de textos, a uma narração histórica, a um episódio em um ciclo romanesco; em qualquer um dos casos, a unidade do livro, mesmo entendida como feixe de relações, não pode ser considerada como idêntica. Por mais que o livro se apresente como um objeto que se tem na mão; por mais que ele se reduza ao pequeno paralelepípedo que o encerra: sua unidade é variável e relativa. Assim que a questionamos, ela perde sua evidência; não se indica a si mesma, só se constrói a partir de um campo complexo de discursos.

Quanto à obra, os problemas por ela levantados são mais difíceis ainda. Aparentemente, entretanto, o que há de mais simples? Uma soma de textos que podem ser denotados pelo signo de um nome próprio. Ora, essa denotação (mesmo se forem deixados de lado os problemas da atribuição) não é uma função homogênea: o nome de um autor denota da mesma maneira um texto que ele próprio publicou com seu nome, um texto que apresentou sob pseudônimo, um outro que será descoberto após sua morte, em rascunho, um outro ainda que não passa de anota-

II – As Regularidades Discursivas   29

ções, uma caderneta de notas, um "papel"? A constituição de uma obra completa ou de um *opus* supõe um certo número de escolhas difíceis de serem justificadas ou mesmo formuladas: será que basta juntar aos textos publicados pelo autor os que ele planejava editar e que só permaneceram inacabados pelo fato de sua morte? Será preciso incluir, também, tudo que é rascunho, primeiro projeto, correções e rasuras dos livros? Será preciso reunir esboços abandonados? E que importância dar às cartas, às notas, às conversas relatadas, aos propósitos transcritos por seus ouvintes, enfim, a este imenso formigamento de vestígios verbais que um indivíduo deixa em torno de si, no momento de morrer, e que falam, em um entrecruzamento indefinido, tantas linguagens diferentes? De qualquer forma, o nome "Mallarmé" não se refere da mesma maneira às versões inglesas, às traduções de Edgar Poe, aos poemas ou às respostas a pesquisas; assim, não é a mesma relação que existe entre o nome de Nietzsche por um lado e, por outro, as autobiografias de juventude, as dissertações escolares, os artigos filológicos, *Zaratustra*, *Ecce Homo*, as cartas, os últimos cartões-postais assinados por "Dionysos" ou "Kaiser Nietzsche", as inumeráveis cadernetas em que se misturam notas de lavanderia e projetos de aforismos. Na verdade, se se fala com tanto prazer e sem maiores questionamentos sobre a "obra" de um autor, é porque a supomos definida por uma certa função de expressão. Admite-se que deve haver um nível (tão profundo quanto é preciso imaginar) no qual a obra se revela, em todos os seus fragmentos, mesmo os mais minúsculos e os menos essenciais, como a expressão do pensamento, ou da experiência, ou da imaginação, ou do inconsciente do autor, ou ainda das determinações históricas a que estava preso. Mas vê-se logo que tal unidade, longe de ser apresentada imediatamente, é constituída por uma operação; que essa operação é interpretativa (já que decifra, no texto, a transcrição de alguma coisa que ele esconde e manifesta ao mesmo tempo); que, finalmente, a operação que determina o *opus* em sua unidade e, por conseguinte, a própria obra, não será a mesma no caso do autor do *Théâtre et son double* ou no caso do autor do *Tractatus*, e que, assim, não é no mesmo sentido que se falará uma "obra". A obra não pode ser considerada como unidade imediata, nem como unidade certa, nem como unidade homogênea.

Finalmente, eis a última precaução para colocar fora de circuito as continuidades irrefletidas pelas quais se organizam, de antemão, os discursos que se pretende analisar: renunciar a dois temas que estão ligados um ao outro e que se opõem. Um quer que jamais seja possível assinalar, na ordem do discurso, a irrupção de um acontecimento verdadeiro; que além de qualquer começo aparente há sempre uma origem secreta – tão secreta e tão originária que dela jamais poderemos nos reapoderar inteiramente. Desta forma, seríamos fatalmente reconduzidos, através da ingenuidade das cronologias, a um ponto indefinidamente recuado, jamais presente em qualquer história; ele mesmo não passaria de seu próprio vazio; e, a partir dele, todos os começos jamais poderiam deixar de ser recomeço ou ocultação (na verdade, em um único e mesmo gesto, isto e aquilo). A esse tema se liga um outro, segundo o qual todo discurso manifesto repousaria secretamente sobre um já-dito; e que este já-dito não seria simplesmente uma frase já pronunciada, um texto já escrito, mas um "jamais-dito", um discurso sem corpo, uma voz tão silenciosa quanto um sopro, uma escrita que não é senão o vazio de seu próprio rastro. Supõe-se, assim, que tudo que o discurso formula já se encontra articulado nesse meio-silêncio que lhe é prévio, que continua a correr obstinadamente sob ele, mas que ele recobre e faz calar. O discurso manifesto não passaria, afinal de contas, da presença repressiva do que ele diz; e esse não dito seria um vazio minando, do interior, tudo que se diz. O primeiro motivo condena a análise histórica do discurso a ser busca e repetição de uma origem que escapa a toda determinação histórica; o outro a destina a ser interpretação ou escuta de um já-dito que seria, ao mesmo tempo, um não dito. É preciso renunciar a todos esses temas que têm por função garantir a infinita

II – As Regularidades Discursivas **31**

continuidade do discurso e sua secreta presença no jogo de uma ausência sempre reconduzida. É preciso estar pronto para acolher cada momento do discurso em sua irrupção de acontecimentos, nessa pontualidade em que aparece e nessa dispersão temporal que lhe permite ser repetido, sabido, esquecido, transformado, apagado até nos menores traços, escondido bem longe de todos os olhares, na poeira dos livros. Não é preciso remeter o discurso à longínqua presença da origem; é preciso tratá-lo no jogo de sua instância.

Essas formas prévias de continuidade, todas essas sínteses que não problematizamos e que deixamos valer de pleno direito, é preciso, pois, mantê-las em suspenso. Não se trata, é claro, de recusá-las definitivamente, mas sacudir a quietude com a qual as aceitamos; mostrar que elas não se justificam por si mesmas, que são sempre o efeito de uma construção cujas regras devem ser conhecidas e cujas justificativas devem ser controladas; definir em que condições e em vista de que análises algumas são legítimas; indicar as que, de qualquer forma, não podem mais ser admitidas. Seria bem possível, por exemplo, que as noções de "influência" ou de "evolução" originassem uma crítica que as colocasse – por um tempo mais ou menos longo – fora de uso. Mas a "obra", o "livro", ou ainda estas unidades como a "ciência" ou a "literatura", será preciso sempre dispensá-las? Será preciso tomá-las por ilusões, construções sem legitimidade, resultados mal alcançados? Será preciso desistir de se buscar qualquer apoio nelas, mesmo provisoriamente, e de lhes dar uma definição? Trata-se, de fato, de arrancá-las de sua quase evidência, de liberar os problemas que colocam; reconhecer que não são o lugar tranquilo a partir do qual outras questões podem ser levantadas (sobre sua estrutura, sua coerência, sua sistematicidade, suas transformações), mas que colocam por si mesmas todo um feixe de questões (Que são? Como defini-las ou limitá-las? A que tipos distintos de leis podem obedecer? De que articulação são suscetíveis? A que subconjuntos podem dar lugar? Que fenômenos específicos fazem aparecer no campo do discurso?). Trata-se de reconhecer que elas talvez não sejam, afinal de contas, o que se acreditava que fossem à primeira vista. Enfim, que exigem uma teoria; e que essa teoria não pode ser elaborada sem que apareça, em sua pureza não sintética, o campo dos fatos do discurso a partir do qual são construídas.

E eu mesmo, de minha parte, nada farei senão isso: certamente tomarei por marco inicial unidades inteiramente formadas (como a psicopatologia, ou a medicina, ou a economia política); mas não me colocarei no interior dessas unidades duvidosas para estudar-lhes a configuração interna ou as secretas contradições. Não me apoiarei nelas senão o tempo necessário para me perguntar que unidades formam; com que direito podem reivindicar um domínio que as especifique no espaço e uma continuidade que as individualize no tempo; segundo que leis elas se formam; sobre o pano de fundo de que acontecimentos discursivos elas se recortam; e se, finalmente, não são, em sua individualidade aceita e quase institucional, o efeito de superfície de unidades mais consistentes. Aceitarei os conjuntos que a história me propõe apenas para questioná-los imediatamente; para desfazê-los e saber se podemos recompô-los legitimamente; para saber se não é preciso reconstituir outros; para recolocá-los em um espaço mais geral que, dissipando sua aparente familiaridade, permita fazer sua teoria.

Uma vez suspensas essas formas imediatas de continuidade, todo um domínio encontra-se, de fato, liberado. Trata-se de um domínio imenso, mas que se pode definir: é constituído pelo conjunto de todos os enunciados efetivos (quer tenham sido falados ou escritos), em sua dispersão de acontecimentos e na instância própria de cada um. Antes de se ocupar, com toda certeza, de uma ciência, ou de romances, ou de discursos políticos, ou da obra de um autor, ou mesmo de um livro, o material que temos a tratar, em sua neutralidade inicial, é uma população de acontecimentos no espaço do discurso em geral. Aparece, assim, o projeto de uma *descrição dos acontecimentos discursivos* como horizonte para a busca das unidades

II – As Regularidades Discursivas   33

que aí se formam. Essa descrição se distingue facilmente da análise da língua. Certamente só podemos estabelecer um sistema linguístico (se não o construímos artificialmente) utilizando um corpo de enunciados ou uma coleção de fatos de discurso; mas trata-se, então, de definir, a partir desse conjunto que tem valor de amostra, regras que permitam construir eventualmente outros enunciados diferentes daqueles: mesmo que tenha desaparecido há muito tempo, mesmo que ninguém a fale mais e que tenha sido restaurada a partir de raros fragmentos, uma língua constitui sempre um sistema para enunciados possíveis – um conjunto finito de regras que autoriza um número infinito de desempenhos. O campo dos acontecimentos discursivos, em compensação, é o conjunto sempre finito e efetivamente limitado das únicas sequências linguísticas que tenham sido formuladas; elas bem podem ser inumeráveis e podem, por sua massa, ultrapassar toda capacidade de registro, de memória, ou de leitura: elas constituem, entretanto, um conjunto finito. Eis a questão que a análise da língua coloca a propósito de qualquer fato de discurso: segundo que regras um enunciado foi construído e, consequentemente, segundo que regras outros enunciados semelhantes poderiam ser construídos? A descrição de acontecimentos do discurso coloca uma outra questão bem diferente: como apareceu um determinado enunciado, e não outro em seu lugar?

Vê-se igualmente que essa descrição do discurso se opõe à história do pensamento. Aí, também, não se pode reconstituir um sistema de pensamento a partir de um conjunto definido de discursos. Mas esse conjunto é tratado de tal maneira que se tenta encontrar, além dos próprios enunciados, a intenção do sujeito falante, sua atividade consciente, o que ele quis dizer, ou ainda o jogo inconsciente que emergiu involuntariamente do que disse ou da quase imperceptível fratura de suas palavras manifestas; de qualquer forma, trata-se de reconstituir um outro discurso, de descobrir a palavra muda, murmurante, inesgotável, que anima do interior a voz que escutamos, de restabelecer o texto miúdo e invisível que percorre o interstício das linhas escritas e, às vezes, as desarruma. A análise do pensamento é sempre *alegórica* em relação ao discurso que utiliza. Sua questão, infalivelmente, é: o que se dizia no que estava dito? A análise do campo discursivo é orientada de forma inteiramente diferente; trata-se de compreender o enunciado na estreiteza e singularidade de sua situação; de determinar as condições de sua existência, de fixar seus limites da forma mais justa, de estabelecer suas correlações com os outros enunciados a que pode estar ligado, de mostrar que outras formas de enunciação exclui. Não se busca, sob o que está manifesto, a conversa semissilenciosa de um outro discurso: deve-se mostrar por que não poderia ser outro, como exclui qualquer outro, como ocupa, no meio dos outros e relacionado a eles, um lugar que nenhum outro poderia ocupar. A questão pertinente a uma tal análise poderia ser assim formulada: que singular existência é esta que vem à tona no que se diz e em nenhuma outra parte?

Devemos perguntar-nos para que, finalmente, pode servir essa atitude de manter em suspenso todas as unidades admitidas, se se trata, em suma, de reencontrar as unidades que fingimos questionar no início. Na verdade, a supressão sistemática das unidades inteiramente aceitas permite, inicialmente, restituir ao enunciado sua singularidade de acontecimento e mostrar que a descontinuidade não é somente um desses grandes acidentes que produzem uma falha na geologia da história, mas já no simples fato do enunciado; faz-se, assim, com que ele surja em sua irrupção histórica; o que se tenta observar é essa incisão que ele constitui, essa irredutível – e muito frequentemente minúscula – emergência. Por mais banal que seja, por menos importante que o imaginemos em suas consequências, por mais facilmente esquecido que possa ser após sua aparição, por menos entendido ou mal decifrado que o suponhamos, um enunciado é sempre um acontecimento que nem a língua nem o sentido podem esgotar inteiramente. Trata-se de um acontecimento estranho, por certo: inicialmente porque está ligado, de um lado, a um gesto de escrita ou à articulação de uma

II – As Regularidades Discursivas   35

palavra, mas, por outro lado, abre para si mesmo uma existência remanescente no campo de uma memória, ou na materialidade dos manuscritos, dos livros e de qualquer forma de registro; em seguida, porque é único como todo acontecimento, mas está aberto à repetição, à transformação, à reativação; finalmente, porque está ligado não apenas a situações que o provocam, e a consequências por ele ocasionadas, mas, ao mesmo tempo, e segundo uma modalidade inteiramente diferente, a enunciados que o precedem e o seguem.

Mas se isolamos, em relação à língua e ao pensamento, a instância do acontecimento enunciativo, não é para disseminar uma poeira de fatos e sim para estarmos seguros de não relacioná-la com operadores de síntese que sejam puramente psicológicos (a intenção do autor, a forma de seu espírito, o rigor de seu pensamento, os temas que o obcecam, o projeto que atravessa sua existência e lhe dá significação) e podermos apreender outras formas de regularidade, outros tipos de relações. Relações entre os enunciados (mesmo que escapem à consciência do autor; mesmo que se trate de enunciados que não têm o mesmo autor; mesmo que os autores não se conheçam); relações entre grupos de enunciados assim estabelecidos (mesmo que esses grupos não remetam aos mesmos domínios nem a domínios vizinhos; mesmo que não tenham o mesmo nível formal; mesmo que não constituam o lugar de trocas que podem ser determinadas); relações entre enunciados ou grupos de enunciados e acontecimentos de uma ordem inteiramente diferente (técnica, econômica, social, política). Fazer aparecer, em sua pureza, o espaço em que se desenvolvem os acontecimentos discursivos não é tentar restabelecê-lo em um isolamento que nada poderia superar; não é fechá-lo em si mesmo; é tornar-se livre para descrever, nele e fora dele, jogos de relações.

Eis o terceiro interesse de tal descrição dos fatos de discurso: libertando-os de todos os grupamentos considerados como unidades naturais, imediatas e universais, temos a possibilidade de descrever outras unidades, mas, dessa vez, por um conjunto de decisões controladas. Contanto que se definam claramente as condições, poderia ser legítimo constituir, a partir de relações corretamente descritas, conjuntos que não seriam arbitrários, mas que, entretanto, teriam permanecido invisíveis. Certamente essas relações jamais teriam sido formuladas, por elas mesmas, nos enunciados em questão (diferentemente, por exemplo, dessas relações explícitas que são colocadas e ditas pelo próprio discurso, quando assume a forma do romance, ou quando se inscreve numa série de teoremas matemáticos). Elas, entretanto, não constituiriam, de maneira alguma, uma espécie de discurso secreto, animando, do interior, os discursos manifestos; não é, pois, uma interpretação dos fatos enunciativos que poderia trazê-los à luz, mas a análise de sua coexistência, de sua sucessão, de seu funcionamento mútuo, de sua determinação recíproca, de sua transformação independente ou correlativa.

Fora de cogitação, entretanto, está o fato de se poder descrever, sem limites, todas as relações que possam assim aparecer. É preciso, numa primeira aproximação, aceitar um recorte provisório: uma região inicial que a análise revolucionará e reorganizará se houver necessidade. Mas como circunscrever essa região? Por um lado, é preciso, empiricamente, escolher um domínio em que as relações corram o risco de ser numerosas, densas e relativamente fáceis de descrever: e em que outra região os acontecimentos discursivos parecem estar mais ligados uns aos outros, e segundo relações mais decifráveis, senão nesta que se designa, em geral, pelo termo ciência? Mas, por outro lado, como se dar o máximo de chances de tornar a apreender, em um enunciado, não o momento de sua estrutura formal e de suas leis de construção, mas o de sua existência e das regras de seu aparecimento, a menos que nos dirijamos a grupos de discursos pouco formalizados, onde os enunciados não pareçam se engendrar necessariamente segundo regras de mera sintaxe? Como estarmos certos de que escaparemos de recortes como os da obra, de categorias como as da influência, a menos que proponhamos, desde o início, domí-

II – As Regularidades Discursivas   37

nios bastante amplos, escalas cronológicas bastante vastas? Finalmente, como estarmos certos de que não nos prenderemos a todas essas unidades ou sínteses pouco refletidas que se referem ao sujeito falante, ao sujeito do discurso, ao autor do texto, enfim, a todas essas categorias antropológicas? A menos, talvez, que consideremos o conjunto dos enunciados através dos quais essas categorias se constituíram – o conjunto dos enunciados que escolheram como "objeto" o sujeito dos discursos (seu próprio sujeito) e que se dispuseram a desenvolvê-lo como campo de conhecimentos?

Assim se explica o privilégio real que dei a discursos dos quais se pode dizer, muito esquematicamente, que definem as "ciências do homem". Mas isso não passa de um privilégio inicial. É preciso ter em mente dois fatos: a análise dos acontecimentos discursivos não está, de maneira alguma, limitada a semelhante domínio; e, por outro lado, o recorte do próprio domínio não pode ser considerado como definitivo, nem como válido de forma absoluta; trata-se de uma primeira aproximação que deve permitir o aparecimento de relações que correm o risco de suprimir os limites desse primeiro esboço.

2

AS FORMAÇÕES DISCURSIVAS

Tentei descrever relações entre enunciados. Tive o cuidado de não admitir como válida nenhuma dessas unidades que me podiam ser propostas e que o hábito punha à minha disposição. Decidi-me a não negligenciar nenhuma forma de descontinuidade, de corte, de limiar ou de limite. Decidi-me a descrever enunciados no campo do discurso e as relações de que são suscetíveis. Vejo que duas séries de problemas se apresentam de imediato: uma – vou deixá-la em suspenso no momento e a retomarei mais tarde – se refere à utilização grosseira que fiz dos termos enunciado, acontecimento, discurso; a outra, às relações que podem ser legitimamente descritas entre esses enunciados, deixados em seu grupamento provisório e visível.

Há, por exemplo, enunciados que se apresentam – e isso a partir de uma data que se pode determinar facilmente – como referentes à economia política, ou à biologia, ou à psicopatologia; há, também, os que se apresentam como pertencentes a essas continuidades milenárias – quase sem origem – que chamamos gramática ou medicina. Mas o que são essas unidades? Como se pode dizer que a análise das doenças mentais feita por Willis e pelos clínicos de Charcot pertencem à mesma ordem de discurso? Que as invenções de Petty estão numa relação de continuidade com a economia de Neumann? Que a análise do juízo feita pelos gramáticos de Port-Royal pertence ao mesmo domínio da identificação das alternâncias vocálicas nas línguas indo-europeias? O que é, então, *a* medicina, *a* gramática, *a* economia política?

II – As Regularidades Discursivas   39

Será que não passam de um reagrupamento retrospectivo pelo qual as ciências contemporâneas se iludem sobre seu próprio passado? São formas que se instauraram definitivamente e se desenvolveram soberanamente através do tempo? Encobrem outras unidades? E que espécie de laços reconhecer validamente entre todos esses enunciados que formam, de um modo ao mesmo tempo familiar e insistente, uma massa enigmática?

Primeira hipótese – a que me pareceu inicialmente a mais verossímil e a mais fácil de provar: os enunciados, diferentes em sua forma, dispersos no tempo, formam um conjunto quando se referem a um único e mesmo objeto. Assim, parece que os enunciados pertinentes à psicopatologia referem-se a esse objeto que se perfila, de diferentes maneiras, na experiência individual ou social, e que se pode designar por loucura. Ora, logo percebi que a unidade do objeto "loucura" não nos permite individualizar um conjunto de enunciados e estabelecer entre eles uma relação ao mesmo tempo descritível e constante. E isso ocorre por duas razões. Cometeríamos um erro, seguramente, se perguntássemos ao próprio ser da loucura, ao seu conteúdo secreto, à sua verdade muda e fechada em si mesma o que se pôde dizer a seu respeito e em um momento dado; a doença mental foi constituída pelo conjunto do que foi dito no grupo de todos os enunciados que a nomeavam, recortavam, descreviam, explicavam, contavam seus desenvolvimentos, indicavam suas diversas correlações, julgavam-na e, eventualmente, emprestavam-lhe a palavra, articulando, em seu nome, discursos que deviam passar por seus. Mas há mais ainda: esse conjunto de enunciados está longe de se relacionar com um único objeto, formado de maneira definitiva, e de conservá-lo indefinidamente como seu horizonte de idealidade inesgotável; o objeto que é colocado como seu correlato pelos enunciados médicos dos séculos XVII ou XVIII não é idêntico ao objeto que se delineia através das sentenças jurídicas ou das medidas policiais; da mesma forma, todos os objetos do discurso psicopatológico foram modificados desde Pinel ou Esqui-

40 Michel Foucault – A Arqueologia do Saber

rol até Bleuler: não se trata das mesmas doenças, não se trata dos mesmos loucos.

Poderíamos, deveríamos talvez, concluir, a partir dessa multiplicidade dos objetos, que não é possível admitir, como uma unidade válida para constituir um conjunto de enunciados, o "discurso referente à loucura". Talvez fosse necessário que nos ativéssemos apenas aos grupos de enunciados que têm um único e mesmo objeto: os discursos sobre a melancolia ou sobre a neurose. Mas logo nos daríamos conta de que cada um desses discursos, por sua vez, constituiu seu objeto e o elaborou até transformá-lo inteiramente. Assim, a questão é saber se a unidade de um discurso é feita pelo espaço onde diversos objetos se perfilam e continuamente se transformam, e não pela permanência e singularidade de um objeto. A relação característica que permitiria individualizar um conjunto de enunciados referentes à loucura não seria, então, a regra de emergência simultânea ou sucessiva dos diversos objetos que aí são nomeados, descritos, analisados, apreciados ou julgados? A unidade dos discursos sobre a loucura não estaria fundada na existência do objeto "loucura", ou na constituição de um único horizonte de objetividade; seria esse o jogo das regras que tornam possível, durante um período dado, o aparecimento dos objetos: objetos que são recortados por medidas de discriminação e de repressão, objetos que se diferenciam na prática cotidiana, na jurisprudência, na casuística religiosa, no diagnóstico dos médicos, objetos que se manifestam em descrições patológicas, objetos que são limitados por códigos ou receitas de medicação, de tratamento, de cuidados. Além disso, a unidade dos discursos sobre a loucura seria o jogo das regras que definem as transformações desses diferentes objetos, sua não identidade através do tempo, a ruptura que neles se produz, a descontinuidade interna que suspende sua permanência. De modo paradoxal, definir um conjunto de enunciados no que ele tem de individual consistiria em descrever a dispersão desses objetos,

II – As Regularidades Discursivas   41

apreender todos os interstícios que os separam, medir as distâncias que reinam entre eles – em outras palavras, formular sua lei de repartição.

Segunda hipótese para definir um grupo de relações entre enunciados: sua forma e seu tipo de encadeamento. Parecera-me, por exemplo, que a ciência médica, a partir do século XIX, se caracterizava menos por seus objetos ou conceitos do que por um certo *estilo*, um certo caráter constante da enunciação. Pela primeira vez, a medicina não se constituía mais de um conjunto de tradições, de observações, de receitas heterogêneas, mas sim de um *corpus* de conhecimentos que supunha uma mesma visão das coisas, um mesmo esquadrinhamento do campo perceptivo, uma mesma análise do fato patológico segundo o espaço visível do corpo, um mesmo sistema de transcrição do que se percebe no que se diz (mesmo vocabulário, mesmo jogo de metáforas); enfim, parecera-me que a medicina se organizava como uma série de enunciados descritivos. Mas, ainda aí, foi preciso abandonar essa hipótese inicial e reconhecer que o discurso clínico era não só um conjunto de hipóteses sobre a vida e a morte, de escolhas éticas, de decisões terapêuticas, de regulamentações institucionais, de modelos de ensino, mas também um conjunto de descrições; que este não podia, de forma alguma, ser abstraído daqueles, e que a enunciação descritiva não passava de uma das formulações presentes no discurso médico. Foi preciso, também, reconhecer que essa descrição não parou de se deslocar: seja porque, de Bichat à patologia celular, deslocaram-se as escalas e os marcos; seja porque, da inspeção visual, da auscultação e da palpação ao uso do microscópio e dos testes biológicos, o sistema da informação foi modificado; seja ainda porque, da simples correlação anatomoclínica à análise refinada dos processos fisiopatológicos, o léxico dos signos e sua decifração foram inteiramente reconstituídos; seja, finalmente, porque o médico, pouco a pouco, deixou de ser o lugar de registro e de interpretação da informação, e porque, ao lado dele, fora dele, constituíram-se massas documentárias, instrumentos de correlação e

42 Michel Foucault – A Arqueologia do Saber

técnicas de análise que ele tem, certamente, de utilizar, mas que modificam, em relação ao doente, sua posição de sujeito observante.

Todas essas alterações, que nos conduzem, talvez hoje, ao limiar de uma nova medicina, depositaram-se lentamente no discurso médico, no decorrer do século XIX. Se se quisesse definir esse discurso por um sistema codificado e normativo de enunciação, seria preciso reconhecer que essa medicina se desfez tão logo apareceu e que só conseguiu se formular com Bichat e Laennec. Se há unidade, o princípio não é, pois, uma forma determinada de enunciados; não seria, talvez, o conjunto das regras que tornaram possíveis, simultânea ou sucessivamente, descrições puramente perceptivas, mas, também, observações tornadas mediatas por instrumentos, protocolos de experiências de laboratórios, cálculos estatísticos, constatações epidemiológicas ou demográficas, regulamentações institucionais, prescrições terapêuticas? Seria preciso caracterizar e individualizar a coexistência desses enunciados dispersos e heterogêneos; o sistema que rege sua repartição, como se apoiam uns nos outros, a maneira pela qual se supõem ou se excluem, a transformação que sofrem, o jogo de seu revezamento, de sua posição e de sua substituição.

Outra direção de pesquisa, outra hipótese: não se poderiam estabelecer grupos de enunciados, determinando-lhes o sistema dos conceitos permanentes e coerentes que aí se encontram em jogo? Por exemplo, a análise da linguagem e dos fatos gramaticais não repousaria, com os clássicos (desde Lancelot até o fim do século XVIII), em um número definido de conceitos cujo conteúdo e uso eram estabelecidos de forma definitiva: o conceito de *juízo* definido como a forma geral e normativa de qualquer frase, os conceitos de *sujeito* e de *predicativo* reagrupados sob a categoria mais geral de nome, o conceito de *verbo* utilizado como equivalente do de *ligação lógica*, o conceito de *palavra* definido como signo de uma representação etc.? Seria possível, assim, reconstituir a arquitetura conceitual da gramática clássica. Mas, ainda

II – As Regularidades Discursivas   **43**

aí, logo encontraríamos limites; sem dúvida, poderíamos descrever, com tais elementos, apenas as análises feitas pelos autores de Port-Royal; logo seríamos obrigados a constatar o aparecimento de novos conceitos; alguns entre eles derivaram-se, talvez, dos primeiros, mas outros lhes são heterogêneos e alguns até incompatíveis. A noção de ordem sintática natural ou inversa, a de complemento (introduzida no decorrer do século XVIII por Beauzée) podem, sem dúvida, integrar-se ainda ao sistema conceitual da gramática de Port-Royal. Mas nem a ideia de um valor originariamente expressivo dos sons, nem a de um saber primitivo guardado nas palavras e transmitido obscuramente por elas, nem a de uma regularidade na mutação das consoantes, nem a concepção do verbo como simples nome que permite designar uma ação ou uma operação é compatível com o conjunto dos conceitos que Lancelot ou Duclos podiam usar. Será necessário admitir, nessas condições, que a gramática só aparentemente constitui uma figura coerente, e que é uma falsa unidade esse conjunto de enunciados, análises, descrições, princípios e consequências, deduções, que se perpetuou com esse nome durante mais de um século? Entretanto, talvez fosse descoberta uma unidade discursiva se a buscássemos não na coerência dos conceitos, mas em sua emergência simultânea ou sucessiva, em seu afastamento, na distância que os separa e, eventualmente, em sua incompatibilidade. Não buscaríamos mais, então, uma arquitetura de conceitos suficientemente gerais e abstratos para explicar todos os outros e introduzi-los no mesmo edifício dedutivo; tentaríamos analisar o jogo de seus aparecimentos e de sua dispersão.

Finalmente, a quarta hipótese para reagrupar os enunciados, descrever seu encadeamento e explicar as formas unitárias sob as quais eles se apresentam: a identidade e a persistência dos temas. Em "ciências" como a economia e a biologia, tão voltadas para a polêmica, tão permeáveis a opções filosóficas ou morais, tão prontas em certos casos à utilização política, é legítimo, em primeira instância, supor que uma certa temática seja capaz de ligar e de animar, como um organismo que tem suas necessidades, sua força interna e suas capacidades de sobrevivência, um conjunto de discursos. Será que não se poderia, por exemplo, constituir como unidade tudo que, de Buffon a Darwin, constituiu o tema evolucionista? Tema de início mais filosófico que científico, mais próximo da cosmologia que da biologia; tema que dirigiu de longe pesquisas, mais do que nomeou, recobriu e explicou resultados; tema que supunha sempre mais do que dele se sabia, mas que forçava, a partir dessa escolha fundamental, a transformar em saber discursivo o que fora esboçado como hipótese ou como exigência. Será que não se poderia falar, da mesma forma, do tema fisiocrático? Ideia que postulava, além de qualquer demonstração e antes de qualquer análise, o caráter natural das três rendas fundiárias; que supunha, em consequência, o primado econômico e político da propriedade agrária; que excluía qualquer análise dos mecanismos da produção industrial; que implicava, em compensação, a descrição do circuito do dinheiro no interior de um Estado, de sua distribuição entre as diferentes categorias sociais, e dos canais pelos quais voltava à produção; que, finalmente, conduziu Ricardo a se interrogar sobre os casos em que essa tripla renda não aparecia, nas condições em que poderia formar-se, e a denunciar, em consequência disso, o arbitrário do tema fisiocrático?

Mas, a partir de semelhante tentativa, somos levados a fazer duas constatações inversas e complementares. Em um caso, a mesma temática se articula a partir de dois jogos de conceitos, de dois tipos de análise, de dois campos de objetos perfeitamente diferentes: a ideia evolucionista, em sua formulação mais geral, talvez seja a mesma em Benoît de Maillet, Bordeu ou Diderot, e em Darwin; mas, na verdade, o que a torna possível e coerente não é, de forma alguma, da mesma ordem. No século XVIII, a ideia evolucionista é definida a partir de um parentesco das espécies que forma um *continuum* prescrito desde o início (só as catástrofes da natureza o teriam interrompido, ou progressivamente constituído pelo passar do tempo). No século XIX, o tema evolucionista se refere menos à constituição do quadro contínuo das espécies do que à descrição de grupos descontínuos e à análise das modalidades de interação entre um organismo, cujos elementos são solidários, e um meio que lhe oferece suas condições reais de vida. Trata-se de um único tema, mas a partir de dois tipos de discurso. No caso da fisiocracia, ao contrário, a escolha de Quesnay repousa exatamente sobre o mesmo sistema de conceitos que a opinião inversa, sustentada pelos que podem ser chamados utilitaristas. Nessa época, a análise das riquezas compreendia um jogo de conceitos relativamente limitado e que era admitido por todos (dava-se a mesma definição da moeda; dava-se a mesma explicação sobre os preços; fixava-se, da mesma maneira, o custo de um trabalho). Ora, a partir desse jogo conceitual único, havia duas maneiras de explicar a formação do valor, analisando-o a partir da troca, ou da remuneração pela jornada de trabalho. Essas duas possibilidades inscritas na teoria econômica, e nas regras de seu jogo conceitual, deram lugar, a partir dos mesmos elementos, a duas opções diferentes.

Estaríamos errados, sem dúvida, em procurar na existência desses temas os princípios de individualização de um discurso. Não seria mais indicado buscá-los na dispersão dos pontos de escolha que ele deixa livres? Não seriam as diferentes possibilidades que ele abre no sentido de reanimar temas já existentes, de suscitar estratégias opostas, de dar lugar a interesses inconciliáveis, de permitir, com um jogo de conceitos determinados, desempenhar papéis diferentes? Mais do que buscar a permanência dos temas, das imagens e das opiniões através do tempo, mais do que retraçar a dialética de seus conflitos para individualizar conjuntos enunciativos, não poderíamos demarcar a dispersão dos pontos de escolha e definir, antes de qualquer opção, de qualquer preferência temática, um campo de possibilidades estratégicas?

Eis-me, pois, em presença de quatro tentativas, de quatro fracassos e de quatro hipóteses que se revezam. Será preciso, agora, prová-las. A propósito dessas grandes

46 Michel Foucault – A Arqueologia do Saber

famílias de enunciados que se impõem a nosso hábito – e que designamos como *a* medicina, ou *a* economia, ou *a* gramática –, eu me perguntara em que poderiam fundar sua unidade. Em um domínio de objetos cheio, fechado, contínuo, geograficamente bem recortado? Deparei-me, entretanto, com séries lacunares e emaranhadas, jogos de diferenças, de desvios, de substituições, de transformações. Em um tipo definido e normativo de enunciação? Mas encontrei formulações de níveis demasiado diferentes e de funções demasiado heterogêneas para poderem se ligar e se compor em uma figura única e para simular, através do tempo, além das obras individuais, uma espécie de grande texto ininterrupto. Em um alfabeto bem definido de noções? Mas nos encontramos na presença de conceitos que diferem em estrutura e regras de utilização, que se ignoram ou se excluem uns aos outros e que não podem entrar na unidade de uma arquitetura lógica. Na permanência de uma temática? Ora, encontramos, em vez disso, possibilidades estratégicas diversas que permitem a ativação de temas incompatíveis, ou ainda a introdução de um mesmo tema em conjuntos diferentes. Daí a ideia de descrever essas dispersões; de pesquisar se entre esses elementos, que seguramente não se organizam como um edifício progressivamente dedutivo, nem como um livro sem medida que se escreveria, pouco a pouco, através do tempo, nem como a obra de um sujeito coletivo, não se poderia detectar uma regularidade: uma ordem em seu aparecimento sucessivo, correlações em sua simultaneidade, posições assinaláveis em um espaço comum, funcionamento recíproco, transformações ligadas e hierarquizadas. Tal análise não tentaria isolar, para descrever sua estrutura interna, pequenas ilhas de coerência; não se disporia a suspeitar e trazer à luz os conflitos latentes; mas estudaria formas de repartição. Ou, ainda, em lugar de reconstituir *cadeias* de inferência (como se faz frequentemente na história das ciências ou da filosofia), em lugar de estabelecer *quadros de diferenças* (como fazem os linguistas), descreveria *sistemas de dispersão*.

II – As Regularidades Discursivas **47**

No caso em que se puder descrever, entre um certo número de enunciados, semelhante sistema de dispersão, e no caso em que entre os objetos, os tipos de enunciação, os conceitos, as escolhas temáticas, se puder definir uma regularidade (uma ordem, correlações, posições e funcionamentos, transformações), diremos, por convenção, que se trata de uma *formação discursiva* – evitando, assim, palavras demasiado carregadas de condições e consequências, inadequadas, aliás, para designar semelhante dispersão, tais como "ciência", ou "ideologia", ou "teoria", ou "domínio de objetividade". Chamaremos de *regras de formação* as condições a que estão submetidos os elementos dessa repartição (objetos, modalidade de enunciação, conceitos, escolhas temáticas). As regras de formação são condições de existência (mas também de coexistência, de manutenção, de modificação e de desaparecimento) em uma dada repartição discursiva.

Eis o campo que agora é preciso percorrer; eis as noções que é preciso testar e as análises que é preciso empreender. Sei que os riscos não são pequenos. Eu havia usado, para uma primeira marcação, certos agrupamentos bastante soltos, mas bastante familiares: nada me garante que os reencontre no fim da análise, nem que descubra o princípio de sua delimitação e de sua individualização; não estou certo de que as formações discursivas que isolarei definam a medicina em sua unidade global, a economia e a gramática na curva de conjunto de sua destinação histórica; não estou certo de que elas não introduzam recortes imprevistos. Da mesma forma, nada me garante que semelhante discussão poderá dar conta da cientificidade (ou da não cientificidade) desses conjuntos discursivos que tomei como ponto de partida e que se apresentam, de início, com uma certa presunção de racionalidade científica; nada me garante que minha análise não se situe em um nível inteiramente diferente, constituindo uma descrição irredutível à epistemologia ou à história das ciências. Será ainda possível que, ao fim de tal empresa, não se recuperem essas unidades mantidas em suspenso por zelo metodológico: que sejamos obriga-

48 Michel Foucault – A Arqueologia do Saber

dos a dissociar as obras, ignorar as influências e as tradições, abandonar definitivamente a questão da origem, deixar que se apague a presença imperiosa dos autores; e que assim desapareça tudo aquilo que constituía a história das ideias. O perigo, em suma, é que em lugar de dar fundamento ao que já existe, em lugar de reforçar com traços cheios linhas esboçadas, em lugar de nos tranquilizarmos com esse retorno e essa confirmação final, em lugar de completar esse círculo feliz que anuncia, finalmente, após mil ardis e igual número de incertezas, que tudo se salvou, sejamos obrigados a continuar fora das paisagens familiares, longe das garantias a que estamos habituados, em um terreno ainda não esquadrinhado e na direção de um final que não é fácil prever. O que, até então, velava pela segurança do historiador e o acompanhava até o crepúsculo (o destino da racionalidade e da teleologia das ciências, o longo trabalho contínuo do pensamento através do tempo, o despertar e o progresso da consciência, sua perpétua retomada por si mesma, o movimento inacabado mas ininterrupto das totalizações, o retorno a uma origem sempre aberta e, finalmente, a temática histórico-transcendental), tudo isso não corre o risco de desaparecer, liberando à análise um espaço branco, indiferente, sem interioridade nem promessa?

3

A FORMAÇÃO DOS OBJETOS

É preciso fazer agora um levantamento das direções abertas e saber se podemos dar conteúdo a esta noção, apenas esboçada, de "regras de formação". Vejamos, inicialmente, a formação dos objetos. Para analisá-la mais facilmente, tomemos o exemplo do discurso da psicopatologia a partir do século XIX: corte cronológico que podemos admitir facilmente numa primeira abordagem. Signos suficientes no-lo indicam. Retenhamos apenas dois deles: a colocação, no início do século, de um novo modo de exclusão e de inserção do louco no hospital psiquiátrico; e a possibilidade de percorrer de volta a fieira de certas noções atuais até Esquirol, Heinroth ou Pinel (da paranoia podemos retroceder até a monomania, do quociente intelectual à noção primeira da imbecilidade, da paralisia geral à encefalite crônica, da neurose de caráter à loucura sem delírio); enquanto se quisermos seguir mais acima o fio do tempo, perdemos logo as pistas, os fios se emaranham, e a projeção de Du Laurens, ou mesmo Van Swieten, sob a patologia de Kraepelin ou de Bleuler, nada proporciona além de coincidências aleatórias. Ora, os objetos dos quais a psicopatologia se ocupou, desde essa cesura, são muito numerosos, em grande parte muito novos, mas também bastante precários, cambiantes e condenados, alguns deles, a um rápido desaparecimento: ao lado das agitações motoras, alucinações e discursos que se desviam (que já eram considerados como manifestações de loucura, se bem que fossem reconhecidos, delimitados, descritos e analisados de outro

50 Michel Foucault – A Arqueologia do Saber

modo), vimos surgir alguns que se referiam a registros até então não utilizados: perturbações ligeiras de comportamento, aberrações e problemas sexuais, fatos de sugestão e de hipnose, lesões do sistema nervoso central, *deficits* de adaptação intelectual ou motora, criminalidade. Em cada um desses registros, múltiplos objetos foram nomeados, circunscritos, analisados, depois corrigidos, novamente definidos, contestados, suprimidos. Pode-se estabelecer a regra a que seu aparecimento estava submetido? Pode-se saber segundo que sistema não dedutivo esses objetos puderam se justapor e se suceder para formar o campo retalhado – lacunar ou pletórico segundo os pontos – da psicopatologia? Qual foi seu regime de existência enquanto objetos de discurso?

A) Seria preciso inicialmente demarcar as *superfícies* primeiras de sua *emergência*: mostrar onde podem surgir, para que possam, em seguida, ser designadas e analisadas essas diferenças individuais que, segundo os graus de racionalização, os códigos conceituais e os tipos de teoria, vão receber a qualificação de doença, alienação, anomalia, demência, neurose ou psicose, degenerescência etc. Essas superfícies de emergência não são as mesmas nas diferentes sociedades, em diferentes épocas e nas diferentes formas de discurso. Permanecendo na psicopatologia do século XIX, é provável que elas fossem constituídas pela família, pelo grupo social próximo, o meio de trabalho, a comunidade religiosa (que são todos normativos, suscetíveis ao desvio, que têm uma margem de tolerância e um limiar a partir do qual a exclusão é requerida, que têm um modo de designação e de rejeição da loucura, que se não transferem para a medicina a responsabilidade da cura e do tratamento, pelo menos o fazem com a carga da explicação); se bem que organizadas de modo específico, essas superfícies de emergência não são novas no século XIX. Em compensação, foi nessa época, sem dúvida, que se puseram a funcionar novas superfícies de aparecimento: a arte com sua normatividade própria, a sexualidade (seus desvios em relação a proibições habituais tornam-se pela primeira vez objeto de demarcação, de descrição e de análise para o discurso psiquiátrico), a penalidade (enquanto a loucura, nas épocas precedentes, era cuidadosamente destacada da conduta criminosa e valia como desculpa, a criminalidade torna-se ela própria – e isso desde as famosas "monomanias homicidas" – uma forma de desvio mais ou menos aparentada à loucura). Nesses campos de diferenciação primeira, nas distâncias, descontinuidades e limiares que então se manifestam, o discurso psiquiátrico encontra a possibilidade de limitar seu domínio, de definir

II – As Regularidades Discursivas   51

aquilo de que fala, de dar-lhe o *status* de objeto – ou seja, de fazê-lo aparecer, de torná-lo nomeável e descritível.

B) Seria necessário descrever, além disso, *instâncias de delimitação*: a medicina (como instituição regulamentada, como conjunto de indivíduos que constituem o corpo médico, como saber e prática, como competência reconhecida pela opinião pública, a justiça e a administração) tornou-se, no século XIX, a instância superior que, na sociedade, distingue, designa, nomeia e instaura a loucura como objeto; mas não foi a única a representar esse papel: a justiça, e particularmente a justiça penal (com as definições da escusa, da irresponsabilidade, das circunstâncias atenuantes e com o uso de noções como as de crime passional, de hereditariedade, de perigo social), a autoridade religiosa (na medida em que se estabelece como instância de decisão que separa o místico do patológico, o espiritual do corporal, o sobrenatural do anormal, e na medida em que pratica a direção de consciência mais para um conhecimento dos indivíduos do que para uma classificação casuística das ações e das circunstâncias), a crítica literária e artística (que, no curso do século XIX, trata a obra cada vez menos como um objeto de apreciação que deve ser julgado, e cada vez mais como uma linguagem que deve ser interpretada e em que é preciso reconhecer os jogos de expressão de um autor).

C) Analisar finalmente as *grades de especificação*: trata-se dos sistemas segundo os quais separamos, opomos, associamos, reagrupamos, classificamos, derivamos, umas das outras, as diferentes "loucuras" como objetos do discurso psiquiátrico (essas grades de diferenciação foram, no século XIX, a alma, como grupo de faculdades hierarquizadas, vizinhas e mais ou menos interpenetráveis; o corpo, como volume tridimensional de órgãos ligados por esquemas de dependência e de comunicação; a vida e a história dos indivíduos, como sequência linear de fases, emaranhado de traços, conjunto de reativações virtuais, repetições cíclicas; os jogos das correlações neuropsicológicas como sistemas de projeções recíprocas e campo de causalidade circular).

Semelhante descrição é, por si mesma, ainda insuficiente por dois motivos. Os planos de emergência que acabamos de demarcar, essas instâncias de delimitação, ou essas formas de especificação, não fornecem, inteiramente constituídos e armados, objetos que o discurso da psicopatologia só teria, em seguida, que relacionar, classificar e nomear, eleger, recobrir finalmente de uma trama de palavras e frases: não são as famílias – com suas normas, suas proibições, seus limiares de sensibilidade – que determinam os loucos e propõem "doentes" para a

52 Michel Foucault – A Arqueologia do Saber

análise ou decisão dos psiquiatras; não é a jurisprudência que denuncia, por ela mesma, à medicina mental, um delírio paranoico sob um assassinato, ou que suspeita de uma neurose em um delito sexual. O discurso é algo inteiramente diferente do lugar em que vêm se depositar e se superpor, como em uma simples superfície de inscrição, objetos que teriam sido instaurados anteriormente. Mas a enumeração que acabamos de fazer é insuficiente também por uma segunda razão. Ela demarcou, uns após outros, vários planos de diferenciação em que os objetos do discurso podem aparecer. Mas, entre eles, que relações existem? Por que esta enumeração e não outra? Que conjunto definido e fechado acreditamos circunscrever desta maneira? E como podemos falar de um "sistema de formação" se conhecemos apenas uma série de determinações diferentes e heterogêneas, sem ligações ou relações assinaláveis?

Na verdade, estas duas séries de questões remetem ao mesmo ponto. Para compreendê-lo, restrinjamos ainda o exemplo precedente. No domínio com o qual a psicopatologia se ocupou no século XIX, vemos aparecer, muito cedo (desde Esquirol), toda uma série de objetos pertencentes ao registro de delinquência: o homicídio (e o suicídio), os crimes passionais, os delitos sexuais, certas formas de roubo, a vagabundagem e, depois, através deles, a hereditariedade, o meio neurógeno, os comportamentos de agressão ou de autopunição, as perversidades, os impulsos criminosos, a sugestibilidade etc. Não seria adequado dizer que se trata das consequências de uma descoberta: descoberta feita, um belo dia, por um psiquiatra, de uma semelhança entre condutas criminosas e comportamento patológico; revelação de uma presença dos sinais clássicos da alienação em certos delinquentes. Tais fatos estão além da pesquisa atual: o problema, na realidade, é saber o que os tornou possíveis e como essas "descobertas" puderam ser seguidas de outras que as retomaram, corrigiram, modificaram ou eventualmente anularam. Da mesma forma, não seria pertinente atribuir o aparecimento desses objetos novos às normas características da sociedade burgue-

II – As Regularidades Discursivas   53

sa do século XIX, a um sistema policial e penal reforçado, ao estabelecimento de um novo código de justiça criminal, à introdução e ao uso das circunstâncias atenuantes, ao aumento da criminalidade. Sem dúvida, todos esses processos efetivamente ocorreram; mas não puderam, por si mesmos, formar objetos para o discurso psiquiátrico; prosseguindo a descrição nesse nível, permaneceríamos, desta vez, aquém do que se procura.

Se, em nossa sociedade, em uma época determinada, o delinquente foi psicologizado e patologizado, se a conduta transgressora pôde dar lugar a toda uma série de objetos de saber, deve-se ao fato de que, no discurso psiquiátrico, foi empregado um conjunto de relações determinadas. Relação entre planos de especificação, como as categorias penais e os graus de responsabilidade diminuída, e planos psicológicos de caracterização (as faculdades, as aptidões, os graus de desenvolvimento ou de involução, os modos de reagir ao meio, os tipos de caracteres, adquiridos, inatos ou hereditários). Relação entre a instância de decisão médica e a instância de decisão judiciária (relação complexa, para dizer a verdade, já que a decisão médica reconhece totalmente a instância judiciária para a definição do crime, o estabelecimento das circunstâncias em que se deu e a sanção que merece, mas se reserva a análise de sua gênese e a estimativa da responsabilidade envolvida). Relação entre o filtro constituído pela interrogação judiciária, as informações policiais, a investigação e todo o aparelho de informação jurídica, e o filtro constituído pelo questionário médico, os exames clínicos, a pesquisa dos antecedentes e as narrações biográficas. Relação entre as normas familiares, sexuais, penais, do comportamento dos indivíduos, e o quadro dos sintomas patológicos e doenças de que eles são os sinais. Relação entre a restrição terapêutica no meio hospitalar (com seus limiares particulares, seus critérios de cura, sua maneira de delimitar o normal e o patológico) e a restrição punitiva na prisão (com seu sistema de castigo e de pedagogia, seus critérios de boa conduta, de recuperação e de libertação). São essas rela-

54 Michel Foucault – A Arqueologia do Saber

ções que, atuando no discurso psiquiátrico, permitiram a formação de todo um conjunto de objetos diversos.

Generalizemos: o discurso psiquiátrico, no século XIX, caracteriza-se não por objetos privilegiados, mas pela maneira pela qual forma seus objetos, de resto muito dispersos. Essa formação é assegurada por um conjunto de relações estabelecidas entre instâncias de emergência, de delimitação e de especificação. Diremos, pois, que uma formação discursiva se define (pelo menos quanto a seus objetos) se se puder estabelecer um conjunto semelhante; se se puder mostrar como qualquer objeto do discurso em questão aí encontra seu lugar e sua lei de aparecimento; se se puder mostrar que ele pode dar origem, simultânea ou sucessivamente, a objetos que se excluem, sem que ele próprio tenha de se modificar.

Daí um certo número de observações e consequências.

1. As condições para que apareça um objeto de discurso, as condições históricas para que dele se possa "dizer alguma coisa" e para que dele várias pessoas possam dizer coisas diferentes, as condições para que ele se inscreva em um domínio de parentesco com outros objetos, para que possa estabelecer com eles relações de semelhança, de vizinhança, de afastamento, de diferença, de transformação – essas condições, como se vê, são numerosas e importantes. Isto significa que não se pode falar de qualquer coisa em qualquer época; não é fácil dizer alguma coisa nova; não basta abrir os olhos, prestar atenção, ou tomar consciência, para que novos objetos logo se iluminem e, na superfície do solo, lancem sua primeira claridade. Mas esta dificuldade não é apenas negativa; não se deve associá-la a um obstáculo cujo poder seria, exclusivamente, de cegar, perturbar, impedir a descoberta, mascarar a pureza da evidência ou a obstinação muda das próprias coisas; o objeto não espera nos limbos a ordem que vai liberá-lo e permitir-lhe que se encarne em uma visível e loquaz objetividade; ele não preexiste a si mesmo, retido por algum obstáculo aos pri-

II – As Regularidades Discursivas **55**

meiros contornos da luz, mas existe sob as condições positivas de um feixe complexo de relações.

2. Essas relações são estabelecidas entre instituições, processos econômicos e sociais, formas de comportamentos, sistemas de normas, técnicas, tipos de classificação, modos de caracterização; e essas relações não estão presentes no objeto; não são elas que são desenvolvidas quando se faz sua análise; elas não desenham a trama, a racionalidade imanente, essa nervura ideal que reaparece totalmente, ou em parte, quando o imaginamos na verdade de seu conceito. Elas não definem a constituição interna do objeto, mas o que lhe permite aparecer, justapor-se a outros objetos, situar-se em relação a eles, definir sua diferença, sua irredutibilidade e, eventualmente, sua heterogeneidade; enfim, ser colocado em um campo de exterioridade.

3. Essas relações se distinguem, de início, das relações que poderiam ser chamadas "primárias" e que, independentemente de qualquer discurso ou de qualquer objeto de discurso, podem ser descritas entre instituições, técnicas, formas sociais etc. Afinal, sabe-se que entre a família burguesa e o funcionamento das instâncias e das categorias judiciárias do século XIX há relações analisáveis em si mesmas. Ora, elas nem sempre podem ser sobrepostas às relações que são formadoras de objetos: as relações de dependência que podem ser assinaladas nesse nível primário não se exprimem, forçosamente, no relacionamento que torna possíveis objetos de discurso. Mas é preciso distinguir, além disso, as relações secundárias que podem estar formuladas no próprio discurso; o que, por exemplo, os psiquiatras do século XIX puderam dizer sobre as relações entre a família e a criminalidade não reproduz, sabemos bem, o jogo das dependências reais; mas não reproduz tampouco o jogo das relações que tornam possíveis e sustentam os objetos do discurso psiquiátrico. Assim se abre todo um espaço articulado de descrições possíveis: sistema das *relações primárias* ou

reais, sistema das *relações secundárias* ou *reflexivas*, e sistema das *relações* que podem ser chamadas propriamente de *discursivas*. O problema é fazer com que apareça a especificidade dessas últimas e seu jogo com as outras duas.

4. As relações discursivas, como se vê, não são internas ao discurso: não ligam entre si os conceitos ou as palavras; não estabelecem entre as frases ou as proposições uma arquitetura dedutiva ou retórica. Mas não são, entretanto, relações exteriores ao discurso, que o limitariam ou lhe imporiam certas formas, ou o forçariam, em certas circunstâncias, a enunciar certas coisas. Elas estão, de alguma maneira, no limite do discurso: oferecem-lhe objetos de que ele pode falar, ou antes (pois essa imagem da oferta supõe que os objetos sejam formados de um lado e o discurso, do outro), determinam o feixe de relações que o discurso deve efetuar para poder falar de tais ou tais objetos, para poder abordá-los, nomeá-los, analisá-los, classificá-los, explicá-los etc. Essas relações caracterizam não a língua que o discurso utiliza, não as circunstâncias em que ele se desenvolve, mas o próprio discurso enquanto prática.

Pode-se agora encerrar a análise e avaliar até que ponto ela realiza ou, igualmente, modifica o projeto inicial.

A propósito dessas figuras de conjunto que, de maneira insistente mas confusa, se apresentavam como *a* psicopatologia, *a* economia, *a* gramática, *a* medicina, perguntamo-nos que espécie de unidade poderia constituí-las: não seriam elas apenas uma reconstrução extemporânea, a partir de obras singulares, de teorias sucessivas, de noções ou temas, alguns dos quais abandonados, outros mantidos pela tradição, outros ainda encobertos pelo esquecimento e depois redescobertos? Não passariam de uma série de empresas ligadas?

Havíamos procurado a unidade do discurso junto aos próprios objetos, à sua distribuição, ao jogo de suas diferenças, de sua proximidade ou de seu afastamento – em resumo, junto ao que é dado ao sujeito falante –,

II – As Regularidades Discursivas   57

e fomos mandados de volta, finalmente, para um relacionamento que caracteriza a própria prática discursiva; descobrimos, assim, não uma configuração ou uma forma, mas um conjunto de *regras* que são imanentes a uma prática e a definem em sua especificidade. Por outro lado, tínhamos usado, a título de marco, uma "unidade" como *a* psicopatologia: se tivéssemos desejado fixar-lhe uma data de nascimento e um domínio preciso, teria sido necessário, sem dúvida, reencontrar o aparecimento da palavra, definir a que estilo de análise ela poderia aplicar-se e como se estabeleceria sua separação, por um lado, da neurologia e, por outro, da psicologia. O que se descobriu foi uma unidade de um outro tipo, que não tem provavelmente as mesmas datas, nem a mesma superfície, nem as mesmas articulações, mas que pode dar conta de um conjunto de objetos para os quais o termo psicopatologia não passava de uma rubrica reflexiva, secundária e classificatória. Finalmente, a psicopatologia se apresentava como uma disciplina, sempre se renovando, sempre marcada por descobertas, críticas, erros corrigidos; o sistema de formação que se definiu permanece estável. Mas entendamos: não são os objetos que permanecem constantes, nem o domínio que formam; nem mesmo seu ponto de emergência ou seu modo de caracterização; mas o estabelecimento de relação entre as superfícies em que podem aparecer, em que podem ser delimitados, analisados e especificados.

Nas descrições cuja teoria acabo de tentar fornecer, não se trata de interpretar o discurso para fazer através dele uma história do referente. No exemplo escolhido, não se procura saber quem era louco em tal época, em que consistia sua loucura, nem se suas perturbações eram idênticas às que nos são, hoje, familiares. Não se questiona se os feiticeiros eram loucos ignorados e perseguidos ou se, em um outro momento, uma experiência mística ou estética não foi indevidamente medicalizada. Não se procura reconstituir o que podia ser a própria loucura, tal como se apresentaria inicialmente em alguma experiência primitiva, fundamental, surda, apenas

58 Michel Foucault – A Arqueologia do Saber

articulada,[1] e tal como teria sido organizada em seguida (traduzida, deformada, deturpada, reprimida talvez) pelos discursos e pelo jogo oblíquo, frequentemente retorcido, de suas operações. Sem dúvida, semelhante história do referente é possível; não se exclui, de imediato, o esforço para desenterrar e libertar do texto essas experiências "pré-discursivas". Mas não se trata, aqui, de neutralizar o discurso, transformá-lo em signo de outra coisa e atravessar-lhe a espessura para encontrar o que permanece silenciosamente aquém dele, e sim, pelo contrário, mantê-lo em sua consistência, fazê-lo surgir na complexidade que lhe é própria. Em uma palavra, quer-se, na verdade, renunciar às "coisas", "despresentificá-las"; conjurar sua rica, relevante e imediata plenitude, que costumamos considerar como a lei primitiva de um discurso que dela só se afastaria pelo erro, esquecimento, ilusão, ignorância ou inércia das crenças e das tradições ou, ainda, desejo, inconsciente talvez, de não ver e de não dizer; substituir o tesouro enigmático das "coisas" anteriores ao discurso pela formação regular dos objetos que só nele se delineiam; definir esses *objetos* sem referência ao *fundo das coisas*, mas relacionando-os ao conjunto de regras que permitem formá-los como objetos de um discurso e que constituem, assim, suas condições de aparecimento histórico; fazer uma história dos objetos discursivos que não os enterre na profundidade comum de um solo originário, mas que desenvolva o nexo das regularidades que regem sua dispersão.

Entretanto, elidir o momento das "próprias coisas" não é remeter necessariamente à análise linguística da significação. Quando se descreve a formação dos objetos de um discurso, tenta-se identificar os relacionamentos que caracterizam uma prática discursiva e não se determina uma organização léxica nem as escansões de um campo semântico: não se questiona o sentido dado, em

---

1   Isto é escrito contra um tema explícito na *Histoire de la folie* e presente repetidas vezes no Prefácio.

II – As Regularidades Discursivas   59

sua época, às palavras "melancolia" ou "loucura sem delírio", nem a oposição de conteúdo entre "psicose" e "neurose". Não que tais análises sejam consideradas ilegítimas ou impossíveis, mas não são pertinentes quando se trata de saber, por exemplo, como a criminalidade pôde tornar-se objeto de parecer médico, ou como o desvio sexual pôde delinear-se como um objeto possível do discurso psiquiátrico. A análise dos conteúdos léxicos define tanto os elementos de significação de que dispõem os sujeitos falantes, em uma dada época, como a estrutura semântica que aparece na superfície dos discursos já pronunciados; ela não se refere à prática discursiva como lugar onde se forma ou se deforma, onde aparece e se apaga uma pluralidade emaranhada – ao mesmo tempo superposta e lacunar – de objetos.

A sagacidade dos críticos não se enganou: de uma análise como a que empreendo, as *palavras* estão tão deliberadamente ausentes quanto as próprias *coisas*; não há nem descrição de um vocabulário nem recursos à plenitude viva da experiência. Não se volta ao aquém do discurso – lá onde nada ainda foi dito e onde as coisas apenas despontam sob uma luminosidade cinzenta; não se vai além para reencontrar as formas que ele dispôs e deixou atrás de si; fica-se, tenta-se ficar no nível do próprio discurso. Já que é preciso, às vezes, acentuar ausências, embora as mais evidentes, direi que, em todas essas pesquisas em que avancei ainda tão pouco, gostaria de mostrar que os "discursos", tais como podemos ouvi-los, tais como podemos lê-los sob a forma de texto, não são, como se poderia esperar, um puro e simples entrecruzamento de coisas e de palavras: trama obscura das coisas, cadeia manifesta, visível e colorida das palavras; gostaria de mostrar que o discurso não é uma estreita superfície de contato, ou de confronto, entre uma realidade e uma língua, o intrincamento entre um léxico e uma experiência; gostaria de mostrar, por meio de exemplos precisos, que, analisando os próprios discursos, vemos se desfazerem os laços aparentemente tão fortes entre as palavras e as coisas, e destacar-se um conjunto de regras, próprias da prática discursiva. Essas regras definem não a existência muda de uma realidade, não o uso canônico de um vocabulário, mas o regime dos objetos. "As palavras e as coisas" é o título – sério – de um problema; é o título – irônico – do trabalho que lhe modifica a forma, lhe desloca os dados e revela, afinal de contas, uma tarefa inteiramente diferente, que consiste em não mais tratar os discursos como conjuntos de signos (elementos significantes que remetem a conteúdos ou a representações), mas como práticas que formam sistematicamente os objetos de que falam. Certamente os discursos são feitos de signos; mas o que fazem é mais que utilizar esses signos para designar coisas. É esse *mais* que os torna irredutíveis à língua e ao ato da fala. É esse "mais" que é preciso fazer aparecer e que é preciso descrever.

4

A FORMAÇÃO DAS MODALIDADES ENUNCIATIVAS

Descrições qualitativas, narrações biográficas, demarcação, interpretação e recorte dos signos, raciocínios por analogia, dedução, estimativas estatísticas, verificações experimentais, e muitas outras formas de enunciados, eis o que se pode encontrar, no século XIX, no discurso dos médicos. Que encadeamento, que determinismo há entre uns e outros? Por que estes e não outros? Seria necessário encontrar a lei de todas essas enunciações diversas e o lugar de onde vêm.

A) Primeira questão: quem fala? Quem, no conjunto de todos os sujeitos falantes, tem boas razões para ter esta espécie de linguagem? Quem é seu titular? Quem recebe dela sua singularidade, seus encantos, e de quem, em troca, recebe, se não sua garantia, pelo menos a presunção de que é verdadeira? Qual é o *status* dos indivíduos que têm – e apenas eles – o direito regulamentar ou tradicional, juridicamente definido ou espontaneamente aceito, de proferir semelhante discurso? O *status* do médico compreende critérios de competência e de saber; instituições, sistemas, normas pedagógicas; condições legais que dão direito – não sem antes lhe fixar limites – à prática e à experimentação do saber. Compreende, também, um sistema de diferenciação e de relações (divisão das atribuições, subordinação hierárquica, complementaridade funcional, demanda, transmissão e troca de informações) com outros indivíduos ou outros grupos que têm eles próprios seu *status* (com o poder político e seus representantes, com o Poder Judiciário, com diferentes corpos profissionais, com os grupos religiosos e, se for o caso, com os sacerdotes). Compreende, também, um certo número de traços que definem seu funcionamento em relação ao conjunto da sociedade (o papel que se reconhece no médico, conforme seja chamado por uma pessoa, ou requisitado, de maneira mais

62 Michel Foucault – A Arqueologia do Saber

ou menos obrigatória, pela sociedade, conforme exerça uma profissão, ou seja encarregado de uma função; os direitos de intervenção e de decisão que lhe são reconhecidos nestes diferentes casos; o que lhe é pedido como vigia, guardião e responsável pela saúde de uma população, de um grupo, de uma família, de um indivíduo; a parte que recebe da riqueza pública ou da de particulares; a forma de contrato, explícito ou implícito, que estabelece, seja com o grupo no qual exerce sua profissão, seja com o poder que lhe confiou uma tarefa, seja com o cliente que lhe pediu um conselho, uma terapêutica, uma cura). Esse *status* dos médicos é, em geral, bastante singular em todas as formas de sociedade e de civilização: ele não é, quase nunca, um personagem indiferenciado ou intercambiável. A fala médica não pode vir de quem quer que seja; seu valor, sua eficácia, seus próprios poderes terapêuticos e, de maneira geral, sua existência como fala médica não são dissociáveis do personagem, definido por *status*, que tem o direito de articulá-lo, reivindicando para si o poder de conjurar o sofrimento e a morte. Mas sabe-se também que esse *status* foi profundamente modificado na civilização ocidental, no final do século XVIII e no início do século XIX, quando a saúde das populações tornou-se uma das normas econômicas requeridas pela sociedade industrial.

B) É preciso descrever também os *lugares* institucionais de onde o médico obtém seu discurso, e onde este encontra sua origem legítima e seu ponto de aplicação (seus objetos específicos e seus instrumentos de verificação). Esses lugares são, para nossa sociedade, o hospital, local de uma observação constante, codificada, sistemática, assegurada por pessoal médico diferenciado e hierarquizado, e que pode, assim, constituir um campo quantificável de frequências; a prática privada, que oferece um domínio de observações mais aleatórias, mais lacunares, muito mais numerosas, mas que permitem, às vezes, constatações de alcance cronológico mais amplo, com melhor conhecimento dos antecedentes e do meio; o laboratório, local autônomo, por muito tempo distinto do hospital, no qual se estabelecem certas verdades de ordem geral sobre o corpo humano, a vida, as doenças, as lesões, que fornece certos elementos de diagnóstico, certos sinais de evolução, certos critérios de cura, e que permite experimentações terapêuticas; finalmente, o que se poderia chamar a "biblioteca" ou o campo documentário, que compreende não somente os livros ou tratados, tradicionalmente reconhecidos como válidos, mas também o conjunto dos relatórios e observações publicadas e transmitidas, e ainda a massa das informações estatísticas (referentes ao meio social, ao clima, às epidemias, à taxa de mortalidade, à frequência das doenças, aos focos de contágio, às doenças profissionais) que podem ser fornecidas ao médico pelas administrações, por outros médicos, por sociólogos, por geógrafos. Ainda aí, esses diversos "lugares" do discurso médico foram profundamente modificados no século XIX:

II – As Regularidades Discursivas   63

a importância do documento não deixa de crescer (diminuindo, proporcionalmente, a autoridade do livro ou da tradição); o hospital que não passava de um local de apoio para o discurso sobre as doenças e que era inferior em importância e valor à prática privada (em que as doenças, deixadas em seu meio natural, deviam, no século XVIII, se revelar em sua verdade vegetal), torna-se, então, o local das observações sistemáticas e homogêneas, confrontos em larga escala, estabelecimento das frequências e das probabilidades, anulação das variantes individuais – em resumo, o local de aparecimento da doença, não mais como espécie singular que desdobra seus traços essenciais sob o olhar do médico, mas como processo intermediário com seus marcos significativos, seus limites, suas oportunidades de evolução. Da mesma forma, foi no século XIX que a prática médica cotidiana integrou o laboratório como local de um discurso que tem as mesmas normas experimentais da física, química ou biologia.

C) As posições do sujeito se definem igualmente pela situação que lhe é possível ocupar em relação aos diversos domínios ou grupos de objetos: ele é sujeito que questiona, segundo uma certa grade de interrogações explícitas ou não, e que ouve, segundo um certo programa de informação; é sujeito que observa, segundo um quadro de traços característicos, e que anota, segundo um tipo descritivo; está situado a uma distância perceptiva ótica cujos limites demarcam a parcela de informação pertinente; utiliza intermediários instrumentais que modificam a escala da informação, deslocam o sujeito em relação ao nível perceptivo médio ou imediato, asseguram sua passagem de um nível superficial a um nível profundo, o fazem circular no espaço interior do corpo – dos sintomas manifestos aos órgãos, dos órgãos aos tecidos e dos tecidos, finalmente, às células. A essas situações perceptivas é preciso somar as posições que o sujeito pode ocupar na rede de informações (no ensino teórico ou na pedagogia hospitalar; no sistema da comunicação oral ou da documentação escrita: como emissor e receptor de observações, de relatórios, de dados estatísticos, de proposições teóricas gerais, de projetos ou de decisões). As diversas situações que podem ser ocupadas pelo sujeito do discurso médico foram redefinidas, no início do século XIX, com a organização de um campo perceptivo totalmente diferente (disposto em profundidade, expresso por inovações instrumentais, desenvolvido pelas técnicas cirúrgicas ou pelos métodos da autópsia, centrado nos focos de lesão), e com a utilização de novos sistemas de registro, de notação, de descrição, de classificação, de integração em séries numéricas e em estatísticas, com a instituição de novas formas de ensino, de circulação das informações, de relação com os outros domínios teóricos (ciências ou filosofia) e com as outras instituições (quer elas sejam de ordem administrativa, política ou econômica).

64 Michel Foucault – A Arqueologia do Saber

Se no discurso clínico o médico é sucessivamente o questionador soberano e direto, o olho que observa, o dedo que toca, o órgão de decifração dos sinais, o ponto de integração de descrições já feitas, o técnico de laboratório, é porque todo um feixe de relações se encontra em jogo; relações entre o espaço hospitalar, como local ao mesmo tempo de assistência, de observação purificada e sistemática, e de terapêutica, parcialmente testada, parcialmente experimental, e todo um grupo de técnicas e de códigos de percepção do corpo humano – tal como é definido pela anatomia patológica; relações entre o campo das observações imediatas e o domínio das informações já adquiridas; relações entre o papel do médico como terapeuta, seu papel de pedagogo, seu papel de transmissor na difusão do saber médico e seu papel de responsável pela saúde pública no espaço social. Entendida como renovação dos pontos de vista, conteúdos, formas e do próprio estilo da descrição, utilização dos raciocínios indutivos ou probabilísticos, tipos de atribuição da causalidade, em resumo, como renovação das modalidades de enunciação, a medicina clínica não deve ser tomada como o resultado de uma nova técnica de observação – a da autópsia, que era praticada desde muito antes do século XIX; nem como o resultado da pesquisa das causas patogênicas nas profundezas do organismo – Morgagni já o fazia nos meados do século XVIII; nem como o efeito desta nova instituição que era a clínica hospitalar – ela já existia há dezenas de anos na Áustria e na Itália; nem como o resultado da introdução do conceito de tecido no *Traité de membranes*, de Bichat. Deve, sim, ser considerada como o relacionamento, no discurso médico, de um certo número de elementos distintos, dos quais uns se referiam ao *status* dos médicos, outros ao lugar institucional e técnico de onde falavam, outros à sua posição como sujeitos que percebem, observam, descrevem, ensinam etc. Pode-se dizer que esse relacionamento de elementos diferentes (alguns são novos, outros, preexistentes) é efetuado pelo discurso clínico; é ele, enquanto prática, que instaura entre eles todos um sistema de relações que não

II – As Regularidades Discursivas   65

é "realmente" dado nem constituído *a priori*; e se tem uma unidade, se as modalidades de enunciação que utiliza, ou às quais dá lugar, não são simplesmente justapostas por uma série de contingências históricas, é porque emprega, de forma constante, esse feixe de relações.

Convém observar ainda que, após se ter constatado a disparidade dos tipos de enunciação no discurso clínico, não se tentou reduzi-la fazendo aparecer as estruturas formais, categorias, modos de encadeamento lógico, tipos de raciocínio e indução, formas de análise e síntese que puderam ser empregados em um discurso; não se quis separar a organização racional, que é capaz de dar a enunciados – como os da medicina – o que comportam em termos de necessidade intrínseca. Não se quis, tampouco, relacionar a um ato fundador, ou a uma consciência constituinte, o horizonte geral de racionalidade no qual se destacaram, pouco a pouco, os progressos da medicina, seus esforços para se alinhar entre as ciências exatas, a condensação de seus métodos de observação, a lenta e difícil expulsão das imagens ou dos fantasmas que a habitam, a purificação de seu sistema de raciocínio. Enfim, não se tentou descrever nem a gênese empírica nem os diversos componentes da mentalidade médica: como se deslocou o interesse dos médicos, por qual modelo teórico ou experimental foram influenciados, que filosofia ou temática moral definiu o clima de sua reflexão, a que questões, a que perguntas tiveram de responder, que esforços tiveram de fazer para se libertarem dos preconceitos tradicionais, que caminhos percorreram na direção da unificação e coerência – jamais acabadas, jamais atingidas – de seu saber. Em suma, as modalidades diversas da enunciação não estão relacionadas à unidade de um sujeito – quer se trate do sujeito tomado como pura instância fundadora de racionalidade, ou do sujeito tomado como função empírica de síntese. Nem o "conhecer", nem os "conhecimentos".

Na análise proposta, as diversas modalidades de enunciação, em lugar de remeterem *à* síntese ou *à* fun-

66 Michel Foucault – A Arqueologia do Saber

ção unificante de *um* sujeito, manifestam sua dispersão:[1] nos diversos *status*, nos diversos lugares, nas diversas posições que pode ocupar ou receber quando exerce um discurso, na descontinuidade dos planos de onde fala. Se esses planos estão ligados por um sistema de relações, este não é estabelecido pela atividade sintética de uma consciência idêntica a si, muda e anterior a qualquer palavra, mas pela especificidade de uma prática discursiva. Renunciaremos, pois, a ver no discurso um fenômeno de expressão – a tradução verbal de uma síntese realizada em algum outro lugar; nele buscaremos antes um campo de regularidade para diversas posições de subjetividade. O discurso, assim concebido, não é a manifestação, majestosamente desenvolvida, de um sujeito que pensa, que conhece, e que o diz: é, ao contrário, um conjunto em que podem ser determinadas a dispersão do sujeito e sua descontinuidade em relação a si mesmo. É um espaço de exterioridade em que se desenvolve uma rede de lugares distintos. Ainda há pouco mostramos que não eram nem pelas "palavras" nem pelas "coisas" que era preciso definir o regime dos objetos característicos de uma formação discursiva; da mesma forma, é preciso reconhecer, agora, que não é nem pelo recurso a um sujeito transcendental nem pelo recurso a uma subjetividade psicológica que se deve definir o regime de suas enunciações.

---

1 Por isso, a expressão "olhar médico" empregada em *Naissance de la clinique* não era muito feliz.

5

A FORMAÇÃO DOS CONCEITOS

Talvez a família de conceitos que se delineia na obra de Lineu (mas também a que se encontra em Ricardo, ou na gramática de Port-Royal) possa se organizar em um conjunto coerente. Talvez se pudesse reconstituir a arquitetura dedutiva por ela formada. A experiência, de qualquer forma, merece ser tentada – e ela o foi diversas vezes. Em compensação, se tomamos uma escala maior e se escolhemos, como marcos, disciplinas como a gramática, ou a economia, ou o estudo dos seres vivos, o jogo de conceitos que vemos aparecer não obedece a condições tão rigorosas: sua história não é, pedra por pedra, a construção de um edifício. Será preciso abandonar essa dispersão à aparência de sua desordem? Ver aí uma sequência de sistemas conceituais, tendo cada um sua organização própria e se articulando somente, seja com a permanência dos problemas, seja com a continuidade da tradição, seja com o mecanismo das influências? Não se poderia encontrar uma lei que desse conta da emergência sucessiva ou simultânea de conceitos discordantes? Não se pode encontrar entre eles um sistema de ocorrência que não seja uma sistematicidade lógica? Antes de querer repor os conceitos em um edifício dedutivo virtual, seria necessário descrever a organização do campo de enunciados em que aparecem e circulam.

A) Essa organização compreende, inicialmente, formas de *sucessão* e, entre elas, as diversas *disposições das séries enunciativas* (quer seja a ordem das inferências, das implicações sucessivas e dos

68 Michel Foucault – A Arqueologia do Saber

raciocínios demonstrativos; ou a ordem das descrições, os esquemas de generalização ou de especificação progressiva aos quais obedecem, as distribuições espaciais que percorrem; ou a ordem das narrativas e a maneira pela qual os acontecimentos do tempo estão repartidos na sequência linear dos enunciados); os diversos *tipos de correlação* dos enunciados (que nem sempre são idênticos ou passíveis de ser superpostos às sucessões manifestas da série enunciativa: como a correlação hipótese-verificação; asserção-crítica; lei geral-aplicação particular); os diversos *esquemas* retóricos segundo os quais se podem combinar grupos de enunciados (como se encadeiam, umas às outras, descrições, deduções, definições, cuja sequência caracteriza a arquitetura de um texto). Tomemos, por exemplo, o caso da história natural na época clássica: ela não se serve dos mesmos conceitos do século XVI; alguns que são antigos (gênero, espécie, sinais) mudam de utilização; outros (como o de estrutura) aparecem; outros ainda (o de organismo) se formarão mais tarde. Mas o que foi modificado no século XVII e vai reger o aparecimento e a recorrência dos conceitos, para toda a história natural, é a disposição geral dos enunciados e sua seriação em conjuntos determinados; é a maneira de transcrever o que se observa e de reconstituir, no fio dos enunciados, um percurso perceptivo; é a relação e o jogo de subordinações entre descrever, articular em traços distintivos, caracterizar e classificar; é a posição recíproca das observações particulares e dos princípios gerais; é o sistema de dependência entre o que se aprendeu, o que se viu, o que se deduz, o que se admite como provável, o que se postula. A história natural, nos séculos XVII e XVIII, não é simplesmente uma forma de conhecimento que deu uma nova definição aos conceitos do "gênero" ou de "caráter" e que introduziu conceitos novos como o de "classificação natural" ou de "mamífero"; é, antes de tudo, um conjunto de regras para dispor em série enunciados, um conjunto obrigatório de esquemas de dependências, de ordem e de sucessões em que se distribuem os elementos recorrentes que podem valer como conceitos.

B) A configuração do campo enunciativo compreende, também, formas de *coexistência*. Estas delineiam, inicialmente, um *campo de presença* (isto é, todos os enunciados já formulados em alguma outra parte e que são retomados em um discurso a título de verdade admitida, de descrição exata, de raciocínio fundado ou de pressuposto necessário, e também os que são criticados, discutidos e julgados, assim como os que são rejeitados ou excluídos); nesse campo de presença, as relações instauradas podem ser da ordem da verificação experimental, da validação lógica, da repetição pura e simples, da aceitação justificada pela tradição e pela autoridade, do comentário, da busca das significações ocultas, da análise do erro; essas relações podem ser explícitas (e, por vezes, formuladas em tipos de enunciados especializados: referências, discussões críticas) ou implícitas e introduzidas nos enunciados correntes. Ainda aí, é fácil constatar que

II – As Regularidades Discursivas   69

o campo de presença da história natural na época clássica não obedece às mesmas formas, nem aos mesmos critérios de escolha, nem aos mesmos princípios de exclusão da época em que Aldrovandi recolhia, em um único e mesmo texto, tudo que sobre os monstros podia ser visto, observado, contado, mil vezes relatado ao pé do ouvido, até imaginado pelos poetas. Distinto desse campo de presença, podemos descrever um *campo de concomitância* (trata-se, então, dos enunciados que se referem a domínios de objetos inteiramente diferentes e que pertencem a tipos de discurso totalmente diversos, mas que atuam entre os enunciados estudados, seja porque valem como conformação analógica, seja porque valem como princípio geral e como premissas aceitas para um raciocínio, ou porque valem como modelos que podemos transferir a outros conteúdos, ou ainda porque funcionam como instância superior com a qual é preciso confrontar e submeter, pelo menos, algumas proposições que são afirmadas); assim, o campo de concomitância da história natural na época de Lineu e de Buffon se define por um certo número de relações com a cosmologia, história da terra, filosofia, teologia, Escrituras Sagradas e exegese bíblica, matemática (sob a forma bem geral de uma ciência da ordem); e todas estas relações o opõem tanto ao discurso dos naturalistas do século XVI quanto ao dos biólogos do século XIX. Finalmente, o campo enunciativo compreende o que se poderia chamar um *domínio de memória* (trata-se dos enunciados que não são mais nem admitidos nem discutidos, que não definem mais, consequentemente, nem um corpo de verdades nem um domínio de validade, mas em relação aos quais se estabelecem laços de filiação, gênese, transformação, continuidade e descontinuidade histórica). É assim que o campo de memória da história natural, desde Tournefort, aparece como singularmente estreito e pobre em suas formas, quando o comparamos ao campo de memória, tão amplo, tão cumulativo, tão bem especificado, da biologia, a partir do século XIX; aparece, em compensação, como mais bem definido e articulado que o campo de memória, que envolve, no Renascimento, a história das plantas e dos animais, pois, na época, mal se distinguia do campo de presença: tinha a mesma extensão e a mesma forma e implicava as mesmas relações.

C) Torna-se possível, enfim, definir os *procedimentos de intervenção* que podem ser legitimamente aplicados aos enunciados. Esses procedimentos, na verdade, não são os mesmos para todas as formações discursivas; os que são aí utilizados (à exceção de todos os outros), as relações que os ligam e o conjunto que assim constituem permitem especificar cada uma delas. Tais procedimentos podem aparecer: nas *técnicas de reescrita* (como, por exemplo, as que permitiram aos naturalistas do período clássico reescrever descrições lineares em quadros classificatórios que não têm as mesmas leis nem a mesma configuração das listas e dos grupos de parentesco estabelecidos na Idade Média ou durante o Renascimento); em *métodos de*

70 Michel Foucault – A Arqueologia do Saber

transcrição dos enunciados (articulados na língua natural), segundo uma língua mais ou menos formalizada e artificial (encontramos seu projeto e, até certo ponto, sua realização em Lineu e em Adanson); os *modos de tradução* dos enunciados quantitativos em formulações qualitativas e vice-versa (relacionamento das medidas e descrições puramente perceptivas); os meios utilizados para aumentar a *aproximação* dos enunciados e refinar sua exatidão (a análise estrutural segundo a forma, o número, a disposição e a grandeza dos elementos permitiu, a partir de Tournefort, aproximação maior e sobretudo mais constante dos enunciados descritivos); a maneira pela qual se *delimita* novamente – por extensão ou restrição – o domínio de validade dos enunciados (a enunciação dos caracteres estruturais foi limitada de Tournefort a Lineu, ampliando-se, novamente, de Buffon a Jussieu): a maneira pela qual se *transfere* um tipo de enunciado de um campo de aplicação a outro (como a transferência da caracterização vegetal à taxinomia animal; ou da descrição dos traços superficiais aos elementos internos do organismo); os métodos de *sistematização* de proposições que já existem por terem sido formuladas anteriormente, mas em separado; ou, ainda, os métodos de redistribuição de enunciados já ligados uns aos outros, mas que são recompostos em um novo conjunto sistemático (assim o fez Adanson, retomando as caracterizações naturais que puderam ser feitas antes dele ou por ele próprio, em um conjunto de descrições artificiais cujo esquema prévio ele tinha tomado por uma combinatória abstrata).

Os elementos que nos propomos a analisar são bastante heterogêneos. Alguns constituem regras de construção formal; outros, hábitos retóricos; alguns definem a configuração interna de um texto; outros, os modos de relações e de interferência entre textos diferentes; alguns são característicos de uma época determinada, outros têm uma origem longínqua e um alcance cronológico muito grande. Mas o que pertence propriamente a uma formação discursiva e o que permite delimitar o grupo de conceitos, embora discordantes, que lhe são específicos, é a maneira pela qual esses diferentes elementos estão relacionados uns aos outros: a maneira, por exemplo, pela qual a disposição das descrições ou das narrações está ligada às técnicas de reescrita; a maneira pela qual o campo de memória está ligado às formas de hierarquia e de subordinação que regem os enunciados de um texto; a maneira pela qual estão ligados os modos de aproxima-

II – As Regularidades Discursivas **71**

ção e de desenvolvimento dos enunciados e os modos de crítica, de comentários, de interpretação de enunciados já formulados etc. É esse feixe de relações que constitui um sistema de formação conceitual.

A descrição de semelhante sistema não poderia valer por uma descrição direta e imediata dos próprios conceitos. Não se trata de fazer seu levantamento exaustivo, de estabelecer os traços que podem ter em comum, de tentar classificá-los, de medir-lhes a coerência interna ou testar sua compatibilidade mútua; não se toma como objeto de análise a arquitetura conceitual de um texto isolado, de uma obra individual ou de uma ciência em um dado momento. Colocamo-nos na retaguarda em relação a esse jogo conceitual manifesto; e tentamos determinar segundo que esquemas (de seriação, de grupamentos simultâneos, de modificação linear ou recíproca) os enunciados podem estar ligados uns aos outros em um tipo de discurso; tentamos estabelecer, assim, como os elementos recorrentes dos enunciados podem reaparecer, se dissociar, se recompor, ganhar em extensão ou em determinação, ser retomados no interior de novas estruturas lógicas, adquirir, em compensação, novos conteúdos semânticos, constituir entre si organizações parciais. Esses esquemas permitem descrever não as leis de construção interna dos conceitos, não sua gênese progressiva e individual no espírito de um homem, mas sua dispersão anônima através de textos, livros e obras; dispersão que caracteriza um tipo de discurso e que define, entre os conceitos, formas de dedução, de derivação, de coerência, e também de incompatibilidade, de entrecruzamento, de substituição, de exclusão, de alteração recíproca, de deslocamento etc. Tal análise refere-se, pois, em um nível de certa forma *pré-conceitual*, ao campo em que os conceitos podem coexistir e às regras às quais esse campo está submetido.

Para precisar o que se deve entender aqui por "pré-conceitual", retomarei o exemplo dos quatro "esquemas teóricos" estudados em *Les mots et les choses* e que caracterizam, nos séculos XVII e XVIII, a gramática geral. Esses quatro esquemas – atribuição, articulação, desig-

72 Michel Foucault – A Arqueologia do Saber

nação e derivação – não designam conceitos efetivamente utilizados por gramáticos clássicos; não permitem tampouco reconstituir, acima de diferentes obras de gramática, uma espécie de sistema mais geral, mais abstrato, mais pobre, mas que descobriria, por isso mesmo, a compatibilidade profunda desses diferentes sistemas aparentemente opostos. Eles permitem descrever:

1. Como se podem ordenar e desenrolar as diferentes análises gramaticais, e que formas de sucessão são possíveis entre as análises do nome, as do verbo e as dos adjetivos, as que se referem à fonética e as que se referem à sintaxe, as que dizem respeito à língua originária e as que projetam uma língua artificial. Essas diferentes ordens possíveis são prescritas pelas relações de dependência que podem ser demarcadas entre as teorias da atribuição, da articulação, da designação e da derivação.

2. Como a gramática geral define um domínio de *validade* (segundo que critérios se pode discutir a verdade ou a falsidade de uma proposição); como constitui um domínio de *normatividade* (segundo que critérios certos enunciados são excluídos como não pertinentes ao discurso, ou como irrelevantes e marginais, ou como não científicos); como constitui um domínio de *atualidade* (compreendendo as soluções adquiridas, definindo os problemas presentes, situando os conceitos e as afirmações caídas em desuso).

3. Que relações a gramática geral mantém com a *Mathesis* (com a álgebra cartesiana e pós-cartesiana, com o projeto de uma ciência geral da ordem), com a análise filosófica da representação e as teorias dos signos, com a história natural, os problemas da caracterização e da taxionomia, com a análise das riquezas e os problemas dos signos arbitrários de medida e de troca: demarcando essas relações, podem-se determinar os caminhos que, de um domínio a outro, asseguram a circulação, a transferência, as modificações dos conceitos, a alteração

II – As Regularidades Discursivas   73

de sua forma ou a mudança de seu terreno de aplicação. A rede constituída pelos quatro segmentos teóricos não define a arquitetura lógica de todos os conceitos utilizados pelos gramáticos; ela delineia o espaço regular de sua formação.

4. Como foram simultânea ou sucessivamente possíveis (sob a forma da escolha alternativa, da modificação ou da substituição) as diversas concepções do verbo ser, da ligação, do radical verbal e da desinência (para o esquema teórico da *atribuição*); as diversas concepções dos elementos fonéticos, do alfabeto, do nome, dos substantivos e dos adjetivos (para o esquema teórico da *articulação*); os diversos conceitos de substantivo e de substantivo comum, de demonstrativo, de raiz nominal, de sílaba ou de sonoridade expressiva (para o segmento teórico da *designação*); os diversos conceitos de linguagem originária e derivada, de metáfora e de figura, de linguagem poética (para o segmento teórico da *derivação*).

O nível *pré-conceitual* que assim destacamos não remete nem a um horizonte de idealidade nem a uma gênese empírica das abstrações. De um lado, não é um horizonte de idealidade colocado, descoberto ou instaurado por um gesto fundador – e de tal forma originário que escaparia a qualquer inserção cronológica; não é, nos confins da história, um *a priori* inesgotável, ao mesmo tempo na retaguarda, porque escaparia a qualquer começo, a qualquer reconstituição genética, e afastado, porque jamais poderia ser contemporâneo de si mesmo em uma totalidade explícita. Na verdade, colocamos a questão no nível do próprio discurso, que não é mais tradução exterior, mas lugar de emergência dos conceitos; não associamos as constantes do discurso às estruturas ideais do conceito, mas descrevemos a rede conceitual a partir das regularidades intrínsecas do discurso; não submetemos a multiplicidade das enunciações à coerência dos conceitos, nem esta ao recolhimento silencioso de uma idealidade meta-histórica; estabelecemos a série inversa: recolocamos as intenções livres de não contradição em um emaranhado de compatibilidade e incompatibilidade conceituais; e relacionamos esse emaranhado com as regras que caracterizam uma prática discursiva. Por isso mesmo não é mais necessário apelar para os temas da origem indefinidamente recuada e do horizonte inesgotável: a organização de um conjunto de regras, na prática do discurso, mesmo se ela não constitui um acontecimento tão fácil de ser situado quanto uma formulação ou uma descoberta, pode, no entanto, ser determinada no elemento da história; e, se ele é inesgotável, é no sentido de que o sistema, perfeitamente descritível, por ele constituído, dá conta de um jogo considerável de conceitos e de um número muito importante de transformações que afetam, ao mesmo tempo, esses conceitos e suas relações. O "pré-conceitual" assim descrito, em lugar de delinear um horizonte que viria do fundo da história e se manteria através dela, é, pelo contrário, no nível mais "superficial" (no nível dos discursos), o conjunto das regras que aí se encontram efetivamente aplicadas.

Vê-se que não se trata tampouco de uma gênese das abstrações, tentando reencontrar a série das operações que permitiram constituí-las; intuições globais, descobertas de casos particulares, exclusão dos temas imaginários, reencontro de obstáculos teóricos ou técnicos, empréstimos sucessivos a modelos tradicionais, definição da estrutura formal adequada etc. Na análise que aqui se propõe, as regras de formação têm seu lugar não na "mentalidade" ou na consciência dos indivíduos, mas no próprio discurso; elas se impõem, por conseguinte, segundo um tipo de anonimato uniforme, a todos os indivíduos que tentam falar nesse campo discursivo. Por outro lado, não são consideradas universalmente válidas para todos os domínios indiscriminadamente; são sempre descritas em campos discursivos determinados, e suas possibilidades indefinidas de extensão não são reconhecidas antecipadamente. Podem-se, no máximo, por uma comparação sistemática, confrontar, de uma região a outra, as regras de formação dos conceitos: foi assim que se tentou salientar as identidades e as diferenças que esses

II – As Regularidades Discursivas   75

conjuntos de regras podem apresentar, na época clássica, na gramática geral, na história natural e na análise das riquezas. Esses conjuntos de regras são bastante específicos, em cada um desses domínios, para caracterizar uma formação discursiva singular e bem individualizada; mas apresentam analogias suficientes para que vejamos essas diversas formações constituírem um grupamento discursivo mais vasto e de um nível mais elevado. De qualquer forma, as regras de formação dos conceitos, qualquer que seja sua generalidade, não são o resultado, depositado na história e sedimentado na espessura dos hábitos coletivos, de operações efetuadas pelos indivíduos; não constituem o esquema descarnado de todo um trabalho obscuro, ao longo do qual os conceitos se teriam mostrado através de ilusões, preconceitos, erros, tradições. O campo pré-conceitual deixa aparecerem as regularidades e coações discursivas que tornaram possível a multiplicidade heterogênea dos conceitos, e, em seguida, mais além ainda, a abundância desses temas, dessas crenças, dessas representações às quais nos dirigimos naturalmente quando fazemos a história das ideias.

Para analisar as regras de formação dos objetos, vimos que não seria necessário nem enraizá-los nas coisas nem relacioná-los ao domínio das palavras; para analisar a formação dos tipos enunciativos, não seria necessário relacioná-los nem ao sujeito cognoscente nem a uma individualidade psicológica. Da mesma forma, para analisar a formação dos conceitos, não é preciso relacioná-los nem ao horizonte da *idealidade* nem ao curso empírico das *ideias*.

6

A FORMAÇÃO DAS ESTRATÉGIAS

Discursos, como a economia, a medicina, a gramática, a ciência dos seres vivos, dão lugar a certas organizações de conceitos, a certos reagrupamentos de objetos, a certos tipos de enunciação, que formam, segundo seu grau de coerência, de rigor e de estabilidade, temas ou teorias: tema, na gramática do século XVIII, de uma língua originária de que todas as outras derivariam e manteriam a lembrança por vezes decifrável; teoria, na filologia do século XIX, de um parentesco – direito ou colateral – entre todas as línguas indo-europeias, e de um idioma arcaico que lhes teria servido de ponto de partida comum; tema, no século XVIII, de uma evolução das espécies que desenvolve no tempo a continuidade da natureza e explica as lacunas atuais do quadro taxionômico; teoria, entre os fisiocratas, de uma circulação das riquezas a partir da produção agrícola. Qualquer que seja seu nível formal, chamaremos, convencionalmente, de "estratégias" esses temas e essas teorias. O problema é saber como se distribuem na história. Será por um determinismo que as encadeia, as torna inevitáveis, as chama exatamente a seu lugar, umas após outras, e, de fato, como as soluções sucessivas de um único e mesmo problema? Ou por encontros aleatórios entre ideias de origem diversa, influências, descobertas, climas especulativos, modelos teóricos que a paciência ou o gênio dos indivíduos disporia em conjuntos mais ou menos bem constituídos? A menos que seja possível encontrar entre elas uma regularidade e que sejamos capazes de definir o sistema comum de sua formação.

II – As Regularidades Discursivas   77

Na análise dessas estratégias, tenho bastante dificuldade de entrar em detalhes. A razão é simples: nos diferentes domínios discursivos que enumerei, de uma forma bastante hesitante e, sobretudo no início, sem controle metódico suficiente, tratava-se de descrever, cada vez, a formação discursiva em todas as suas dimensões e segundo suas características próprias: era preciso, pois, definir, cada vez, as regras de formação dos objetos, das modalidades enunciativas, dos conceitos, das escolhas teóricas. Mas chegou-se à conclusão de que o ponto difícil da análise e aquele que exigia mais atenção não eram sempre os mesmos. Na *Histoire de la folie*, tratei de uma formação discursiva cujos pontos de escolha teóricos eram bastante fáceis de ser demarcados, cujos sistemas conceituais eram relativamente pouco numerosos e sem complexidade, cujo regime enunciativo, enfim, era bastante homogêneo e monótono; em compensação, o problema era a emergência de todo um conjunto de objetos muito enredados e complexos; tratava-se de descrever, antes de tudo, a formação desses objetos para demarcar, em sua especificidade, o conjunto do discurso psiquiátrico. Na *Naissance de la clinique*, o ponto essencial da pesquisa era a maneira pela qual se modificaram, no fim do século XVIII e início do XIX, as formas de enunciação do discurso médico; a análise, então, havia-se voltado menos para a formação dos sistemas conceituais, ou para a das escolhas teóricas, do que para o *status*, o lugar institucional, a situação e os modos de inserção do sujeito falante. Finalmente, em *Les mots et les choses*, o estudo se referia, em sua parte principal, às redes de conceitos e suas regras de formação (idênticas ou diferentes), tais como podiam ser demarcadas na gramática geral, na história natural e na análise das riquezas. Quanto às escolhas estratégicas, sua posição e suas implicações foram indicadas (seja, por exemplo, a propósito de Lineu e de Buffon, ou dos fisiocratas e dos utilitaristas); mas sua demarcação permaneceu sumária e a análise quase não se deteve em sua formação. Digamos que a análise das escolhas teóricas ainda continuará incipiente até que se realize

78 Michel Foucault – A Arqueologia do Saber

um estudo ulterior em que ela possa reter o essencial da atenção.

No momento, só é possível indicar as direções da pesquisa. Poderiam, assim, se resumir:

1. Determinar os *pontos de difração* possíveis do discurso. Tais pontos se caracterizam inicialmente como *pontos de incompatibilidade*: dois objetos ou dois tipos de enunciação, ou dois conceitos, podem aparecer na mesma formação discursiva, sem poderem entrar – sob pena de contradição manifesta ou inconsequência – em uma única e mesma série de enunciados. Caracterizam-se, em seguida, como *pontos de equivalência*: os dois elementos incompatíveis são formados da mesma maneira e a partir das mesmas regras; suas condições de aparecimento são idênticas; situam-se em um mesmo nível; e em vez de constituírem uma pura e simples falta de coerência formam uma alternativa: mesmo que segundo a cronologia não apareçam ao mesmo tempo, que não tenham tido a mesma importância, e que não tenham sido representados, de modo igual, na população dos enunciados efetivos, apresentam-se sob a forma de "ou bem isso... ou bem aquilo". Finalmente, caracterizam-se como *pontos de ligação de uma sistematização*: a partir de cada um desses elementos, ao mesmo tempo equivalentes e incompatíveis, uma série coerente de objetos, formas enunciativas, conceitos, foram derivados (eventualmente, com novos pontos de incompatibilidade em cada série). Em outros termos, as dispersões estudadas nos níveis precedentes não constituem simplesmente desvios, não identidades, séries descontínuas, lacunas; podem chegar a formar subconjuntos discursivos – os mesmos aos quais, habitualmente, se dá uma importância maior, como se fossem a unidade imediata e a matéria-prima de que são feitos os conjuntos discursivos mais vastos ("teorias", "concepções", "temas"). Por exemplo, não se considera, em uma análise como esta, que a análise das riquezas, no século XVIII, seja a resultante (por composição simultânea ou sucessão cronológica) de diversas concepções diferentes da moeda, da troca dos objetos de uso, da formação do valor e dos preços, ou da renda fundiária; não se considera que ela seja feita das ideias de Cantillon que substituem as de Petty, da experiência de Law, refletida sucessivamente por teóricos diversos, e do sistema fisiocrático, que se opõe às concepções utilitaristas. Ela é descrita mais exatamente como uma unidade de distribuição que abre um campo de opções possíveis e permite a arquiteturas diversas que se excluem aparecerem lado a lado ou cada uma por sua vez.

2. Mas todos os jogos possíveis não estão efetivamente realizados: há muitos conjuntos parciais, compatibilidades regionais, arquiteturas coerentes, que poderiam ter aparecido e que não se manifestaram. Para dar conta das escolhas – e apenas delas – que foram

II – As Regularidades Discursivas   79

realizadas entre todas as que o poderiam ter sido, é preciso descrever instâncias específicas de decisão: em primeiro lugar, o papel desempenhado pelo discurso estudado em relação aos que lhe são contemporâneos e vizinhos. É preciso, pois, estudar a *economia da constelação discursiva* à qual ele pertence. Esse discurso pode desempenhar, na verdade, o papel de um sistema formal de que outros discursos seriam as aplicações em campos semânticos diversos; pode ser, ao contrário, o de um modelo concreto que é preciso levar a outros discursos de um nível de abstração mais elevado (assim, a gramática geral, nos séculos XVII e XVIII, aparece como um modelo particular da teoria geral dos signos e da representação). O discurso estudado pode estar também em uma relação de analogia, de oposição, ou de complementaridade com alguns outros discursos (há, por exemplo, relação de analogia, na época clássica, entre a análise das riquezas e a história natural: a primeira é para a representação da necessidade e do desejo o que a segunda é para a representação das percepções e dos juízos; pode-se notar também que a história natural e a gramática geral se opõem entre si como uma teoria dos caracteres naturais e uma teoria dos signos de convenção; todas as duas, por sua vez, se opõem à análise das riquezas, como o estudo dos signos qualitativos se opõe ao dos signos quantitativos de medida; cada uma, enfim, desenvolve um dos três papéis complementares do signo representativo: designar, classificar, trocar). Podem-se finalmente descrever, entre diversos discursos, relações de delimitação recíproca, cada um deles apresentando as marcas distintivas de sua singularidade pela diferenciação de seu domínio, seus métodos, seus instrumentos, seu domínio de aplicação (isso vale para a psiquiatria e a medicina orgânica, que praticamente não se distinguiam uma da outra antes do final do século XVIII e que estabelecem, a partir desse momento, uma separação que as caracteriza). Todo esse jogo de relações constitui um princípio de determinação que admite ou exclui, no interior de um dado discurso, um certo número de enunciados: há sistematizações conceituais, encadeamentos enunciativos, grupos e organizações de objetos que teriam sido possíveis (e cuja ausência não pode ser justificada no nível de suas regras próprias de formação), mas que são excluídos por uma constelação discursiva de um nível mais elevado e de maior extensão. Uma formação discursiva não ocupa, assim, todo o volume possível que lhe abrem por direito os sistemas de formação de seus objetos, de suas enunciações, de seus conceitos; ela é essencialmente lacunar, em virtude do sistema de formação de suas escolhas estratégicas. Daí o fato de que, uma vez retomada, situada e interpretada em uma nova constelação, uma dada formação discursiva pode fazer aparecerem possibilidades novas (assim, na distribuição atual dos discursos científicos, a gramática de Port-Royal ou a taxionomia de Lineu podem liberar elementos que são, em relação a elas, ao mes-

80 Michel Foucault – A Arqueologia do Saber

mo tempo intrínsecos e inéditos); mas não se trata de um conteúdo silencioso que teria permanecido implícito, que teria sido dito sem sê-lo, e que constituiria, sob enunciados manifestos, uma espécie de subdiscurso mais fundamental, voltando agora à luz do dia; trata-se de uma modificação no princípio de exclusão e de possibilidade das escolhas, modificação que é devida à inserção em uma nova constelação discursiva.

3. A determinação das escolhas teóricas realmente efetuadas depende também de uma outra instância. Essa instância se caracteriza, de início, pela *função* que deve exercer o discurso estudado *em um campo de práticas não discursivas*. Assim, a gramática geral desempenhou um papel na prática pedagógica; de um modo muito mais manifesto e muito mais importante, a análise das riquezas desempenhou um papel não só nas decisões políticas e econômicas dos governos, mas nas práticas cotidianas, pouco conceitualizadas e pouco teorizadas, do capitalismo nascente e nas lutas sociais e políticas que caracterizaram a época clássica. Essa instância compreende também *o regime e os processos de apropriação* do discurso: pois, em nossas sociedades (e em muitas outras, sem dúvida), a propriedade do discurso – entendida ao mesmo tempo como direito de falar, competência para compreender, acesso lícito e imediato ao *corpus* dos enunciados já formulados, capacidade, enfim, de investir esse discurso em decisões, instituições ou práticas – está reservada de fato (às vezes mesmo, de modo regulamentar) a um grupo determinado de indivíduos; nas sociedades burguesas que conhecemos desde o século XVI, o discurso econômico jamais foi um discurso comum (não mais que o discurso médico, ou o discurso literário, ainda que de outro modo). Finalmente, essa instância se caracteriza pelas *posições possíveis do desejo em relação do discurso*: este, na verdade, pode ser o local de uma encenação fantasmática, elemento de simbolização, forma do proibido, instrumento de satisfação derivada (essa possibilidade de estar relacionado com o desejo não é apenas o fato do exercício poético, romanesco ou imaginário do discurso: os discursos sobre a riqueza, linguagem, natureza, loucura, vida e morte, e muitos outros talvez, que são muito mais abstratos, podem ocupar, em relação ao desejo, relações bem determinadas). De qualquer modo, a análise dessa instância deve mostrar que nem a relação do discurso com o desejo, nem os processos de sua apropriação, nem seu papel entre as práticas não discursivas são extrínsecos à sua unidade, à sua caracterização, e às leis de sua formação. Não são elementos perturbadores que, superpondo-se à sua forma pura, neutra, intemporal e silenciosa, a reprimiriam e fariam falar em seu lugar um discurso mascarado, mas sim elementos formadores.

Uma formação discursiva será individualizada se se puder definir o sistema de formação das diferentes es-

II – As Regularidades Discursivas   81

tratégias que nela se desenrolam; em outros termos, se se puder mostrar como todas derivam (malgrado sua diversidade por vezes extrema, malgrado sua dispersão no tempo) de um mesmo jogo de relações. Por exemplo, a análise das riquezas, nos séculos XVII e XVIII, é caracterizada pelo sistema que pôde formar, ao mesmo tempo, o mercantilismo de Colbert e o "neomercantilismo" de Cantillon; a estratégia de Law e a de Paris-Duverney; a opção fisiocrática e a opção utilitarista. Esse sistema será definido se se puder descrever como os pontos de difração do discurso econômico derivam uns dos outros, se comandam e se pressupõem (como de uma decisão a propósito do conceito de valor deriva um ponto de escolha a propósito dos preços); como as escolhas efetuadas dependem da constelação geral em que figura o discurso econômico (a escolha em favor da moeda-signo está ligada ao lugar ocupado pela análise das riquezas, ao lado da teoria da linguagem, da análise das representações, das *mathesis* e da ciência da ordem); como essas escolhas estão ligadas à função exercida pelo discurso econômico na prática do capitalismo nascente, ao processo de apropriação de que é objeto por parte da burguesia, ao papel que pode desempenhar na realização dos interesses e dos desejos. O discurso econômico, na época clássica, define-se por uma certa maneira constante de relacionar possibilidades de sistematização interiores a um discurso, outros discursos que lhe são exteriores e todo um campo, não discursivo, de práticas, de apropriação, de interesses e de desejos.

É preciso notar que as estratégias assim descritas não se enraízam, aquém do discurso, na profundidade muda de uma escolha ao mesmo tempo preliminar e fundamental. Todos esses grupamentos de enunciados que devemos descrever não são a expressão de uma visão do mundo que teria sido cunhada sob a forma de palavras, nem a tradução hipócrita de um interesse abrigado sob o pretexto de uma teoria: a história natural na época clássica é diferente do confronto, nos limbos que precedem a história manifesta, entre uma visão (lineana) de um uni-

82 Michel Foucault – A Arqueologia do Saber

verso estático, ordenado, compartimentado e sabiamente oferecido desde sua origem ao esquadrinhamento classificatório, e a percepção, ainda um pouco confusa, de uma natureza herdeira do tempo, com o peso de seus acidentes, e aberta à possibilidade de uma evolução; da mesma forma, a análise das riquezas é diferente do conflito de interesses entre uma burguesia que se tornou proprietária fundiária e exprime suas reivindicações econômicas ou políticas pela voz dos fisiocratas, e uma burguesia comerciante que pedia medidas protecionistas ou liberais por meio dos utilitaristas. Se as interrogarmos no nível de sua existência, unidade, permanência e transformações, nem a análise das riquezas nem a história natural poderão ser consideradas como a soma dessas opções diversas. Estas, ao contrário, devem ser descritas como maneiras sistematicamente diferentes de tratar objetos de discurso (de delimitá-los, reagrupá-los ou separá-los, encadeá-los e fazê-los derivar uns dos outros), de dispor formas de enunciações (de escolhê-las, organizá-las, constituir séries, compô-las em grandes unidades retóricas), de manipular conceitos (de lhes dar regras de utilização, fazê-los entrar em coerências regionais e constituir, assim, arquiteturas conceituais). Essas opções não são germes de discursos (onde estes seriam determinados com antecedência e prefigurados sob uma forma quase microscópica); são maneiras reguladas (e descritíveis como tais) de utilizar possibilidades de discursos.

Mas estas estratégias não devem ser analisadas tampouco como elementos secundários que viriam sobrecarregar uma racionalidade discursiva, por direito independente deles. Não há (ou pelo menos não se pode admitir para a descrição histórica cuja possibilidade aqui traçamos) uma espécie de discurso ideal, ao mesmo tempo último e intemporal, que escolhas de origem extrínseca teriam pervertido, desordenado, reprimido, lançado para um futuro talvez muito longínquo; não se deve supor, por exemplo, que existam, sobre a natureza ou sobre a economia, dois discursos superpostos e misturados: um,

II – As Regularidades Discursivas   83

que prossegue lentamente, que acumula suas aquisições e, pouco a pouco, se completa (discurso verdadeiro, mas que só existe em sua pureza nos confins teleológicos da história); o outro, sempre arruinado, sempre recomeçado, em contínua ruptura consigo mesmo, composto de fragmentos heterogêneos (discursos de opinião que a história, ao longo do tempo, lança para o passado). Não há uma taxionomia natural que tenha sido exata, excetuando-se o fixismo; não há uma economia da troca e do uso que tenha sido verdadeira, sem as preferências e as ilusões de uma burguesia mercantil. A taxionomia clássica ou a análise das riquezas tais como existiram efetivamente, e tais como constituíram figuras históricas, compreendem, em um sistema articulado mas indissociável, objetos, enunciações, conceitos *e* escolhas teóricas. E, assim, como não seria preciso relacionar a formação dos objetos nem às palavras nem às coisas, a das enunciações, nem à forma pura do conhecimento nem ao sujeito psicológico, a dos conceitos, nem à estrutura da idealidade nem à sucessão das ideias, não é preciso relacionar a formação das escolhas teóricas nem a um *projeto* fundamental nem ao jogo secundário das *opiniões*.

7

OBSERVAÇÕES E CONSEQUÊNCIAS

É preciso agora retomar um certo número de indicações esparsas nas análises precedentes, responder a algumas questões por elas colocadas, e considerar, antes de tudo, a objeção que ameaça apresentar-se, pois o paradoxo da empresa logo aparece.

De início, eu havia questionado as unidades preestabelecidas segundo as quais escandimos tradicionalmente o domínio indefinido, monótono, abundante do discurso. Não se tratava de contestar o valor de tais unidades ou de querer proibir seu uso, mas de mostrar que elas reclamam, para serem definidas exatamente, uma elaboração teórica. Entretanto – e é neste ponto que todas as análises precedentes parecem bastante problemáticas –, seria necessário sobrepor a essas unidades, talvez na verdade um pouco incertas, uma outra categoria de unidades menos visíveis, mais abstratas e, sem dúvida, bem mais problemáticas? Mesmo no caso em que seus limites históricos e a especificidade de sua organização são bastante fáceis de ser percebidos (como prova a gramática geral ou a história natural), essas formações discursivas colocam problemas de demarcação bem mais difíceis que o livro ou a obra. Por que, então, proceder a reagrupamentos tão duvidosos justamente no momento em que se problematizam aqueles que pareciam os mais evidentes? Que domínio novo se espera descobrir? Que relações permanecem ainda obscuras ou implícitas? Que transformações ainda permaneceram fora do alcance dos historiadores? Em suma, que eficácia descritiva se pode atribuir a essas no-

II – As Regularidades Discursivas   **85**

vas análises? Tentarei responder a todas essas perguntas mais adiante. Mas é preciso, desde já, responder a uma questão primordial em relação às análises ulteriores, e terminal em relação às precedentes: na verdade, tem-se o direito de falar de unidades a propósito das formações discursivas que tentei definir? O recorte que se propõe é capaz de individualizar conjuntos? E qual é a natureza da unidade assim descoberta ou construída?

Havíamos partido de uma constatação: com a unidade de um discurso como o da medicina clínica, ou da economia política, ou da história natural, tratamos de uma dispersão de elementos. Ora, essa própria dispersão – com suas lacunas, falhas, desordens, superposições, incompatibilidades, trocas e substituições – pode ser descrita, em sua singularidade, se formos capazes de determinar as regras específicas segundo as quais foram formados objetos, enunciações, conceitos, opções teóricas: se há unidade, ela não está na coerência visível e horizontal dos elementos formados; reside, muito antes, no sistema que torna possível e rege sua formação. Mas com que direito se pode falar de unidades e de sistemas? Como afirmar que individualizamos bem conjuntos discursivos, se, por trás da multiplicidade aparentemente irredutível dos objetos, enunciações, conceitos e escolhas, utilizamos, de maneira bastante temerária, uma massa de elementos que não eram menos numerosos nem menos dispersos, mas que, além disso, eram heterogêneos entre si? Se repartimos todos esses elementos em quatro grupos distintos cujo modo de articulação quase não foi definido? E em que sentido podemos dizer que todos esses elementos descobertos por trás dos objetos, enunciações, conceitos e estratégias dos discursos asseguram a existência de conjuntos não menos individualizáveis que obras ou livros?

1. Vimos que – e, sem dúvida, não há necessidade de voltarmos ao assunto –, quando se fala de um sistema de formação, não se compreende somente a justaposição, a coexistência ou a interação de elementos heterogêneos (instituições, técnicas, grupos sociais, organizações

86 Michel Foucault – A Arqueologia do Saber

perceptivas, relações entre discursos diversos), mas seu relacionamento – sob uma forma bem determinada – estabelecido pela prática discursiva. Mas o que são, por sua vez, esses quatro sistemas, ou melhor, esses quatro feixes de relações? Como podem definir para todos eles um sistema único de formação?

É que os diferentes níveis, assim definidos, não são independentes uns dos outros. Mostramos que as escolhas estratégicas não surgem diretamente de uma visão de mundo ou de uma predominância de interesses que pertenceriam a este ou àquele sujeito falante; mas que sua própria possibilidade é determinada por pontos de divergência no jogo dos conceitos; mostramos também que os conceitos não eram formados diretamente sobre o fundo aproximativo, confuso e vivo das ideias, mas a partir das formas de coexistência entre os enunciados; quanto às modalidades de enunciação, vimos que eram descritas a partir da posição que o sujeito ocupa em relação ao domínio de objetos de que fala. Desta maneira, existe um sistema vertical de dependências: todas as posições do sujeito, todos os tipos de coexistência entre enunciados, todas as estratégias discursivas não são igualmente possíveis, mas somente as que são autorizadas pelos níveis anteriores; considerando-se, por exemplo, o sistema de formação que rege, no século XVIII, os objetos da história natural (como individualidades portadoras de caracteres e por isso classificáveis; como elementos estruturais suscetíveis de variações; como superfícies visíveis e analisáveis; como campo de diferenças contínuas e regulares), certas modalidades de enunciação são excluídas (por exemplo, a decifração dos signos), outras estão implícitas (por exemplo, a descrição segundo um código determinado); da mesma forma, considerando-se as diferentes posições que o sujeito do discurso pode ocupar (como sujeito que observa sem mediação instrumental, como sujeito que tira da pluralidade perceptiva os únicos elementos da estrutura, como sujeito que transcreve esses elementos em um vocabulário codificado etc.), há um

II – As Regularidades Discursivas   87

certo número de coexistências entre os enunciados que são excluídas (como, por exemplo, a reativação erudita do já dito, ou o comentário exegético de um texto sacralizado); outras, ao contrário, que são possíveis ou requeridas (com a integração de enunciados total ou parcialmente análogos em um quadro classificatório). Os níveis não são, pois, livres, uns em relação aos outros, e não se desenvolvem segundo uma autonomia sem limite: da diferenciação primária dos objetos à formação das estratégias discursivas existe toda uma hierarquia de relações.

Mas as relações se estabelecem igualmente em uma direção inversa. Os níveis inferiores não são independentes dos que lhes são superiores. As escolhas teóricas excluem ou implicam, nos enunciados que as efetuam, a formação de certos conceitos, isto é, certas formas de coexistência entre os enunciados: assim, nos textos dos fisiocratas, não encontraremos modos de integração dos dados quantitativos e das medidas semelhantes aos das análises feitas pelos utilitaristas. Não é que a opção fisiocrática possa modificar o conjunto das regras que asseguram a formação dos conceitos econômicos do século XVIII; mas ela pode utilizar ou excluir algumas dessas regras e, em consequência disso, fazer com que apareçam certos conceitos que não se apresentam em nenhum outro lugar (como, por exemplo, o de produto líquido). Não foi a escolha teórica que regulou a formação do conceito; mas ela o produziu por intermédio das regras específicas de formação dos conceitos e pelo jogo das relações que mantém com esse nível.

2. Esses sistemas de formação não devem ser tomados como blocos de imobilidade, formas estáticas que se imporiam do exterior ao discurso e definiriam, de uma vez por todas, seus caracteres e possibilidades. Não são coações que teriam sua origem nos pensamentos dos homens, ou no jogo de suas representações; mas não são, tampouco, determinações que, formadas no nível das instituições ou das relações sociais ou da economia, viriam transcrever-se, à força, na superfície dos discursos.

Esses sistemas – já insistimos nisso – residem no próprio discurso; ou antes (já que não se trata de sua interioridade e do que ela pode conter, mas de sua existência específica e de suas condições) em suas fronteiras, nesse limite em que se definem as regras específicas que fazem com que exista como tal. Por sistema de formação é preciso, pois, compreender um feixe complexo de relações que funcionam como regra: ele prescreve o que deve ser correlacionado em uma prática discursiva, para que esta se refira a tal ou tal objeto, para que empregue tal ou tal enunciação, para que utilize tal ou tal conceito, para que organize tal ou tal estratégia. Definir em sua individualidade singular um sistema de formação é, assim, caracterizar um discurso ou um grupo de enunciados pela regularidade de uma prática.

Conjunto de regras para uma prática discursiva, o sistema de formação não é estranho ao tempo. Não reúne tudo que pode aparecer, através de uma série secular de enunciados, em um ponto inicial que seria, ao mesmo tempo, começo, origem, fundamento, sistema de axiomas, e a partir do qual as peripécias da história real só se desenrolariam de maneira inteiramente necessária. O que ele delineia é o sistema de regras que teve de ser colocado em prática para que tal objeto se transformasse, tal enunciação nova aparecesse, tal conceito se elaborasse, metamorfoseado ou importado, tal estratégia fosse modificada – sem deixar de pertencer a esse mesmo discurso; e o que delineia, também, é o sistema de regras que teve de ser empregado para que uma mudança em outros discursos (em outras práticas, nas instituições, relações sociais, processos econômicos) pudesse ser transcrita no interior de um discurso dado, constituindo assim um novo objeto, suscitando uma nova estratégia, dando lugar a novas enunciações ou novos conceitos. Uma formação discursiva não desempenha, pois, o papel de uma figura que para o tempo e o congela por décadas ou séculos: ela determina uma regularidade própria de processos temporais; coloca o princípio de articulação entre uma série de acontecimentos discursivos e outras séries de aconte-

II – As Regularidades Discursivas   89

cimentos, transformações, mutações e processos. Não se trata de uma forma intemporal, mas de um esquema de correspondência entre diversas séries temporais. Essa mobilidade do sistema de formação ocorre de duas formas. Inicialmente, no nível dos elementos que estão relacionados: estes, na verdade, podem sofrer um certo número de mutações intrínsecas que são integradas à prática discursiva, sem que seja alterada a forma geral de sua regularidade; assim, durante todo o século XIX, a jurisprudência criminal, a pressão demográfica, a demanda de mão de obra, as formas de assistência, o *status* e as condições jurídicas do internamento não deixaram de se modificar; entretanto, a prática discursiva da psiquiatria continuou a estabelecer entre estes elementos um mesmo conjunto de relações; de modo que o sistema conservou os caracteres de sua individualidade; através das mesmas leis de formação, novos objetos aparecem (novos tipos de indivíduos, novas classes de comportamento são caracterizadas como patológicas), novas modalidades de enunciação são empregadas (notações quantitativas e cálculos estatísticos), novos conceitos são delineados (como os de degenerescência, perversidade, neurose) e, certamente, novos edifícios teóricos podem ser construídos. Mas, inversamente, as práticas discursivas modificam os domínios por elas relacionados. Por mais que se esforçassem em instaurar relações específicas que só podem ser analisadas em seu próprio nível, essas relações não exercem seus efeitos apenas no discurso; inscrevem-se também nos elementos por elas articulados uns com os outros. O campo hospitalar, por exemplo, não permaneceu imutável, uma vez que, pelo discurso clínico, foi relacionado ao laboratório; sua ordenação, o *status* que é atribuído ao médico, a função de sua observação, o nível de análise que aí se pode efetuar viram-se necessariamente modificados.

3. O que se descreve como "sistemas de formação" não constitui a etapa final dos discursos, se por este termo entendemos os textos (ou as falas) tais como se

90 Michel Foucault – A Arqueologia do Saber

apresentam com seu vocabulário, sintaxe, estrutura lógica ou organização retórica. A análise permanece aquém desse nível manifesto, que é o da construção acabada: definindo o princípio de distribuição dos objetos em um discurso, ela não dá conta de todas as suas conexões, de sua estrutura delicada, nem de suas subdivisões internas; buscando a lei de dispersão dos conceitos, não dá conta de todos os processos de elaboração, nem de todas as cadeias dedutivas nas quais eles podem figurar; se ela estuda as modalidades de enunciação, não põe em questão nem o estilo, nem o encadeamento das frases; em suma, deixa em pontilhado a disposição final do *texto*. Mas é preciso que fique claro que, se ela permanece na retaguarda em relação a esta construção última, não é para se desviar do discurso e apelar para o trabalho mudo do pensamento; não é, tampouco, para se desviar do sistemático e revelar a desordem "viva" dos ensaios, tentativas, erros e recomeços.

Quanto a isso, a análise das formações discursivas se opõe a muitas descrições habituais. Na verdade, temos o costume de considerar que os discursos e sua ordenação sistemática não são mais que o estado final, o resultado em última instância de uma elaboração, há muito tempo sinuosa, em que estão em jogo a língua e o pensamento, a experiência empírica e as categorias, o vivido e as necessidades ideais, a contingência dos acontecimentos e o jogo das coações formais. Atrás da fachada visível do sistema, supomos a rica incerteza da desordem; e, sob a fina superfície do discurso, toda a massa de um devir em parte silencioso: um "pré-sistemático" que não é da ordem do sistema; um "pré-discursivo" que se apoia em um essencial mutismo. Discurso e sistema só se produziriam – e conjuntamente – na crista dessa imensa reserva. Ora, o que se analisa aqui não são, certamente, os estados terminais do discurso, mas sim os sistemas que tornam possíveis as formas sistemáticas últimas; são *regularidades pré-terminais* em relação às quais o estado final, longe de constituir o lugar de nascimento do sistema, se define, antes, por suas variantes. Atrás do sistema

II – As Regularidades Discursivas 91

acabado, o que a análise das formações descobre não é a própria vida em efervescência, a vida ainda não capturada, mas sim uma espessura imensa de sistematicidades, um conjunto cerrado de relações múltiplas. Além disso, essas relações, por mais que se esforcem para não serem a própria trama do texto, não são, por natureza, estranhas ao discurso. Pode-se mesmo qualificá-las de "pré-discursivas", mas com a condição de que se admita que esse pré-discursivo pertence, ainda, ao discursivo, isto é, que elas não especificam um pensamento, uma consciência ou um conjunto de representações que seriam, mais tarde, e de uma forma jamais inteiramente necessária, transcritas em um discurso, mas que caracterizam certos níveis do discurso, definem regras que ele atualiza enquanto prática singular. Não procuramos, pois, passar do texto ao pensamento, da conversa ao silêncio, do exterior ao interior, da dispersão espacial ao puro recolhimento do instante, da multiplicidade superficial à unidade profunda. Permanecemos na dimensão do discurso.

III

O ENUNCIADO E O ARQUIVO

1

DEFINIR O ENUNCIADO

Suponho, agora, que o risco tenha sido aceito; que se tenha admitido de bom grado, para articular a grande superfície dos discursos, essas figuras um pouco estranhas, um pouco longínquas, que chamei formações discursivas; que se tenha posto de lado, não de forma definitiva, mas por algum tempo e por uma questão de método, as unidades tradicionais do livro e da obra; que se deixe de tomar como princípio de unidade as leis de construção do discurso (com a organização formal que daí resulta), ou a situação do sujeito falante (com o contexto e o núcleo psicológico que a caracterizam); que não mais se relacione o discurso ao solo inicial de uma experiência nem à instância *a priori* de um conhecimento; mas que nele mesmo o interroguemos sobre as regras de sua formação. Suponho que se aceite empreender essas longas pesquisas sobre o sistema de emergência dos objetos, de aparecimento e de distribuição dos modos enunciativos, de posicionamento e de dispersão dos conceitos, de desenvolvimento das escolhas estratégicas. Suponho que se queira construir unidades igualmente abstratas e problemáticas, em vez de acolher as que eram apresentadas com indubitável evidência, ou, pelo menos, com uma familiaridade quase perceptiva.

Mas, de fato, de que falei até aqui? Qual foi o objeto de minha pesquisa? E estava em meus propósitos descrever o quê? "Enunciados" – nessa descontinuidade que os liberta de todas as formas em que, tão facilmente, aceitava-se fossem tomados, e ao mesmo tempo no campo geral, ilimitado, aparentemente sem forma, do discurso. Ora, tive o cuidado de não dar uma definição preliminar de enunciado. Não tentei construí-la, à medida que avançava, para justificar a ingenuidade de meu ponto de partida. Muito mais – e esta é, sem dúvida, a sanção para tanta negligência – eu me pergunto se, ao longo do caminho, não mudei de orientação; se não substituí o horizonte inicial por outra pesquisa; se, analisando "objetos" ou "conceitos", e principalmente "estratégias", era ainda dos enunciados que eu falava; se os quatro conjuntos de regras pelos quais eu caracterizava uma formação discursiva definem grupos de enunciados. Finalmente, em lugar de estreitar, pouco a pouco, a significação tão flutuante da palavra "discurso", creio ter-lhe multiplicado os sentidos: ora domínio geral de todos os enunciados, ora grupo individualizável de enunciados, ora prática regulamentada dando conta de um certo número de enunciados; e a própria palavra "discurso", que deveria servir de limite e de invólucro ao termo "enunciado", não a fiz variar à medida que deslocava minha análise ou seu ponto de aplicação, à medida que perdia de vista o próprio enunciado?

Eis, portanto, a tarefa atual: retomar em sua raiz a definição do enunciado e ver se ela é efetivamente empregada nas descrições anteriores; ver se é mesmo do enunciado que se trata na análise das formações discursivas.

Repetidas vezes usei o termo "enunciado", seja para falar (como se se tratasse de indivíduos ou acontecimentos singulares) de uma "população de enunciados", seja para opô-lo (como a parte se distingue do todo) aos conjuntos que seriam os "discursos". À primeira vista, o enunciado aparece como um elemento último, indecomponível, suscetível de ser isolado em si mesmo e capaz de entrar em um jogo de relações com outros elementos semelhantes a ele; como um ponto sem superfície mas que pode ser demarcado em planos de repartição e em formas específicas de grupamentos; como um grão que aparece na superfície de um tecido de que é o elemento constituinte; como um átomo do discurso.

III – O Enunciado e o Arquivo   97

E logo o problema se coloca: se o enunciado é a unidade elementar do discurso, em que consiste? Quais são os seus traços distintivos? Que limites devemos nele reconhecer? Essa unidade é ou não idêntica à que os lógicos designaram pelo termo proposição, à que os gramáticos caracterizam como frase, ou, ainda, à que os "analistas" tentam demarcar sob o título *speech act*? Que lugar ocupa entre todas as unidades já descobertas pela investigação da linguagem, mas cuja teoria, muito frequentemente, está longe de ser acabada, tão difíceis os problemas que colocam, tão penoso, em muitos casos, delimitá-las de forma rigorosa?

Não acredito que a condição necessária e suficiente para que haja enunciado seja a presença de uma estrutura proposicional definida, e que se possa falar de enunciado todas as vezes em que houver proposição e apenas neste caso. Pode-se, na verdade, ter dois enunciados perfeitamente distintos que se referem a grupamentos discursivos bem diferentes, onde não se encontra mais que uma proposição, suscetível de um único e mesmo valor, obedecendo a um único e mesmo conjunto de leis de construção e admitindo as mesmas possibilidades de utilização. "Ninguém ouviu" e "é verdade que ninguém ouviu" são indiscerníveis do ponto de vista lógico e não podem ser consideradas como duas proposições diferentes. Ora, enquanto enunciados, estas duas formulações não são equivalentes nem intercambiáveis. Não se podem encontrar em um mesmo lugar no plano do discurso, nem pertencer exatamente ao mesmo grupo de enunciados. Se encontramos a fórmula "Ninguém ouviu" na primeira linha de um romance, sabe-se, até segunda ordem, que se trata de uma constatação feita seja pelo autor, seja por um personagem (em voz alta ou sob a forma de um monólogo interior); se encontramos a segunda formulação "É verdade que ninguém ouviu", só podemos estar em um jogo de enunciados que constitui um monólogo interior, uma discussão muda, uma contestação consigo mesmo, ou um fragmento de diálogo, um conjunto de questões e de respostas. Nos dois casos, trata-se da mesma estrutura proposicional, mas de caracteres enunciativos bastante distintos. Pode haver, ao contrário, formas proposicionais complexas e redobradas, ou, ao contrário, proposições fragmentárias e inacabadas, aí onde evidentemente se trata de um enunciado simples, completo e autônomo (mesmo se fizer parte de todo um conjunto de outros enunciados): conhecemos o exemplo "O atual rei da França é careca" (que só pode ser analisado do ponto de vista lógico se se reconhecer, sob as formas de um enunciado único, duas proposições distintas, cada uma suscetível de ser verdadeira ou falsa em si mesma), ou, ainda, o exemplo de uma proposição como "Minto" que só pode ser verdadeira em sua relação com uma asserção de nível inferior. Os critérios que permitem definir a identidade de uma proposição, distinguir várias delas sob a unidade de uma formulação, caracterizar sua autonomia ou sua propriedade de ser completa não servem para descrever a unidade singular de um enunciado.

E a frase? Não seria preciso admitir uma equivalência entre frase e enunciado? Sempre que existe uma frase gramaticalmente isolável, pode-se reconhecer a existência de um enunciado independente; mas, em compensação, não se pode mais falar de enunciado quando, sob a própria frase, chega-se ao nível de seus constituintes. De nada adiantaria alegar, contra essa equivalência, que alguns enunciados podem ser compostos – fora da forma canônica sujeito-ligação-predicado – por um simples sintagma nominal ("Este homem!") ou por um advérbio ("Perfeitamente"), ou por um pronome pessoal ("Você"). Os próprios gramáticos reconhecem, em semelhantes formulações, frases independentes, mesmo que tenham sido obtidas por uma série de transformações a partir do esquema sujeito-predicado. Além disso, atribuem o *status* de frases "aceitáveis" a conjuntos de elementos linguísticos que não foram corretamente construídos, contanto que sejam interpretáveis; atribuem, em compensação, o *status* de frases gramaticais a conjuntos interpretáveis, contanto que tenham sido corretamente formados. Com

III – O Enunciado e o Arquivo   99

uma definição tão vasta – e, em um sentido, tão laxista – da frase, não se vê como reconhecer frases que não sejam enunciados, ou enunciados que não sejam frases.

Entretanto, a equivalência está longe de ser total, e é relativamente fácil citar enunciados que não correspondem à estrutura linguística das frases. Quando encontramos em uma gramática latina uma série de palavras dispostas em coluna – *amo, amas, amat* –, não lidamos com uma frase, mas com o enunciado das diferentes flexões pessoais do indicativo presente do verbo *amare*. Talvez se ache o exemplo discutível; talvez se possa dizer que se trata de um simples artifício de apresentação, que esse enunciado é uma frase elítica, abreviada, espacializada de modo relativamente não usual, e que é preciso lê-lo como a frase "O presente do indicativo do verbo *amare* é *amo* para a primeira pessoa" etc. De qualquer forma, outros exemplos são menos ambíguos: um quadro classificatório das espécies botânicas é constituído de enunciados, não de frases (*Genera plantarum* de Lineu é um livro inteiramente constituído de enunciados, em que não podemos reconhecer mais que um número restrito de frases); uma árvore genealógica, um livro contábil, as estimativas de um balanço comercial são enunciados: onde estão as frases? Pode-se ir mais longe: uma equação de enésimo grau ou a fórmula algébrica da lei da refração devem ser consideradas como enunciados; e, se possuem uma gramaticalidade muito rigorosa (já que são compostas de símbolos cujo sentido é determinado por regras de uso e pela sucessão regida por leis de construção), não se trata dos mesmos critérios que permitem, em uma língua natural, definir uma frase aceitável ou interpretável. Finalmente, um gráfico, uma curva de crescimento, uma pirâmide de idades, um esboço de repartição formam enunciados; quanto às frases de que podem estar acompanhados, elas são sua interpretação ou comentário; não são o equivalente deles: a prova é que, em muitos casos, apenas um número infinito de frases poderia equivaler a todos os elementos que estão explicitamente formulados nessa espécie de enunciados.

100 Michel Foucault – A Arqueologia do Saber

Não parece possível, assim, definir um enunciado pelos caracteres gramaticais da frase.

Permanece uma última possibilidade: à primeira vista, a mais verossímil de todas. Seria possível dizer que existe enunciado sempre que se possa reconhecer e isolar um ato de formulação – algo como o *speech act*, esse ato "ilocutório" de que falam os "analistas" ingleses? É claro que não se visa com isso ao ato material que consiste em falar (em voz alta ou baixa) e em escrever (à mão ou à máquina); não se visa tampouco à intenção do indivíduo que está falando (o fato de que quer convencer, que deseja ser obedecido, que procura descobrir a solução de um problema ou que deseja dar notícias); não se designa tampouco o resultado eventual do que ele disse (se convenceu ou suscitou desconfiança; se foi ouvido e se suas ordens foram cumpridas; se sua prece foi compreendida); descreve-se a operação que foi efetuada pela própria fórmula, em sua emergência: promessa, ordem, decreto, contrato, compromisso, constatação. O ato ilocutório não é o que ocorreu antes do momento do enunciado (no pensamento do autor ou no jogo de suas intenções); não é o que se pôde produzir, depois do próprio enunciado, no sulco que deixou atrás de si e nas consequências que provocou; mas sim o que se produziu pelo próprio fato de ter sido enunciado – e precisamente esse enunciado (e nenhum outro) em circunstâncias bem determinadas. Pode-se, então, supor que a individualização dos enunciados depende dos mesmos critérios que a demarcação dos atos de formulação: cada ato tomaria corpo em um enunciado e cada enunciado seria, internamente, habitado por um desses atos. Existiriam um pelo outro e em uma exata reciprocidade.

Semelhante correlação, entretanto, não resiste à crítica. É preciso, frequentemente, mais de um enunciado para efetuar um *speech act*: juramento, prece, contrato, promessa, demonstração exigem, na maior parte do tempo, um certo número de fórmulas distintas ou de frases separadas: seria difícil contestar, em cada uma delas, o *status* de enunciado, sob o pretexto de que são todas atravessadas por um único e mesmo ato ilocutório. Talvez se

III – O Enunciado e o Arquivo   101

diga que, nesse caso, o próprio ato não permanece único ao longo da série dos enunciados; que há, em uma prece, tantos atos de prece limitados, sucessivos e justapostos quantas forem as exigências formuladas por enunciados distintos; e que há, em uma promessa, tantos comprometimentos quantas forem as sequências individualizáveis em enunciados separados. Não poderíamos, entretanto, nos satisfazer com esta resposta: inicialmente porque o ato de formulação não serviria mais para definir o enunciado, mas deveria ser, ao contrário, definido por este – que justamente constitui problema e requer critérios de individualização. Além disso, certos atos ilocutórios só podem ser considerados como acabados em sua unidade singular se vários enunciados tiverem sido articulados, cada um no lugar que lhe convém. Esses atos são, pois, constituídos pela série ou soma desses enunciados, por sua necessária justaposição; não se pode considerar que estejam inteiramente presentes no menor deles, e que se renovem com cada um. Aqui também não se poderia estabelecer uma relação biunívoca entre o conjunto dos enunciados e o dos atos ilocutórios.

Quando se quer individualizar os enunciados, não se pode admitir sem reservas nenhum dos modelos tomados de empréstimo à gramática, à lógica ou à "análise". Nos três casos, percebe-se que os critérios propostos são demasiado numerosos e pesados, que não deixam ao enunciado toda a sua extensão, e que, se, às vezes, o enunciado assume as formas descritas e a elas se ajusta exatamente, acontece também que não lhes obedece: encontramos enunciados sem estrutura proposicional legítima; encontramos enunciados onde não se pode reconhecer nenhuma frase; encontramos mais enunciados do que os *speech acts* que podemos isolar, como se o enunciado fosse mais tênue, menos carregado de determinações, menos fortemente estruturado, mais onipresente, também, que todas essas figuras; como se seus caracteres fossem em número menor e menos difíceis de serem reunidos; mas como se, por isso mesmo, ele recusasse toda possibilidade de descrição. E isso se acentua na medida em que não se vê bem em que nível situá-lo, nem por que método abordá-lo: para todas as análises que acabamos de evocar, ele nunca passa de suporte ou substância acidental: na análise lógica, é o que "resta" quando se extrai e define a estrutura de proposição; para a análise gramatical, é a série de elementos linguísticos na qual se pode reconhecer, ou não, a forma de uma frase; para a análise dos atos de linguagem, aparece como o corpo visível no qual eles se manifestam. Em relação a todas essas abordagens descritivas, desempenha o papel de um elemento residual, puro e simples de fato, de material não pertinente.

Será preciso finalmente admitir que o enunciado não pode ter caráter próprio e que não é suscetível de definição adequada, na medida em que é, para todas as análises da linguagem, a matéria extrínseca a partir da qual elas determinaram seu objeto? Será preciso admitir que qualquer série de signos, de figuras, de grafismos ou de traços – não importa qual seja sua organização ou probabilidade – é suficiente para constituir um enunciado, e que cabe à gramática dizer se se trata ou não de uma frase; à lógica, definir se ela comporta ou não uma forma proposicional; e, à análise, precisar qual é o ato de linguagem que pode atravessá-la? Neste caso, seria necessário admitir que há enunciado desde que existam vários signos justapostos – e por que não, talvez? – desde que exista um e somente um. O limiar do enunciado seria o limiar da existência dos signos. Entretanto, ainda aqui, as coisas não são tão simples, e o sentido que é preciso dar a uma expressão como "a existência dos signos" precisa ser elucidado. O que queremos dizer quando afirmamos que há signos, e que basta que *haja* signos para que *haja enunciado*? Que *status* singular atribuir a esse "há"?

É evidente que os enunciados não existem no sentido em que uma língua existe e, com ela, um conjunto de signos definidos por seus traços oposicionais e suas regras de utilização; a língua, na verdade, jamais se apresenta em si mesma e em sua totalidade; só poderia sê-lo de uma forma secundária e pelo expediente de uma descri-

III – O Enunciado e o Arquivo **103**

ção que a tomaria por objeto; os signos que constituem seus elementos são formas que se impõem aos enunciados e que os regem do interior. Se não houvesse enunciados, a língua não existiria; mas nenhum enunciado é indispensável à existência da língua (e podemos sempre supor, em lugar de qualquer enunciado, um outro enunciado que, nem por isso, modificaria a língua). A língua só existe a título de sistema de construção para enunciados possíveis; mas, por outro lado, ela só existe a título de descrição (mais ou menos exaustiva) obtida a partir de um conjunto de enunciados reais. Língua e enunciado não estão no mesmo nível de existência; e não podemos dizer que há enunciados como dizemos que há línguas. Mas basta, então, que os signos de uma língua constituam um enunciado, uma vez que foram produzidos (articulados, delineados, fabricados, traçados) de um modo ou de outro, uma vez que apareceram em um momento do tempo e em um ponto do espaço, uma vez que a voz que os pronunciou ou o gesto que os moldou lhes deram as dimensões de uma existência material? Será que as letras do alfabeto por mim escritas ao acaso, em uma folha de papel, como exemplo do que não é um enunciado, será que os caracteres de chumbo utilizados para imprimir os livros – e não se pode negar sua materialidade que tem espaço e volume –, será que esses signos, expostos, visíveis, manipuláveis, podem ser razoavelmente considerados como enunciados?

Olhando-se um pouco mais de perto, esses dois exemplos (caracteres de chumbo e signos por mim traçados) não podem ser inteiramente superpostos. O punhado de caracteres tipográficos que posso segurar na mão ou ainda as letras que estão indicadas no teclado de uma máquina de escrever não constituem enunciados: são, quando muito, instrumentos com os quais poderemos escrever enunciados. Em compensação, as letras que traço ao acaso em uma folha de papel, tal como me ocorrem, e para mostrar que elas não podem, em sua desordem, constituir um enunciado, o que são elas, que figura formam?

104 Michel Foucault – A Arqueologia do Saber

Um quadro de letras escolhidas de maneira contingente, o enunciado de uma série alfabética que só conhece a lei da probabilidade? Da mesma forma, o quadro aleatório de números que os estatísticos podem vir a utilizar é uma sequência de símbolos numéricos que não estão ligados entre si por nenhuma estrutura de sintaxe; ele é, entretanto, um enunciado: o de um conjunto de números obtidos por processos que eliminam tudo que poderia aumentar a probabilidade dos resultados sucessivos. Voltemos ainda ao exemplo: o teclado de uma máquina de escrever não é um enunciado; mas a mesma série de letras – A, Z, E, R, T –, enumerada em um manual de datilografia, é o enunciado da ordem alfabética adotada pelas máquinas francesas. Eis-nos, pois, em presença de um certo número de consequências negativas: não se requer uma construção linguística regular para formar um enunciado (esse pode ser constituído de uma série de probabilidade mínima), mas não basta tampouco qualquer realização material de elementos linguísticos, ou qualquer emergência de signos no tempo e no espaço, para que um enunciado apareça e passe a existir. O enunciado, portanto, não existe nem do mesmo modo que a língua (apesar de ser composto de signos que só são definíveis, em sua individualidade, no interior de um sistema linguístico natural ou artificial), nem do mesmo modo que objetos quaisquer apresentados à percepção (se bem que seja sempre dotado de uma certa materialidade, e que se possa sempre situá-lo segundo coordenadas espaço-temporais).

Ainda não é hora de responder à questão geral do enunciado, mas podemos, de agora em diante, delimitar o problema: o enunciado não é uma unidade do mesmo gênero da frase, proposição ou ato de linguagem; não se apoia nos mesmos critérios; mas não é tampouco uma unidade como um objeto material poderia ser, tendo seus limites e sua independência. Em seu modo de ser singular (nem inteiramente linguístico, nem exclusivamente material), ele é indispensável para que se possa dizer se há ou não frase, proposição, ato de linguagem; e para que se possa dizer se a frase está correta (ou aceitável, ou interpretável), se a

III – O Enunciado e o Arquivo   105

proposição é legítima e bem constituída, se o ato está de acordo com os requisitos e se foi inteiramente realizado. Não é preciso procurar no enunciado uma unidade longa ou breve, forte ou debilmente estruturada, mas tomada como as outras em um nexo lógico, gramatical ou locutório. Mais que um elemento entre outros, mais que um recorte demarcável em um certo nível de análise, trata-se, antes, de uma função que se exerce verticalmente, em relação às diversas unidades, e que permite dizer, a propósito de uma série de signos, se elas estão aí presentes ou não. O enunciado não é, pois, uma estrutura (isto é, um conjunto de relações entre elementos variáveis, autorizando assim um número talvez infinito de modelos concretos); é uma função de existência que pertence, exclusivamente, aos signos, e a partir da qual se pode decidir, em seguida, pela análise ou pela intuição, se eles "fazem sentido" ou não, segundo que regra se sucedem ou se justapõem, de que são signos, e que espécie de ato se encontra realizado por sua formulação (oral ou escrita). Não há razão para espanto por não se ter podido encontrar para o enunciado critérios estruturais de unidade; é que ele não é em si mesmo uma unidade, mas sim uma função que cruza um domínio de estruturas e de unidades possíveis e que faz com que apareçam, com conteúdos concretos, no tempo e no espaço.

É essa função que é preciso descrever agora como tal, ou seja, em seu exercício, em suas condições, nas regras que a controlam e no campo em que se realiza.

2

A FUNÇÃO ENUNCIATIVA

Inútil procurar o enunciado junto aos grupamentos unitários de signos. Ele não é nem sintagma, nem regra de construção, nem forma canônica de sucessão e de permutação, mas sim o que faz com que existam tais conjuntos de signos e permite que essas regras e essas formas se atualizem. Mas, se as faz existirem, é de um modo singular que não se poderia confundir com a existência dos signos enquanto elementos de uma língua, nem tampouco com a existência material das marcas que ocupam um fragmento e duram um tempo mais ou menos longo. É esse modo singular de existência, característico de toda série de signos, desde que seja enunciada, que se trata agora de questionar.

a) Consideremos, mais uma vez, o exemplo dos signos moldados ou delineados em uma materialidade definida e agrupados de um modo, arbitrário ou não, mas que, de qualquer forma, não é gramatical, como o teclado de uma máquina de escrever ou um punhado de caracteres tipográficos. Basta que eu recopie os signos assim apresentados em uma folha de papel (e na mesma ordem em que se sucedem sem produzir nenhuma palavra) para que constituam um enunciado: enunciado das letras do alfabeto em uma ordem que facilite a impressão, enunciado de um grupo aleatório de letras. O que ocorreu para que houvesse enunciado? O que esse segundo conjunto pode ter de novo em relação ao primeiro? A reduplicação, o fato de que é uma cópia? Sem dúvida, não, já que todos os teclados das máquinas de escrever

III – O Enunciado e o Arquivo   107

recopiam um certo modelo e não são por isso enunciados. A intervenção de um sujeito? A resposta seria duas vezes insatisfatória: não basta que a reiteração de uma série seja atribuída à iniciativa de um indivíduo para que ela se transforme, por esse fato, em um enunciado; e, de qualquer forma, o problema não está na causa ou na origem da reduplicação, mas na relação singular entre essas duas séries idênticas. A segunda série, na verdade, não é um enunciado apenas pelo simples fato de que se pode estabelecer uma relação biunívoca entre seus elementos e os elementos da primeira série (essa relação caracteriza o fato da duplicação – se se trata de uma pura e simples cópia –, bem como a exatidão do enunciado – se já transpusemos o limiar da enunciação; mas ela não permite definir esse limiar e o próprio fato do enunciado). Uma série de signos se tornará enunciado com a condição de que tenha com "outra coisa" (que lhe pode ser estranhamente semelhante, e quase idêntica como no exemplo escolhido) uma relação específica que se refira a ela mesma – e não à sua causa, nem a seus elementos.

Diremos, sem dúvida, que não há nada de enigmático nessa relação; que ela é, pelo contrário, bastante familiar e que não deixou de ser analisada: que se trata da relação do significante com o significado, e do nome com o que designa; da relação da frase com seu sentido; ou da relação da proposição com seu referente. Ora, acredito que se possa mostrar que a relação do enunciado com o que é enunciado não pode ser superposta a qualquer dessas relações.

O enunciado, mesmo se está reduzido a um sintagma nominal ("O barco!"), ou se está reduzido a um nome próprio ("Pedro!"), não tem com o que enuncia a mesma relação que o nome mantém com o que designa ou significa. O nome é um elemento linguístico que pode ocupar diferentes lugares em conjuntos gramaticais: seu sentido é definido por suas regras de utilização (quer se trate dos indivíduos que podem ser validamente designados por ele, ou das estruturas sintáticas nas quais pode corretamente entrar); um nome se define por sua possibilidade de recorrência. Um enunciado existe fora de qualquer possibilidade de reaparecimento; e a relação que mantém com o que enuncia não é idêntica a um conjunto de regras de utilização. Trata-se de uma relação singular: se, nessas condições, uma formulação idêntica reaparece – as mesmas palavras são utilizadas, basicamente os mesmos nomes, em suma, a mesma frase, mas não forçosamente o mesmo enunciado.

Não é preciso tampouco confundir a relação entre um enunciado e o que ele enuncia com a relação entre uma proposição e seu referente. Sabemos que os lógicos dizem que uma proposição como "A montanha de ouro está na Califórnia" não pode ser verificada porque não tem referente: sua negação não é, pois, nem mais nem menos verdadeira que sua afirmação. Será preciso dizer, da mesma forma, que um enunciado não se liga a nada, se a proposição a que dá existência não tiver referente? Seria preciso afirmar o inverso e dizer não que a ausência de referente acarreta a ausência de correlato para o enunciado, mas sim que é o correlato do enunciado – aquilo a que se refere, o que é posto em jogo por ele, não apenas o que é dito, mas aquilo de que fala, seu "tema" – que permite dizer se a proposição tem um referente ou não: é ele que permite decidir quanto a isso, de maneira definitiva. Supondo que a formulação "A montanha de ouro está na Califórnia" não se encontre nem em manual de geografia nem em narrativa de viagem, mas em um romance, ou em uma obra de ficção qualquer, poderemos reconhecer-lhe um valor de verdade ou de erro (caso o mundo imaginário ao qual ela se relaciona autorize ou não semelhante fantasia geológica e geográfica). É preciso saber a que se refere o enunciado, qual é seu espaço de correlações, para poder dizer se uma proposição tem ou não um referente. "O atual rei de França é careca" só carece de referente na medida em que se supõe que o enunciado se refira ao mundo da informação histórica de hoje. A relação da proposição com o referente não pode servir de modelo e de lei à relação do enunciado com

III – O Enunciado e o Arquivo   **109**

o que enuncia. Esta última não só é de nível diferente, como também a precede.

Finalmente, ela não pode tampouco ser superposta à relação entre uma frase e seu sentido. O afastamento entre essas duas formas de relação aparece claramente nas famosas frases que não têm sentido, apesar da estrutura gramatical inteiramente correta (como no exemplo: "Incolores ideias verdes dormem furiosamente"). De fato, dizer que uma frase como essa não tem sentido supõe que já tenhamos excluído um certo número de possibilidades: admitimos que não se trata da narração de um sonho, que não se trata de um texto poético, que não se trata de uma mensagem codificada, ou da fala de um drogado, mas de um certo tipo de enunciado que deve estar relacionado, de modo definido, a uma realidade visível. É no interior de uma relação enunciativa determinada e bem estabilizada que a relação de uma frase com seu sentido pode ser assinalada. Além disso, essas frases, mesmo se as tomamos no nível enunciativo em que elas não têm sentido, não estão, enquanto enunciados, privadas de correlações: de início, as que permitem dizer que, por exemplo, ideias jamais são coloridas ou incolores, e que por isso a frase não tem sentido (e essas correlações se referem a um plano de realidade em que as ideias são invisíveis, em que as cores podem ser vistas etc.); por outro lado, as que fazem valer a frase em questão como menção de um tipo de organização sintática correta mas desprovida de sentido (e essas correlações se referem ao plano da língua, de suas leis e de suas propriedades). Por mais que uma frase não seja significante, ela se relaciona a alguma coisa, na medida em que é um enunciado.

Como definir a relação que caracterizaria, exclusivamente, o enunciado – relação que parece implicitamente suposta pela frase ou pela proposição e que lhes aparece como anterior? Como separá-la, em si mesma, das relações de sentido ou dos valores de verdade com os quais usualmente a confundimos? Um enunciado – qualquer que seja e por mais simples que o imaginemos – não tem como *correlato* um indivíduo ou objeto singular que se-

110 Michel Foucault – A Arqueologia do Saber

ria designado por determinada palavra da frase: no caso de um enunciado como "A montanha de ouro está na Califórnia", o *correlato* não é essa formação real ou imaginária, possível ou absurda, designada pelo sintagma nominal que exerce a função de sujeito. Mas o *correlato* do enunciado não é tampouco um estado de coisas ou uma relação suscetível de verificar a proposição (no exemplo escolhido, seria a inclusão espacial de uma certa montanha em uma região determinada). Em compensação, o que se pode definir como *correlato* do enunciado é um conjunto de domínios em que tais objetos podem aparecer e em que tais relações podem ser assinaladas: por exemplo, um domínio de objetos materiais que possuem um certo número de propriedades físicas constatáveis, relações de grandeza perceptível – ou, ao contrário, um domínio de objetos fictícios, dotados de propriedades arbitrárias (mesmo que elas tenham uma certa constância e uma certa coerência), sem instância de verificações experimentais ou perceptivas; um domínio de localizações espaciais e geográficas, com coordenadas, distâncias, relações de vizinhança e de inclusão – ou, ao contrário, um domínio de dependências simbólicas e de parentescos secretos; um domínio de objetos que existem no mesmo instante e na mesma escala de tempo em que se formula o enunciado, ou um domínio de objetos que pertence a um presente inteiramente diferente – aquele que é indicado e constituído pelo próprio enunciado, e não aquele a que o enunciado também pertence. Um enunciado não tem diante de si (e numa espécie de conversa) um *correlato* – ou uma ausência de *correlato*, assim como uma proposição tem um referente (ou não), ou como um nome próprio designa um indivíduo (ou ninguém). Está antes ligado a um "referencial" que não é constituído de "coisas", de "fatos", de "realidades", ou de "seres", mas de leis de possibilidade, de regras de existência para os objetos que aí se encontram nomeados, designados ou descritos, para as relações que aí se encontram afirmadas ou negadas. O referencial do enunciado forma o lugar, a condição, o campo de emergência, a instância de diferenciação dos

III – O Enunciado e o Arquivo   111

indivíduos ou dos objetos, dos estados de coisas e das relações que são postas em jogo pelo próprio enunciado; define as possibilidades de aparecimento e de delimitação do que dá à frase seu sentido, à proposição seu valor de verdade. É esse conjunto que caracteriza o nível *enunciativo* da formulação, por oposição a seu nível gramatical e a seu nível lógico: através da relação com esses diversos domínios de possibilidade, o enunciado faz de um sintagma, ou de uma série de símbolos, uma frase a que se pode, ou não, atribuir um sentido, uma proposição que pode receber ou não um valor de verdade.

Vê-se, de qualquer forma, que a descrição do nível enunciativo não pode ser feita nem por uma análise formal, nem por uma investigação semântica, nem por uma verificação, mas pela análise das relações entre o enunciado e os espaços de diferenciação, em que ele mesmo faz aparecer as diferenças.

b) Um enunciado, além disso, se distingue de uma série qualquer de elementos linguísticos, porque mantém com um sujeito uma relação determinada que se deve isolar, sobretudo, das relações com as quais poderia ser confundida, e cuja natureza é preciso especificar.

Não é preciso, na verdade, reduzir o sujeito do enunciado aos elementos gramaticais de primeira pessoa que estão presentes no interior da frase: inicialmente, porque o sujeito do enunciado não está dentro do sintagma linguístico; em seguida, porque um enunciado que não comporta primeira pessoa tem, ainda assim, um sujeito; enfim e sobretudo, todos os enunciados que têm uma forma gramatical fixa (quer seja em primeira ou em segunda pessoa) não têm um único e mesmo tipo de relação com o sujeito do enunciado. Compreende-se facilmente que essa relação não é a mesma em um enunciado do tipo "A tarde começa a cair" e "Todo efeito tem uma causa"; quanto a um enunciado do tipo "Deitei-me cedo durante muito tempo", a relação com o sujeito que enuncia não é a mesma, se o ouvimos articulado no curso de uma conversa, e se o lemos na primeira linha de um livro que se chama *À la recherche du temps perdu.*

112 Michel Foucault – A Arqueologia do Saber

Esse sujeito exterior à frase não seria, simplesmente, o indivíduo real que a articulou ou escreveu? Não há signos sem alguém para proferi-los ou, de qualquer forma, sem alguma coisa como elemento emissor. Para que uma série de signos exista, é preciso – segundo o sistema das causalidades – um "autor" ou uma instância produtora. Mas esse "autor" não é idêntico ao sujeito do enunciado; e a relação de produção que mantém com a formulação não pode ser superposta à relação que une o sujeito enunciante e o que ele enuncia. Não tomemos, pois seria demasiado simples, o caso de um conjunto de signos materialmente moldados ou traçados: sua produção implica um autor; não há, entretanto, nem enunciado nem sujeito do enunciado. Poderíamos lembrar também, para mostrar a dissociação entre o emissor de signos e o sujeito de um enunciado, o caso de um texto lido por uma terceira pessoa, ou do ator representando seu papel. Mas esses são casos extremos. De maneira geral, parece, pelo menos à primeira vista, que o sujeito do enunciado é precisamente aquele que produziu seus diferentes elementos com uma intenção de significação. Entretanto, as coisas não são tão simples. Sabe-se que, em um romance, o autor da formulação é o indivíduo real cujo nome figura na capa do livro (ainda se coloca o problema dos elementos dialogados e das frases que se referem ao pensamento de um personagem; ainda se coloca o problema dos textos publicados sob pseudônimo: e sabemos todas as dificuldades que esses desdobramentos suscitam para os defensores da análise interpretativa quando querem relacionar, de uma só vez, todas essas formulações ao autor do texto, ao que ele queria dizer, ao que pensava, enfim, ao grande discurso mudo, inaparente e uniforme sobre o qual se apoia toda essa pirâmide de níveis diferentes); mas, até fora dessas instâncias de formulação que não são idênticas ao indivíduo-autor, os enunciados do romance não têm o mesmo sujeito, conforme deem, como se fosse do exterior, os marcos históricos e espaciais da história contada, ou descrevam as coisas como as veria um indivíduo anônimo, invisível e neutro, magi-

III – O Enunciado e o Arquivo 113

camente misturado às figuras da ficção, ou ainda deem, como se fosse por decifração interior e imediata, a versão verbal do que, silenciosamente, experimenta um personagem. Esses enunciados, ainda que o autor seja o mesmo, ainda que só os atribua a si, ainda que não invente *relais* suplementar entre o que ele é e o texto que se lê, não supõem para o sujeito enunciante os mesmos caracteres; não implicam a mesma relação entre o sujeito e o que ele está enunciando.

Talvez se diga que o exemplo, tantas vezes citado, do texto romanesco não tem valor probante; ou, antes, que questiona a própria essência da literatura e não o *status* do sujeito dos enunciados em geral. Seria uma particularidade da literatura que o autor dela se ausentasse, se escondesse, se destacasse ou se separasse; e dessa dissociação não se deveria concluir, universalmente, que o sujeito do enunciado é distinto em tudo – natureza, *status*, função, identidade – do autor da formulação. Entretanto, essa ruptura não está limitada apenas à literatura. É absolutamente geral na medida em que o sujeito do enunciado é uma função determinada, mas não forçosamente a mesma de um enunciado a outro; na medida em que é uma função vazia, podendo ser exercida por indivíduos, até certo ponto, indiferentes, quando chegam a formular o enunciado; e na medida em que um único e mesmo indivíduo pode ocupar, alternadamente, em uma série de enunciados, diferentes posições e assumir o papel de diferentes sujeitos. Consideremos o exemplo de um tratado de matemática. Na frase do prefácio em que se explica por que o tratado foi escrito, em que circunstâncias, para responder a que problema não resolvido, ou a que inquietação pedagógica, utilizando que métodos, depois de que tentativas e fracassos, a posição de sujeito enunciativo só pode ser ocupada pelo autor ou autores da formulação: as condições de individualização do sujeito são de fato muito estritas, muito numerosas, e autorizam, nesse caso, apenas um sujeito possível. Em compensação, se no próprio corpo do tratado encontramos uma proposição como "Duas quantidades iguais a uma terceira são iguais entre si", o sujeito do enunciado é a posição absolutamente neutra, indiferente ao tempo, ao espaço, às circunstâncias, idêntica em qualquer sistema linguístico, em qualquer código de escrita ou de simbolização, e que pode ser ocupada por qualquer indivíduo, para afirmar tal proposição. Por outro lado, frases do tipo "Já demonstramos que..." compreendem, para que possam ser enunciadas, condições contextuais precisas que não estavam compreendidas pela formulação precedente: a posição é então fixada no interior de um domínio constituído por um conjunto finito de enunciados; é localizada em uma série de acontecimentos enunciativos que já se devem ter produzido; é estabelecida em um tempo demonstrativo cujos momentos anteriores jamais se perdem e que não têm, pois, necessidade de serem recomeçados e repetidos identicamente, para se apresentarem de novo (basta uma menção para reativá-los em sua validade original); é determinada pela existência prévia de um certo número de operações efetivas que talvez não tenham sido feitas por um único e mesmo indivíduo (o que fala no momento), mas que pertencem, de direito, ao sujeito enunciante e que estão à sua disposição, podendo ser por ele retomadas quando necessário. Definiremos o sujeito de tal enunciado pelo conjunto desses requisitos e possibilidades; e não o descreveremos como indivíduo que tivesse, realmente, efetuado operações, que vivesse num tempo sem esquecimento nem ruptura, que tivesse interiorizado, no horizonte de sua consciência, todo um conjunto de proposições verdadeiras, e que delas retivesse, no presente vivo de seu pensamento, o reaparecimento virtual (nos indivíduos, isso não passa, quando muito, do aspecto psicológico e "vivido" de sua posição enquanto sujeitos enunciantes).

Da mesma forma, poderíamos descrever qual é a posição específica do sujeito enunciante em frases como "Chamo de reta todo conjunto de pontos que..." ou "Consideremos um conjunto finito de elementos quaisquer"; em ambas, a posição do sujeito está ligada à existência de uma operação ao mesmo tempo determinada e atual;

III – O Enunciado e o Arquivo   115

em ambas, o sujeito do enunciado é também o sujeito da operação (aquele que estabelece a definição é também aquele que a enuncia; aquele que coloca a existência é, ao mesmo tempo, quem coloca o enunciado); em ambas, finalmente, o sujeito liga, por essa operação e pelo enunciado em que ela toma corpo, seus enunciados e suas operações futuros (enquanto sujeito enunciante, ele aceita o enunciado como sua própria lei). Existe, no entanto, uma diferença. No primeiro caso, o que está enunciado é uma convenção de linguagem – dessa linguagem que deve ser utilizada pelo sujeito enunciante e no interior da qual ele se define: o sujeito enunciante e o que é enunciado estão no mesmo nível (enquanto, para uma análise formal, um enunciado como esse implica o desnivelamento próprio da metalinguagem). No segundo caso, ao contrário, o sujeito enunciante faz com que exista, fora de si, um objeto que pertence a um domínio já definido, cujas leis de possibilidade já foram articuladas e cujos caracteres são anteriores à enunciação que o coloca. Vimos, há pouco, que a posição do sujeito enunciante nem sempre é idêntica quando se trata de afirmar uma proposição verdadeira; vê-se, agora, que ela não é tampouco a mesma quando se trata de efetuar, no próprio enunciado, uma operação.

Não é preciso, pois, conceber o sujeito do enunciado como idêntico ao autor da formulação, nem substancialmente, nem funcionalmente. Ele não é, na verdade, causa, origem ou ponto de partida do fenômeno da articulação escrita ou oral de uma frase; não é, tampouco, a intenção significativa que, invadindo silenciosamente o terreno das palavras, as ordena como o corpo visível de sua intuição; não é o núcleo constante, imóvel e idêntico a si mesmo de uma série de operações que os enunciados, cada um por sua vez, viriam manifestar na superfície do discurso. É um lugar determinado e vazio que pode ser efetivamente ocupado por indivíduos diferentes; mas esse lugar, em vez de ser definido de uma vez por todas e de se manter uniforme ao longo de um texto, de um livro ou de uma obra, varia – ou melhor, é variável o bastante para poder continuar, idêntico a si mesmo, através de várias frases, bem como para se modificar a cada uma. Esse lugar é uma dimensão que caracteriza toda formulação enquanto enunciado, constituindo um dos traços que pertencem exclusivamente à função enunciativa e permitem descrevê-la. Se uma proposição, uma frase, um conjunto de signos podem ser considerados "enunciados", não é porque houve, um dia, alguém para proferi-los ou para depositar, em algum lugar, seu traço provisório; mas sim na medida em que pode ser assinalada a posição do sujeito. Descrever uma formulação enquanto enunciado não consiste em analisar as relações entre o autor e o que ele disse (ou quis dizer, ou disse sem querer), mas em determinar qual é a posição que pode e deve ocupar todo indivíduo para ser seu sujeito.

c) Terceira característica da função enunciativa: ela não pode se exercer sem a existência de um domínio associado. Isso faz do enunciado algo diferente e mais que um simples agregado de signos que precisaria, para existir, apenas de um suporte material – superfície de inscrição, substância sonora, matéria moldável, incisão vazia de um traço. Mas isso o distingue, também e sobretudo, da frase e da proposição.

Consideremos um conjunto de palavras ou de símbolos. Para decidir se eles constituem uma unidade gramatical como a frase, ou uma unidade lógica como a proposição, é necessário e suficiente determinar segundo que regras foi construído. "*Pierre est arrivé hier*" forma uma frase, mas "*Hier est Pierre arrivé*", não; $A + B = C + D$ constitui uma proposição, mas $ABC + = D$, não. Apenas o exame dos elementos e de sua distribuição em referência ao sistema – natural ou artificial – da língua permite estabelecer a diferença entre o que é proposição e o que não é, entre o que é frase e o que é mero acúmulo de palavras. Além disso, esse exame basta para determinar a que tipo de estrutura gramatical pertence a frase em questão (frase afirmativa, no passado, comportando um sujeito nominal etc.), ou a que tipo de proposição corresponde a série de signos visada (uma equivalência

III – O Enunciado e o Arquivo   117

entre duas adições). Em casos extremos, pode-se conceber uma frase ou uma proposição que se determina "sozinha", sem nenhuma outra para lhe servir de contexto, sem nenhum conjunto de frases ou de proposições associadas: o fato de serem, nessas condições, inúteis e inutilizáveis não impede que se possa reconhecê-las, mesmo assim, em sua singularidade.

Pode-se fazer, sem dúvida, um certo número de objeções, como, por exemplo, a de que uma proposição só pode ser estabelecida e individualizada como tal caso se conheça o sistema de axiomas a que obedece: essas definições, regras, convenções de escrita não formariam um campo associado inseparável da proposição (do mesmo modo que as regras da gramática, implicitamente atuantes na competência do sujeito, são necessárias para que se possa reconhecer uma frase, e uma frase de um certo tipo)? Entretanto, é preciso notar que esse conjunto – atual ou virtual – não é do mesmo nível da proposição ou frase: mas que versa sobre seus elementos, encadeamento e distribuição possíveis. Não é associado a estes: é por ela suposto. Poderíamos objetar, também, que muitas proposições (não tautológicas) não podem ser verificadas a partir apenas de suas regras de construção, e que o recurso ao referente é necessário para decidir se elas são verdadeiras ou falsas: mas, verdadeira ou falsa, uma proposição permanece uma proposição, e não é o recurso ao referente que decide se ela é ou não uma proposição. O mesmo acontece com as frases: em muitos casos, elas só podem produzir seu sentido pela relação com o contexto (seja porque compreendem elementos "dêiticos" que remetem a uma situação concreta; ou porque fazem uso de pronomes, em primeira ou segunda pessoa, que designam o sujeito falante e seus interlocutores; ou ainda porque se servem de elementos pronominais ou de partículas de ligação que se referem a frases anteriores ou futuras); mas o fato de que seu sentido não possa ser concluído não impede que a frase seja gramaticalmente completa e autônoma. Certamente, não se sabe muito bem o que "quer dizer" um conjunto de palavras como

118 Michel Foucault – A Arqueologia do Saber

"Isso eu lhe direi amanhã"; de qualquer modo, não se pode datar esse amanhã, nem nomear os interlocutores, nem adivinhar o que deve ser dito. Só resta dizer que se trata de uma frase perfeitamente delimitada, conforme as regras de construção da língua. Finalmente, poderíamos objetar que, sem contexto, é às vezes difícil definir a estrutura de uma frase ("se ele está morto, jamais saberei" pode ser construída: "No caso de ele estar morto, ignorarei sempre tal coisa"; ou "Jamais serei avisado de sua morte"). Mas trata-se de uma ambiguidade perfeitamente definível, cujas possibilidades simultâneas podem ser enumeradas, e que faz parte da estrutura própria da frase. De maneira geral, pode-se dizer que uma frase ou proposição – mesmo isolada, mesmo retirada do contexto natural que a esclarece, mesmo libertada ou amputada de todos os elementos a que, implicitamente ou não, pode remeter – continua a ser sempre uma frase ou proposição, e é sempre possível reconhecê-la como tal.

Em compensação, a função enunciativa – mostrando assim que não é pura e simples construção de elementos prévios – não pode se exercer sobre uma frase ou proposição em estado livre. Não basta dizer uma frase, nem mesmo basta dizê-la em uma relação determinada com um campo de objetos ou em uma relação determinada com um sujeito, para que haja enunciado –, para que se trate de um enunciado é preciso relacioná-la com todo um campo adjacente. Ou antes, visto que não se trata de uma relação suplementar que vem se imprimir sobre as outras, não se pode dizer uma frase, não se pode fazer com que ela chegue a uma existência de enunciado sem que seja utilizado um espaço colateral; um enunciado tem sempre margens povoadas de outros enunciados. Essas margens se distinguem do que se entende geralmente por "contexto" – real ou verbal –, isto é, do conjunto dos elementos de situação ou de linguagem que motivam uma formulação e lhe determinam o sentido. E elas dele se distinguem na medida em que o tornam possível: a relação contextual não é a mesma entre uma frase e as que a envolvem, caso se trate de um romance ou de um tratado

III – O Enunciado e o Arquivo   **119**

de física; não será a mesma entre uma formulação e o meio objetivo, caso se trate de uma conversa ou de um relatório de experiência. É sobre uma relação mais geral entre as formulações, sobre toda uma rede verbal que o efeito de contexto pode ser determinado. As margens não são, tampouco, idênticas aos diferentes textos, às diferentes frases que o sujeito pode ter em mente quando fala; ainda aí, elas são mais extensas que o envolvimento psicológico; e, até certo ponto, elas o determinam, pois, segundo a posição, o *status* e o papel de uma formulação entre todas as outras – conforme se inscreva no campo da literatura ou deva se dissipar como um propósito indiferente, conforme faça parte de uma narração ou comande uma demonstração –, o modo de presença dos outros enunciados na consciência do sujeito não será o mesmo; não é nem o mesmo nível, nem a mesma forma de experiência linguística, de memória verbal, de evocação do já dito que são utilizados. O halo psicológico de uma formulação é comandado de longe pela disposição do campo enunciativo.

O campo associado que faz de uma frase ou de uma série de signos um enunciado e que lhes permite ter um contexto determinado, um conteúdo representativo específico, forma uma trama complexa. Ele é constituído, de início, pela série das outras formulações, no interior das quais o enunciado se inscreve e forma um elemento (um jogo de réplicas formando uma conversação, a arquitetura de uma demonstração – limitada, de um lado, por suas premissas, do outro, por sua conclusão –, a sequência das afirmações que constituem uma narração). É constituído, também, pelo conjunto das formulações a que o enunciado se refere (implicitamente ou não), seja para repeti-las, seja para modificá-las ou adaptá-las, seja para se opor a elas, seja para falar de cada uma delas; não há enunciado que, de uma forma ou de outra, não reatualize outros enunciados (elementos rituais em uma narração; proposições já admitidas em uma demonstração; frases convencionais em uma conversa). É constituído, ainda, pelo conjunto das formulações cuja possibilidade ulte-

120 Michel Foucault – A Arqueologia do Saber

rior é propiciada pelo enunciado e que podem vir depois dele como sua consequência, sua sequência natural, ou sua réplica (uma ordem não abre as mesmas possibilidades enunciativas que as proposições de uma axiomática ou o início de uma narração). É constituído, finalmente, pelo conjunto das formulações cujo *status* é compartilhado pelo enunciado em questão, entre as quais toma lugar sem consideração de ordem linear, com as quais se apagará, ou com as quais, ao contrário, será valorizado, conservado, sacralizado e oferecido como objeto possível, a um discurso futuro (um enunciado não é dissociável do *status* que lhe pode ser atribuído como "literatura", ou como propósito irrelevante, próprio para ser esquecido, ou como verdade científica adquirida para sempre, ou como discurso profético etc.). Pode-se dizer, de modo geral, que uma sequência de elementos linguísticos só é enunciado se estiver imersa em um campo enunciativo em que apareça como elemento singular.

O enunciado não é a projeção direta, sobre o plano da linguagem, de uma situação determinada ou de um conjunto de representações. Não é simplesmente a utilização, por um sujeito falante, de um certo número de elementos e de regras linguísticas. De início, desde sua raiz, ele se delineia em um campo enunciativo onde tem lugar e *status*, que lhe apresenta relações possíveis com o passado e que lhe abre um futuro eventual. Qualquer enunciado se encontra assim especificado: não há enunciado em geral, enunciado livre, neutro e independente; mas sempre um enunciado fazendo parte de uma série ou de um conjunto, desempenhando um papel no meio dos outros, neles se apoiando e deles se distinguindo: ele se integra sempre em um jogo enunciativo, onde tem sua participação, por ligeira e ínfima que seja. Enquanto a construção gramatical, para se efetuar, só necessita de elementos e de regras; enquanto se poderia conceber, em termos extremos, uma língua (certamente artificial) que só serviria para construir, no total, uma única frase; enquanto, considerando-se o alfabeto, as regras de construção e de transformação de um sistema formal, se

III – O Enunciado e o Arquivo   121

pode perfeitamente definir a primeira proposição dessa linguagem, o mesmo não acontece com o enunciado. Não há enunciado que não suponha outros; não há nenhum que não tenha, em torno de si, um campo de coexistências, efeitos de série e de sucessão, uma distribuição de funções e de papéis. Se se pode falar de um enunciado, é na medida em que uma frase (uma proposição) figura em um ponto definido, com uma posição determinada, em um jogo enunciativo que a extrapola.

Sobre esse cenário da coexistência enunciativa se destacam, em um nível autônomo e descritível, as relações gramaticais entre frases, as relações lógicas entre proposições, as relações metalinguísticas entre uma linguagem-objeto e aquela que lhe define as regras, as relações retóricas entre grupos (ou elementos) de frases. É lícito, certamente, analisar todas essas relações sem que se tome por tema o próprio campo enunciativo, isto é, o domínio de coexistência em que se exerce a função enunciativa. Mas elas só podem existir e só são suscetíveis de análise na medida em que as frases tenham sido "enunciadas"; em outros termos, na medida em que se desenrolem em um campo enunciativo que permita que elas se sucedam, se ordenem, coexistam e desempenhem um papel umas em relação às outras. O enunciado, longe de ser o princípio de individualização dos conjuntos significantes (o "átomo" significativo, o mínimo a partir do qual existe sentido), é o que situa essas unidades significativas em um espaço em que elas se multiplicam e se acumulam.

d) Finalmente, para que uma sequência de elementos linguísticos possa ser considerada e analisada como um enunciado, é preciso que ela preencha uma quarta condição: deve ter existência material. Poderíamos falar de enunciado se uma voz não o tivesse enunciado, se uma superfície não registrasse seus signos, se ele não tivesse tomado corpo em um elemento sensível e se não tivesse deixado marca – apenas alguns instantes – em uma memória ou em um espaço? Poderíamos falar de um enunciado como de uma figura ideal e silenciosa? O enunciado é sempre apresentado através de uma espessura material, mesmo dissimulada, mesmo se, apenas surgida, estiver condenada a se desvanecer. Além disso, o enunciado tem necessidade dessa materialidade; mas ela não lhe é dada em suplemento, uma vez bem estabelecidas todas as suas determinações: em parte, ela o constitui. Composta das mesmas palavras, carregada exatamente do mesmo sentido, mantida em sua identidade sintática e semântica, uma frase não constitui o mesmo enunciado se for articulada por alguém durante uma conversa, ou impressa em um romance; se foi escrita um dia, há séculos, e se reaparece agora em uma formulação oral. As coordenadas e o *status* material do enunciado fazem parte de seus caracteres intrínsecos. Eis uma evidência, ou quase, pois, desde que a isso se preste um pouco de atenção, as coisas se embaralham e os problemas se multiplicam.

Claro, somos tentados a dizer que se o enunciado é caracterizado, pelo menos em parte, por seu *status* material, e se sua identidade é sensível a uma modificação desse *status*, o mesmo acontece com as frases ou as proposições: a materialidade dos signos, na verdade, não é inteiramente indiferente à gramática ou mesmo à lógica. Conhecemos os problemas teóricos colocados a esta última pela constância material dos símbolos utilizados (como definir a identidade de um símbolo através das diferentes substâncias em que pode tomar corpo e das variações de forma que tolera? Como reconhecê-lo e assegurar que é o mesmo, se é preciso defini-lo como "um corpo físico concreto"?); conhecemos também os problemas que lhe são colocados pela própria noção de uma sequência de símbolos (O que quer dizer preceder e seguir? Vir "antes" e "depois"? Em que espaço se situa semelhante ordenação?). São muito mais bem conhecidas, ainda, as relações da materialidade e da língua – o papel da escrita e do alfabeto, o fato de que nem a mesma sintaxe nem o mesmo vocabulário são empregados em um texto e em uma conversa, em um jornal e em um livro, em uma carta e em um cartaz; além disso, há sequências

III – O Enunciado e o Arquivo **123**

de palavras que formam frases bastante individualizadas e perfeitamente aceitáveis nas manchetes de um jornal, e que, no entanto, no curso de uma conversa, jamais poderiam ter valor de uma frase com sentido. Entretanto, a materialidade desempenha, no enunciado, um papel muito mais importante: não é simplesmente princípio de variação, modificação dos critérios de reconhecimento, ou determinação de subconjuntos linguísticos. Ela é constitutiva do próprio enunciado: o enunciado precisa ter uma substância, um suporte, um lugar e uma data. Quando esses requisitos se modificam, ele próprio muda de identidade. Logo surge uma quantidade de questões. Uma mesma frase repetida em voz alta e em voz baixa forma um único enunciado ou vários? Quando se decora um texto, cada recitação dá lugar a um enunciado, ou deve-se considerar que o mesmo se repete? Uma frase fielmente traduzida para uma língua estrangeira forma dois enunciados distintos ou apenas um? E em uma récita coletiva – prece ou lição – devem-se contar quantos enunciados? Como estabelecer a identidade do enunciado através dessas ocorrências múltiplas, dessas repetições, dessas transcrições?

O problema se complica, sem dúvida, porque nele se confundem, frequentemente, níveis diferentes. É necessário pôr de lado, inicialmente, a multiplicidade das enunciações. Diremos que há enunciação cada vez que um conjunto de signos for emitido. Cada uma dessas articulações têm sua individualidade espaço-temporal. Duas pessoas podem dizer ao mesmo tempo a mesma coisa; já que são duas, haverá duas enunciações distintas. Um único e mesmo sujeito pode repetir várias vezes a mesma frase; haverá igual número de enunciações distintas no tempo. A enunciação é um acontecimento que não se repete; tem uma singularidade situada e datada que não se pode reduzir. Essa singularidade, entretanto, deixa passar um certo número de constantes – gramaticais, semânticas, lógicas – pelas quais se pode, neutralizando o momento da enunciação e as coordenadas que o individualizam, reconhecer a forma geral de uma frase, de uma significação, de uma proposição. O tempo e o lugar da enunciação, o suporte material que ela utiliza, tornam-se, então, indiferentes, pelo menos em grande parte: o que se destaca é uma forma indefinidamente repetível e que pode dar lugar às enunciações mais dispersas. Ora, o próprio enunciado não pode ser reduzido a esse simples fato da enunciação, pois ele pode ser repetido apesar de sua materialidade: não teremos problemas em afirmar que uma mesma frase pronunciada por duas pessoas, em circunstâncias, entretanto, um pouco diferentes, constitui apenas um enunciado. E, no entanto, ele não se reduz a uma forma gramatical ou lógica, na medida em que, mais do que ela e de modo diferente, é sensível a diferenças de matéria, substância, tempo e lugar. Qual é, pois, essa materialidade própria do enunciado e que autoriza certos tipos singulares de repetição? Como se pode falar do mesmo enunciado onde há várias enunciações distintas – enquanto devemos falar de vários enunciados onde podemos reconhecer formas, estruturas, regras de construção, alvos idênticos? Qual é, pois, esse regime de *materialidade repetível* que caracteriza o enunciado?

Sem dúvida não é uma materialidade sensível, qualitativa, apresentada sob a forma da cor, do som ou da solidez e esquadrinhada pela mesma demarcação espaço-temporal que o espaço perceptivo. Consideremos um exemplo muito simples: um texto reproduzido várias vezes, as edições sucessivas de um livro, ou, ainda melhor, os diferentes exemplares de uma mesma tiragem não dão lugar a igual número de enunciados distintos: em todas as edições das *Fleurs du mal* (com exceção das edições cujo texto diverge do original e dos textos condenados) encontraremos o mesmo jogo de enunciados; entretanto, nem os caracteres, nem a tinta, nem o papel, nem, em qualquer que seja o caso, a localização do texto e a posição dos signos são os mesmos: toda a materialidade mudou. Mas aqui "pequenas" diferenças não são eficazes para alterar a identidade do enunciado e para fazer surgir um outro: elas estão todas neutralizadas no elemento geral – material, é claro, mas igualmente institucional e

III – O Enunciado e o Arquivo **125**

econômico – do "livro". Um livro, qualquer que seja seu número de exemplares ou de edições, quaisquer que sejam as substâncias diversas que ele pode utilizar, é um lugar de equivalência exata para os enunciados, uma instância de repetição sem mudança de identidade. Vê-se, no primeiro exemplo, que a materialidade do enunciado não é definida pelo espaço ocupado ou pela data da formulação, mas por um *status* de coisa ou de objeto, jamais definitivo, mas modificável, relativo e sempre suscetível de ser novamente posto em questão: sabe-se, por exemplo, que, para os historiadores da literatura, a edição de um livro publicado sob os cuidados do autor não tem a mesma importância que as edições póstumas, que os enunciados têm aí um valor singular, que eles não são uma das manifestações de um único e mesmo conjunto, mas sim o que é e deve ser repetido. Da mesma forma, entre o texto de uma Constituição, de um testamento, ou de uma revelação religiosa, e todos os manuscritos ou impressos que os reproduzem exatamente com a mesma escrita, nos mesmos caracteres e sobre temas análogos, não se pode dizer que haja equivalência: de um lado, há os próprios enunciados, do outro, sua reprodução. O enunciado não se identifica com um fragmento de matéria, mas sua identidade varia de acordo com um regime complexo de instituições materiais.

Um enunciado pode ser o mesmo, manuscrito em uma folha de papel ou publicado em um livro; pode ser o mesmo pronunciado oralmente, impresso em um cartaz, reproduzido por um gravador; em compensação, quando um romancista pronuncia uma frase qualquer na vida cotidiana, visto que a coloca tal qual no manuscrito que redige, atribuindo-a a um personagem, ou mesmo deixando-a ser pronunciada pela voz anônima que representa a do autor, não se pode dizer que se trate, nos dois casos, do mesmo enunciado. O regime de materialidade a que obedecem necessariamente os enunciados é, pois, mais da ordem da instituição do que da localização espaço-temporal; define antes *possibilidades de reinscrição*

126 Michel Foucault – A Arqueologia do Saber

e de transcrição (mas também limiares e limites) do que individualidades limitadas e perecíveis.

A identidade de um enunciado está submetida a um segundo conjunto de condições e de limites: os que lhe são impostos pelo conjunto dos outros enunciados no meio dos quais figura; pelo domínio no qual podemos utilizá-lo ou aplicá-lo; pelo papel ou função que deve desempenhar. A afirmação de que a Terra é redonda ou de que as espécies evoluem não constitui o mesmo enunciado antes e depois de Copérnico, antes e depois de Darwin; não é que, para formulações tão simples, o sentido das palavras tenha mudado; o que se modificou foi a relação dessas afirmações com outras proposições, suas condições de utilização e de reinvestimento, o campo da experiência, de verificações possíveis, de problemas a ser resolvidos, ao qual podemos remetê-las. A frase "os sonhos realizam os desejos" pode ser repetida através dos séculos; não é o mesmo enunciado em Platão e em Freud. Os esquemas de utilização, as regras de emprego, as constelações em que podem desempenhar um papel, suas virtualidades estratégicas constituem para os enunciados um *campo de estabilização* que permite, apesar de todas as diferenças de enunciação, repeti-los em sua identidade; mas esse mesmo campo pode, também, sob as identidades semânticas, gramaticais ou formais, as mais manifestas, definir um limiar a partir do qual não há mais equivalência, sendo preciso reconhecer o aparecimento de um novo enunciado. Mas é possível, sem dúvida, ir mais longe: podemos considerar que existe apenas um único e mesmo enunciado onde as palavras, a sintaxe, a própria língua não são idênticas. Consideremos um discurso e sua tradução simultânea; um texto científico em inglês e sua versão francesa; uma informação em três colunas em três línguas diferentes: não há tantos enunciados quantas são as línguas em jogo, mas um único conjunto de enunciados em formas linguísticas diferentes. Melhor ainda: uma informação dada pode ser retransmitida com outras palavras, com uma sintaxe

III – O Enunciado e o Arquivo   127

simplificada, ou em um código convencionado; se o conteúdo informativo e as possibilidades de utilização são as mesmas, poderemos dizer que ambos os casos constituem o mesmo enunciado.

Ainda aí, não se trata de um critério de individualização do enunciado, mas de seu princípio de variação: ora é mais diverso que a estrutura da frase (e sua identidade é então mais elaborada, mais frágil, mais facilmente modificável que a de um conjunto semântico ou gramatical), ora mais constante que essa estrutura (e sua identidade é então maior, mais estável, menos acessível às variações). Ainda mais: além do fato de que a identidade do enunciado não pode ser situada, de forma definitiva, em relação à da frase, ela própria é relativa e oscila segundo o uso que se faz do enunciado e a maneira pela qual é manipulado. Quando se utiliza um enunciado para ressaltar sua estrutura gramatical, sua configuração retórica ou as conotações de que é portador, é evidente que não se pode considerá-lo como idêntico em sua língua original e em sua tradução. Em compensação, se queremos que ele entre em um processo de verificação experimental, então texto e tradução constituem o mesmo conjunto enunciativo. Ou ainda, em uma certa escala da macro-história, podemos considerar que uma afirmação como "As espécies evoluem" forma o mesmo enunciado em Darwin e em Simpson; em um nível mais elaborado e considerando campos de utilização mais limitados (o "neodarwinismo" em oposição ao sistema darwiniano propriamente dito), tratamos de dois enunciados diferentes. A constância do enunciado, a manutenção de sua identidade através dos acontecimentos singulares das enunciações, seus desdobramentos através da identidade das formas, tudo isso é função do *campo de utilização* no qual ele se encontra inserido.

Vê-se que o enunciado não deve ser tratado como um acontecimento que se teria produzido em um tempo e lugar determinados, e que poderia ser inteiramente lembrado – e celebrado de longe – e um ato de memória. Mas vê-se que não é, tampouco, uma forma ideal que se pode sempre atualizar em um corpo qualquer, em um conjunto indiferente e sob condições materiais que não importam. Demasiado repetível para ser inteiramente solidário com as coordenadas espaço-temporais de seu nascimento (é algo diverso da data e do local de seu aparecimento), demasiado ligado ao que o envolve e o suporta para ser tão livre quanto uma pura forma (é algo diferente de uma lei de construção referente a um conjunto de elementos), ele é dotado de uma certa lentidão modificável, de um peso relativo ao campo em que está colocado, de uma constância que permite utilizações diversas, de uma permanência temporal que não tem a inércia de um simples traço, e que não dorme sobre seu próprio passado. Enquanto uma enunciação pode ser *recomeçada* ou *reevocada*, enquanto uma forma (linguística ou lógica) pode ser *reatualizada*, o enunciado tem a particularidade de poder ser *repetido*: mas sempre em condições estritas.

Essa materialidade repetível que caracteriza a função enunciativa faz aparecer o enunciado como um objeto específico e paradoxal, mas também como um objeto entre os que os homens produzem, manipulam, utilizam, transformam, trocam, combinam, decompõem e recompõem, eventualmente destroem. Em vez de ser uma coisa dita de forma definitiva – e perdida no passado, como a decisão de uma batalha, uma catástrofe geológica ou a morte de um rei –, o enunciado, ao mesmo tempo que surge em sua materialidade, aparece com um *status*, entra em redes, se coloca em campos de utilização, se oferece a transferências e a modificações possíveis, se integra em operações e em estratégias onde sua identidade se mantém ou se apaga. Assim, o enunciado circula, serve, se esquiva, permite ou impede a realização de um desejo, é dócil ou rebelde a interesses, entra na ordem das contestações e das lutas, torna-se tema de apropriação ou de rivalidade.

3

A DESCRIÇÃO DOS ENUNCIADOS

O *front* da análise encontra-se consideravelmente deslocado; quis retomar essa definição do enunciado que tinha sido, no início, deixada em suspenso. Tudo se passara e tudo fora dito como se o enunciado fosse uma unidade fácil de ser estabelecida, cujas possibilidades e leis de agrupamento era importante descrever. Ora, voltando atrás, percebi que não podia definir o enunciado como uma unidade de tipo linguístico (superior ao fenômeno e à palavra, inferior ao texto); mas que tinha de me ocupar de uma função enunciativa, pondo em jogo unidades diversas (elas podem coincidir às vezes com frases, às vezes com proposições; mas são feitas às vezes de fragmentos de frases, séries ou quadros de signos, jogo de proposições ou formulações equivalentes); e essa função, em vez de dar um "sentido" a essas unidades, coloca-as em relação com um campo de objetos; em vez de lhes conferir um sujeito, abre-lhes um conjunto de posições subjetivas possíveis; em vez de lhes fixar limites, coloca-as em um domínio de coordenação e de coexistência; em vez de lhes determinar a identidade, aloja-as em um espaço em que são consideradas, utilizadas e repetidas. Em suma, o que se descobriu não foi o enunciado atômico – com seu efeito de sentido, sua origem, seus limites e sua individualidade –, mas sim o campo de exercício da função enunciativa e as condições segundo as quais ela faz aparecerem unidades diversas (que podem ser, mas não necessariamente, de ordem gramatical ou lógica). Mas encontro-me, agora, diante da obrigação

130   Michel Foucault – A Arqueologia do Saber

de responder a duas questões: o que devemos entender, daqui para a frente, pela tarefa, inicialmente proposta, de descrever enunciados? Como a teoria do enunciado pode-se ajustar à análise das formações discursivas que havia sido esboçada sem ela?

A

1. Primeiro cuidado: fixar o vocabulário. Se aceitamos chamar *performance verbal*, ou talvez melhor *performance linguística*, todo conjunto de signos efetivamente produzidos a partir de uma língua natural (ou artificial), poderemos chamar *formulação* o ato individual (ou, a rigor, coletivo) que faz surgir, em um material qualquer e segundo uma forma determinada, esse grupo de signos: a formulação é um acontecimento que, pelo menos de direito, é sempre demarcável segundo coordenadas espaço-temporais, que pode ser sempre relacionada a um autor, e que eventualmente pode constituir, por si mesma, um ato específico (um ato "performativo", dizem os "analistas"[1] ingleses); chamaremos *frase* ou *proposição* as unidades que a gramática ou a lógica podem reconhecer em um conjunto de signos: essas unidades podem ser sempre caracterizadas pelos elementos que aí figuram e pelas regras de construção que as unem; em relação à frase e à proposição, as questões de origem, de tempo e de lugar, e de contexto, não passam de subsidiárias; a questão decisiva é a de sua correção (ainda que sob a forma de "aceitabilidade"). Chamaremos *enunciado* a modalidade de existência própria desse conjunto de signos: modalidade que lhe permite ser algo diferente de uma série de traços, algo diferente de uma sucessão de marcas em uma substância, algo diferente de um objeto qualquer fabricado por um ser humano; modalidade que lhe permite estar em relação com um domínio de objetos, prescrever uma posição definida a qualquer su-

---

1   Foucault chama de "analistas" os adeptos ou representantes da chamada *filosofia analítica*, uma das vertentes básicas da filosofia do século XX (N. da ed. bras.).

III – O Enunciado e o Arquivo   131

jeito possível, estar situado entre outras *performances* verbais, estar dotado, enfim, de uma materialidade repetível. Quanto ao termo *discurso*, de que aqui usamos e abusamos em sentidos bem diferentes, podemos agora compreender a razão de seu equívoco: da maneira mais geral e imprecisa, ele designava um conjunto de *performances* verbais; e entendia-se então por discurso o que havia sido produzido (eventualmente tudo que havia sido produzido) em matéria de conjunto de signos. Mas se compreendia também por discurso um conjunto de atos de formulação, uma série de frases ou de proposições. Enfim – e este sentido foi finalmente privilegiado (com o primeiro que lhe serve de horizonte) –, o discurso é constituído por um conjunto de sequências de signos, enquanto enunciados, isto é, enquanto lhes podemos atribuir modalidades particulares de existência. E se conseguir demonstrar – como tentarei em seguida – que a lei de tal série é precisamente o que chamei, até aqui, *formação discursiva*, se conseguir demonstrar que esta é o princípio de dispersão e de repartição, não das formulações, das frases, ou das proposições, mas dos enunciados (no sentido que dei à palavra), o termo discurso poderá ser fixado: conjunto de enunciados que se apoia em um mesmo sistema de formação; é assim que poderei falar do discurso clínico, do discurso econômico, do discurso da história natural, do discurso psiquiátrico.

Sei que essas definições, em sua maioria, não correspondem ao uso corrente: os linguistas têm o hábito de dar à palavra discurso um sentido inteiramente diferente; lógicos e "analistas" usam de forma diferente o termo enunciado. Mas não pretendo, aqui, transferir para um domínio – que esperaria apenas essa luz – um jogo de conceitos, uma forma de análise, uma teoria, que teriam sido formados em algum outro lugar; não pretendo utilizar um modelo aplicando-o, com a eficácia que lhe é própria, a conteúdos novos. Não, certamente, que eu queira contestar o valor de semelhante modelo; não que eu queira, antes mesmo de tê-lo testado, limitar-lhe o alcance e indicar imperio-

132 Michel Foucault – A Arqueologia do Saber

samente o limiar que não deveria ser por ele transposto. Mas gostaria de fazer aparecer uma possibilidade descritiva, esboçar o domínio ao qual ela é suscetível, definir seus limites e sua autonomia. Essa possibilidade descritiva se articula com outras, não deriva delas.

Vê-se, em particular, que a análise dos enunciados não pretende ser uma descrição total, exaustiva da "linguagem" ou de "o que foi dito". Em toda densidade resultante das *performances* verbais, ela se situa num nível particular que deve ser separado dos outros, caracterizado em relação a eles e abstraído. Ela não toma o lugar de uma análise lógica das proposições, de uma análise gramatical das frases, de uma análise psicológica ou contextual das formulações: constitui uma outra maneira de abordar as *performances* verbais, de dissociar sua complexidade, de isolar os termos que aí se entrecruzam e de demarcar as diversas regularidades a que obedecem. Pondo em jogo o enunciado frente à frase ou à proposição, não se tenta reencontrar uma totalidade perdida, nem ressuscitar, conforme convidam muitas nostalgias que não querem se calar, a plenitude da expressão viva, a riqueza do verbo, a unidade profunda do *logos*. A análise dos enunciados corresponde a um nível específico de descrição.

2. O enunciado não é, pois, uma unidade elementar que viria somar-se ou misturar-se às unidades descritas pela gramática ou pela lógica. Não pode ser isolado como uma frase, uma proposição ou um ato de formulação. Descrever um enunciado não significa isolar e caracterizar um segmento horizontal, mas definir as condições nas quais se realizou a função que deu a uma série de signos (não sendo esta forçosamente gramatical nem logicamente estruturada) uma existência, e uma existência específica. Esta a faz aparecer não como um simples traço, mas como relação com um domínio de objetos; não como resultado de uma ação ou de uma operação individual, mas como um jogo de posições possíveis para um sujeito; não como uma totalidade orgânica, autônoma, fecha-

III – O Enunciado e o Arquivo   **133**

da em si e suscetível de – sozinha – formar sentido, mas como um elemento em um campo de coexistência; não como um acontecimento passageiro ou um objeto inerte, mas como uma materialidade repetível. A descrição dos enunciados se dirige, segundo uma dimensão de certa forma vertical, às condições de existência dos diferentes conjuntos significantes. Daí um paradoxo: ela não tenta contornar as *performances* verbais para descobrir, atrás delas, ou sob sua superfície aparente, um elemento oculto, um sentido secreto que nelas se esconde, ou que através delas aparece sem dizê-lo; e, entretanto, o enunciado não é imediatamente visível; não se apresenta de forma tão manifesta quanto uma estrutura gramatical ou lógica (mesmo se esta não estiver inteiramente clara, mesmo se for muito difícil de elucidar). O enunciado é, ao mesmo tempo, não visível e não oculto.

Não oculto, por definição, já que caracteriza as modalidades de existência próprias de um conjunto de signos efetivamente produzidos. A análise enunciativa só pode se referir a coisas ditas, a frases que foram realmente pronunciadas ou escritas, a elementos significantes que foram traçados ou articulados – e, mais precisamente, a essa singularidade que as faz existirem, as oferece à observação, à leitura, a uma reativação eventual, a mil usos ou transformações possíveis, entre outras coisas, mas não como as outras coisas. Só pode se referir a *performances* verbais realizadas, já que as analisa no nível de sua existência: descrição das coisas ditas, precisamente porque foram ditas. A análise enunciativa é, pois, uma análise histórica, mas que se mantém fora de qualquer interpretação: às coisas ditas, não pergunta o que escondem, o que nelas estava dito e o não dito que involuntariamente recobrem, a abundância de pensamentos, imagens ou fantasmas que as habitam; mas, ao contrário, de que modo existem, o que significa para elas o fato de se terem manifestado, de terem deixado rastros e, talvez, de permanecerem para uma reutilização eventual; o que é para elas o fato de terem aparecido – e nenhuma outra em seu lugar. Desse

134 Michel Foucault – A Arqueologia do Saber

ponto de vista, não se reconhece nenhum enunciado latente: pois aquilo a que nos dirigimos está na evidência da linguagem efetiva.

Trata-se de uma tese difícil de sustentar. Sabemos – e, talvez, desde que os homens falam – que as coisas, muitas vezes, são ditas umas pelas outras; que uma mesma frase pode ter, simultaneamente, duas significações diferentes; que um sentido manifesto, aceito sem dificuldade por todos, pode encobrir um segundo, esotérico ou profético, que uma decifração mais sutil ou apenas a erosão do tempo acabarão por descobrir; que sob uma formulação visível pode reinar uma outra que a comande, desordene, perturbe, lhe imponha uma articulação que só a ela pertence; enfim, que, de um modo ou de outro, as coisas ditas dizem bem mais que elas mesmas. Mas, de fato, esses efeitos de redobramento ou de desdobramento, esse não dito que se encontra dito, apesar de tudo, não afetam o enunciado, pelo menos como foi aqui definido. A polissemia – que autoriza a hermenêutica e a descoberta de um outro sentido – diz respeito à frase e aos campos semânticos que ela utiliza: um único e mesmo conjunto de palavras pode dar lugar a vários sentidos e a várias construções possíveis; ele pode ter, entrelaçadas ou alternadas, significações diversas, mas sobre uma base enunciativa que permanece idêntica. Da mesma forma, a repressão de uma *performance* verbal por outra, sua substituição ou sua interferência são fenômenos que pertencem ao nível da formulação (mesmo se têm incidências sobre as estruturas linguísticas ou lógicas); mas o próprio enunciado não é afetado, pelo desdobramento ou pelo recalcamento, já que é a modalidade de existência da *performance* verbal tal como foi efetivada. O enunciado não pode ser considerado como o resultado cumulativo ou a cristalização de vários enunciados flutuantes, apenas articulados, que se rejeitam entre si. O enunciado não é assombrado pela presença secreta do não dito, das significações ocultas, das repressões; ao contrário, a maneira pela qual os elementos ocultos funcionam e podem ser restituídos depende da própria

III – O Enunciado e o Arquivo   135

modalidade enunciativa: sabemos que o "não dito", o "reprimido", não é o mesmo – nem em sua estrutura nem em seu efeito – quando se trata de um enunciado matemático e de um enunciado econômico, quando se trata de uma autobiografia ou da narração de um sonho.

Entretanto, a todas essas modalidades diversas do *não dito* que podem ser demarcadas sobre o campo enunciativo, é necessário, sem dúvida, acrescentar uma *ausência*, que, em vez de ser interior, seria correlativa a esse campo e teria um papel na determinação de sua própria existência. Pode haver – e, sem dúvida, sempre há –, nas condições de emergência dos enunciados, exclusões, limites ou lacunas que delineiam seu referencial, validam uma única série de modalidades, cercam e englobam grupos de coexistência, impedem certas formas de utilização. Mas não se deve confundir, nem em seu *status*, nem em seu efeito, a ausência característica de uma regularidade enunciativa e as significações encobertas pelo que se encontra formulado.

3. Ora, por mais que o enunciado não seja oculto, nem por isso é visível; ele não se oferece à percepção como portador manifesto de seus limites e caracteres. É necessária uma certa conversão do olhar e da atitude para poder reconhecê-lo e considerá-lo em si mesmo. Talvez ele seja tão conhecido que se esconde sem cessar; talvez seja como essas transparências familiares que, apesar de nada esconderem em sua espessura, não são apresentadas com clareza total. O nível enunciativo se esboça em sua própria proximidade.

Há várias razões para isso. A primeira já foi dita: o enunciado não é uma unidade ao lado – acima ou abaixo – das frases ou das proposições; está sempre dentro de unidades desse gênero, ou mesmo em sequências de signos que não obedecem a suas leis (e que podem ser listas, séries ao acaso, quadros); caracteriza não o que nelas se apresenta ou a maneira pela qual são delimitadas, mas o próprio fato de serem apresentadas, e a ma-

136 Michel Foucault – A Arqueologia do Saber

neira pela qual o são. Ele tem essa quase invisibilidade do "há", que se apaga naquilo mesmo do qual se pode dizer: "há tal ou tal coisa".

Outra razão é a de que a estrutura significante da linguagem remete sempre a outra coisa; os objetos aí se encontram designados; o sentido é visado; o sujeito é tomado como referência por um certo número de signos, mesmo se não está presente em si mesmo. A linguagem parece sempre povoada pelo outro, pelo ausente, pelo distante, pelo longínquo; ela é atormentada pela ausência. Não é ela o lugar de aparecimento de algo diferente de si e, nessa função, sua própria existência não parece se dissipar? Ora, se queremos descrever o nível enunciativo, é preciso levar em consideração justamente essa existência; interrogar a linguagem, não na direção a que ela remete, mas na dimensão que a produz; negligenciar o poder que ela tem de designar, de nomear, de mostrar, de fazer aparecer, de ser o lugar do sentido ou da verdade e, em compensação, de se deter no momento – logo solidificado, logo envolvido no jogo do significante e do significado – que determina sua existência singular e limitada. Trata-se de suspender, no exame da linguagem, não apenas o ponto de vista do significado (o que já é comum agora), mas também o do significante, para fazer surgir o fato de que em ambos existe linguagem, de acordo com domínios de objetos e sujeitos possíveis, de acordo com outras formulações e reutilizações eventuais.

Finalmente, última razão da quase invisibilidade do enunciado: ele é suposto por todas as outras análises da linguagem sem que elas tenham jamais de mostrá-lo. Para que a linguagem possa ser tomada como objeto, decomposta em níveis distintos, descrita e analisada, é preciso que haja um "dado enunciativo" que será sempre determinado e não infinito: a análise de uma língua se efetua sempre a partir de um *corpus* de discursos e textos; a interpretação e a revelação das significações implícitas repousam sempre em um grupo delimitado de frases; a análise lógica de um sistema implica a reescrita, em uma linguagem formal, de um conjunto dado de pro-

III – O Enunciado e o Arquivo   137

posições. Quanto ao nível enunciativo, encontra-se cada vez neutralizado: seja porque se defina somente como uma amostra representativa que permite liberar estruturas indefinidamente aplicáveis; seja porque se esconda em uma pura aparência, atrás da qual deve aparecer a verdade de uma outra fala; seja porque valha como uma substância indiferente que serve de suporte a relações formais. O fato de ser sempre indispensável para que a análise possa ocorrer lhe tira toda pertinência em relação à própria análise. Se acrescentarmos a isso que todas essas descrições só se podem efetivar quando elas próprias constituem conjuntos finitos de enunciados, compreenderemos, concomitantemente, por que o campo enunciativo as envolve de todas as maneiras, por que elas não podem liberar-se dele e por que não podem tomá-lo diretamente como tema. Considerar os enunciados em si mesmos não será buscar, além de todas essas análises e em um nível mais profundo, um certo segredo ou uma certa raiz da linguagem que elas teriam omitido. É tentar tornar visível e analisável essa transparência tão próxima que constitui o elemento de sua possibilidade.

Nem oculto, nem visível, o nível enunciativo está no limite da linguagem: não é, em si, um conjunto de caracteres que se apresentariam, mesmo de um modo não sistemático, à experiência imediata; mas não é, tampouco, por trás de si, o resto enigmático e silencioso que não traduz. Ele define a modalidade de seu aparecimento: antes sua periferia que sua organização interna, antes sua superfície que seu conteúdo. Mas o fato de que se pode descrever essa superfície enunciativa prova que o "dado da linguagem não é a simples laceração de um mutismo fundamental; que as palavras, as frases, as significações, as afirmações, os encadeamentos de proposições não se apoiam diretamente na noite primeira de um silêncio; mas que o súbito aparecimento de uma frase, o lampejo do sentido, o brusco índice da designação surgem sempre no domínio de exercício de uma função enunciativa; que entre a linguagem, tal como a lemos e ouvimos, mas também como a falamos, e a ausência de qualquer

138 Michel Foucault – A Arqueologia do Saber

formulação não há o formigamento de todas as coisas pouco ditas, de todas as frases em suspenso, de todos os pensamentos semiverbalizados, do monólogo infinito do qual emergem apenas alguns fragmentos; mas, antes de tudo – ou, pelo menos, antes dela (pois depende delas) –, as condições segundo as quais se efetua a função enunciativa. Isso prova, também, que é inútil procurar, além das análises estruturais, formais, ou interpretativas da linguagem, um domínio finalmente liberto de qualquer positividade, onde se poderiam desdobrar a liberdade do sujeito, o labor do ser humano ou a abertura de uma destinação transcendental. Nada há a objetar contra os métodos linguísticos ou as análises lógicas: "Que faz você – depois de tanto falar sobre suas regras de construção – da própria linguagem, na plenitude de seu corpo vivo? Que faz da liberdade, ou do sentido anterior a toda significação, sem os quais não haveria indivíduos se entendendo no trabalho sempre retomado da linguagem? Ignora você que, tão logo ultrapassados os sistemas finitos que tornam possível o infinito do discurso, mas que são incapazes de fundá-lo e de dar conta dele, encontramos a marca de uma transcendência ou a obra do ser humano? Sabe que você somente descreveu alguns caracteres de uma linguagem cuja emergência e modo de ser são, em suas análises, inteiramente irredutíveis?" Estas objeções devem ser afastadas: pois se é verdade que há uma dimensão que não pertence nem à lógica, nem à linguística, ela não é, nem por isso, a transcendência restaurada, nem o caminho reaberto em direção à inacessível origem, nem a formação pelo ser humano de suas próprias significações. A linguagem, na instância de seu aparecimento e de seu modo de ser, é o enunciado; como tal, se apoia em uma descrição que não é nem transcendental, nem antropológica. A análise enunciativa não prescreve para as análises linguísticas ou lógicas o limite a partir do qual elas deveriam renunciar e reconhecer sua impotência; ela não marca a linha que fecha seu domínio; mas se desenrola em outra direção que as cruza. A possibilidade de uma análise enunciativa, se for estabelecida, deve

III – O Enunciado e o Arquivo   **139**

permitir erguer o suporte transcendental que uma certa forma de discurso filosófico opõe a todas as análises da linguagem, em nome do ser dessa linguagem e do fundamento em que se deveria originar.

B

Devo voltar-me, agora, para o segundo grupo de questões: como a descrição dos enunciados, assim definida, pode ajustar-se à análise das formações discursivas, cujos princípios esbocei anteriormente? E ao contrário: até que ponto se pode dizer que a análise das formações discursivas é uma descrição dos enunciados, no sentido que acabei de dar a essa palavra? É importante dar uma resposta a essa questão, pois é neste ponto que o empreendimento a que me liguei, há tantos anos, e que havia desenvolvido de maneira um tanto ou quanto cega, mas cujo perfil geral tento agora retomar – livre para reajustá-lo, livre para retificar-lhe erros ou imprudências –, deve fechar seu círculo. Já pudemos vê-lo: não tento dizer aqui o que quis fazer outrora em tal ou tal análise concreta, o projeto que tinha em mente, os obstáculos que encontrei, as renúncias a que fui levado, os resultados mais ou menos satisfatórios que pude obter; não descrevo uma trajetória efetiva para indicar o que ela deveria ter sido e o que será a partir de hoje; tento elucidar nela mesma – a fim de medi-la e estabelecer suas exigências – uma possibilidade de descrição que utilizei sem conhecer bem suas restrições e recursos; em vez de procurar o que eu disse, e o que teria podido dizer, esforço-me para mostrar, na regularidade que lhe é própria e que eu controlava mal, aquilo que tornava possível o que eu dizia. Mas vê-se, também, que não desenvolvo aqui uma teoria, no sentido estrito e vigoroso do termo: a dedução, a partir de um certo número de axiomas, de um modelo abstrato, aplicável a um número indefinido de descrições empíricas. O momento de tal construção, se for possível, certamente ainda não chegou. Não infiro a análise das formações discursivas a partir de uma definição dos enunciados que valeria como fundamento; não

140 Michel Foucault – A Arqueologia do Saber

infiro, tampouco, a natureza dos enunciados a partir do que são as formações discursivas, como se pôde abstraí-las desta ou daquela descrição; mas tento mostrar como se pode organizar, sem falha, sem contradição, sem imposição interna, um domínio em que estão em questão os enunciados, seu princípio de agrupamentos, as grandes unidades históricas que eles podem constituir e os métodos que permitem descrevê-los. Não procedo por dedução linear, mas por círculos concêntricos, e vou ora na direção dos mais exteriores, ora na dos mais interiores: partindo do problema da descontinuidade no discurso e da singularidade do enunciado (tema central), procurei analisar, na periferia, certas formas de grupamentos enigmáticos; mas os princípios de unificação com que me deparei, e que não são nem gramaticais, nem lógicos, nem psicológicos e que, por conseguinte, não podem referir-se nem a frases, nem a proposições, nem a representações, exigiram que eu voltasse para o centro, ao problema do enunciado e que tentasse elucidar o que é preciso entender por enunciado. E considerarei não que eu tenha construído um modelo teórico rigoroso, mas que tenha liberado um domínio coerente de descrição – do qual, se não estabeleci o modelo, pelo menos abri e preparei a possibilidade – se tiver conseguido "fechar o círculo" e mostrar que a análise das formações discursivas está bem centrada na descrição do enunciado em sua especificidade. Em suma, se tiver conseguido mostrar que as dimensões próprias do enunciado é que estão utilizadas na demarcação das formações discursivas. Não se trata de *fundar*, de direito, uma teoria – e antes de poder eventualmente fazê-lo (não nego que lamento não ter ainda chegado a tanto) –, mas sim, no momento, de *estabelecer* uma possibilidade.

Examinando o enunciado, o que se descobriu foi uma função que se apoia em conjuntos de signos, que não se identifica nem com a "aceitabilidade" gramatical, nem com a correção lógica, e que requer, para se realizar, um referencial (que não é exatamente um fato, um estado de coisas, nem mesmo um objeto, mas um princípio de

III – O Enunciado e o Arquivo   141

diferenciação); um sujeito (não a consciência que fala, não o autor da formulação, mas uma posição que pode ser ocupada, sob certas condições, por indivíduos indiferentes); um campo associado (que não é o contexto real da formulação, a situação na qual foi articulada, mas um domínio de coexistência para outros enunciados); uma materialidade (que não é apenas a substância ou o suporte da articulação, mas um *status*, regras de transcrição, possibilidades de uso ou de reutilização). Ora, o que se descreveu sob o nome formação discursiva constitui, em sentido estrito, grupos de enunciados, isto é, conjuntos de *performances* verbais que não estão ligadas entre si, no nível das *frases*, por laços gramaticais (sintáticos ou semânticos); que não estão ligados entre si, no nível das *proposições*, por laços lógicos (de coerência formal ou encadeamentos conceituais); que tampouco estão ligados, no nível das *formulações*, por laços psicológicos (seja a identidade das formas de consciência, a constância das mentalidades, ou a repetição de um projeto); mas que estão ligados no nível dos *enunciados*. Isso supõe que se possa definir o regime geral a que obedecem seus objetos, a forma de dispersão que reparte regularmente aquilo de que falam, o sistema de seus referenciais; que se defina o regime geral ao qual obedecem os diferentes modos de enunciação, a distribuição possível das posições subjetivas e o sistema que os define e os prescreve; que se defina o regime comum a todos os seus domínios associados, as formas de sucessão, de simultaneidade, de repetição de que todos são suscetíveis, e o sistema que liga, entre si, todos esses campos de coexistência; que se possa, enfim, definir o regime geral a que está submetido o *status* desses enunciados, a maneira pela qual são institucionalizados, recebidos, empregados, reutilizados, combinados entre si, o modo segundo o qual se tornam objetos de apropriação, instrumentos para o desejo ou interesse, elementos para uma estratégia. Descrever enunciados, descrever a função enunciativa de que são portadores, analisar as condições nas quais se exer-

142 Michel Foucault – A Arqueologia do Saber

ce essa função, percorrer os diferentes domínios que ela pressupõe e a maneira pela qual se articulam é tentar revelar o que se poderá individualizar como formação discursiva, ou, ainda, a mesma coisa, porém na direção inversa: a formação discursiva é o sistema enunciativo geral ao qual obedece um grupo de *performances* verbais – sistema que não o rege sozinho, já que ele obedece, ainda, e segundo suas outras dimensões, aos sistemas lógico, linguístico, psicológico. O que foi definido como "formação discursiva" escande o plano geral das coisas ditas no nível específico dos enunciados. As quatro direções em que a analisamos (formação dos objetos, formação das posições subjetivas, formação dos conceitos, formação das escolhas estratégicas) correspondem aos quatro domínios em que se exerce a função enunciativa. E se as formações discursivas são livres em relação às grandes unidades retóricas do texto ou do livro, se não têm por lei o rigor de uma arquitetura dedutiva, se não se identificam com a obra de um autor, é porque utilizam o nível enunciativo com as regularidades que o caracterizam, e não o nível gramatical das frases, ou lógico das proposições, ou psicológico da formulação.

A partir disso, podemos adiantar um certo número de proposições que estão no centro de todas essas análises.

1. Pode-se dizer que a demarcação das formações discursivas, independentemente dos outros princípios de possível unificação, revela o nível específico do enunciado; mas pode-se dizer, da mesma forma, que a descrição dos enunciados e da maneira pela qual se organiza o nível enunciativo conduz à individualização das formações discursivas. Os dois procedimentos são igualmente justificáveis e reversíveis. A análise do enunciado e a da formação são estabelecidas correlativamente. Quando chegar, enfim, o dia de fundar a teoria, será necessário definir uma ordem dedutiva.

2. Um enunciado pertence a uma formação discursiva, como uma frase pertence a um texto, e uma proposi-

III – O Enunciado e o Arquivo **143**

ção a um conjunto dedutivo. Mas enquanto a regularidade de uma frase é definida pelas leis de uma língua, e a de uma proposição pelas leis de uma lógica, a regularidade dos enunciados é definida pela própria formação discursiva. A lei dos enunciados e o fato de pertencerem à formação discursiva constituem uma única e mesma coisa; o que não é paradoxal, já que a formação discursiva se caracteriza não por princípios de construção, mas por uma dispersão de fato, já que ela é para os enunciados não uma condição de possibilidade, mas uma lei de coexistência, e já que os enunciados, em troca, não são elementos intercambiáveis, mas conjuntos caracterizados por sua modalidade de existência.

3. Pode-se então, agora, dar um sentido pleno à definição do "discurso" que havia sido sugerida anteriormente. Chamaremos de discurso um conjunto de enunciados, na medida em que se apoiem na mesma formação discursiva; ele não forma uma unidade retórica ou formal, indefinidamente repetível e cujo aparecimento ou utilização poderíamos assinalar (e explicar, se for o caso) na história; é constituído de um número limitado de enunciados para os quais podemos definir um conjunto de condições de existência. O discurso, assim entendido, não é uma forma ideal e intemporal que teria, além do mais, uma história; o problema não consiste em saber como e por que ele pôde emergir e tomar corpo num determinado ponto do tempo; é, de parte a parte, histórico – fragmento de história, unidade e descontinuidade na própria história, que coloca o problema de seus próprios limites, de seus cortes, de suas transformações, dos modos específicos de sua temporalidade, e não de seu surgimento ab-rupto em meio às cumplicidades do tempo.

4. Finalmente, o que se chama "prática discursiva" pode ser agora precisado. Não podemos confundi-la com a operação expressiva pela qual um indivíduo formula uma ideia, um desejo, uma imagem; nem com a atividade racional que pode ser acionada em um sistema de inferência;

nem com a "competência" de um sujeito falante, quando constrói frases gramaticais; é um conjunto de regras anônimas, históricas, sempre determinadas no tempo e no espaço, que definiram, em uma dada época e para uma determinada área social, econômica, geográfica ou linguística, as condições de exercício da função enunciativa.

Resta-me, agora, fazer oscilar a análise e, após ter relacionado as formações discursivas aos enunciados que descrevem, procurar em uma outra direção, rumo ao exterior desta vez, o uso legítimo dessas noções: o que se pode descobrir através delas, como podem ter lugar entre outros métodos de descrição, até que ponto podem modificar e redistribuir o domínio da história das ideias. Entretanto, antes de efetuar essa reversão e para realizá-la com mais segurança, ficarei ainda um pouco mais na dimensão que acabei de explorar, e tentarei precisar o que é exigido e o que é excluído pela análise do campo enunciativo e das formações que o escandem.

4

RARIDADE, EXTERIORIDADE, ACÚMULO

A análise enunciativa leva em conta um efeito de raridade.

A análise do discurso está colocada, na maior parte do tempo, sob o duplo signo da totalidade e da pletora. Mostra-se como os diferentes textos de que tratamos remetem uns aos outros, se organizam em uma figura única, entram em convergência com instituições e práticas, e carregam significações que podem ser comuns a toda uma época. Cada elemento considerado é recebido como a expressão de uma totalidade à qual pertence e que o ultrapassa. Substitui-se, assim, a diversidade das coisas ditas por uma espécie de grande texto uniforme, ainda jamais articulado e que, pela primeira vez, traz à luz o que os homens haviam "querido dizer", não apenas em suas palavras e seus textos, seus discursos e seus escritos, mas nas instituições, práticas, técnicas e objetos que produzem. Em relação a esse "sentido" implícito, soberano e comunitário, os enunciados, em sua proliferação, aparecem em superabundância, já que é apenas a ele que todos remetem e só ele constitui sua verdade: pletora dos elementos significantes em relação a esse significado único. Mas já que esse sentido primeiro e último brota através das formulações manifestas, já que se esconde sob o que aparece e secretamente o desdobra, é que cada discurso encobria o poder de dizer algo diferente do que ele dizia e de englobar, assim, uma pluralidade de sentidos: pletora do significado em relação a um significante único. Assim estudado, o discurso é, ao mesmo tempo, plenitude e riqueza indefinida.

146 Michel Foucault – A Arqueologia do Saber

A análise dos enunciados e das formações discursivas abre uma direção inteiramente oposta: ela quer determinar o princípio segundo o qual puderam aparecer os únicos conjuntos significantes que foram enunciados. Busca estabelecer uma lei de raridade. Essa tarefa compreende vários aspectos:

– Ela repousa no princípio de que nem *tudo* é sempre dito; em relação ao que poderia ser enunciado em língua natural, em relação à combinatória ilimitada dos elementos linguísticos, os enunciados (por numerosos que sejam) estão sempre em *deficit*; a partir da gramática e do tesouro vocabular de que se dispõe em dada época, relativamente poucas coisas são ditas em suma. Vamos, então, procurar o princípio da rarefação ou, pelo menos, do não preenchimento do campo das formulações possíveis, tal como é aberto pela língua. A formação discursiva aparece, ao mesmo tempo, como princípio de escansão no emaranhado dos discursos e princípio de vacuidade no campo da linguagem.

– Estudam-se os enunciados no limite que os separa do que não está dito, na instância que os faz surgirem à exclusão de todos os outros. Não se trata de fazer falar o mutismo que os cerca, nem de reencontrar tudo aquilo que, neles e ao lado deles, se havia calado ou sido reduzido ao silêncio. Não se trata, tampouco, de estudar os obstáculos que impediram tal descoberta, retiveram tal formulação, recalcaram tal forma de enunciação, tal significação inconsciente, ou tal racionalidade em devir; mas de definir um sistema limitado de presenças. A formação discursiva não é, pois, uma totalidade em desenvolvimento, tendo seu dinamismo próprio ou sua inércia particular, carregando consigo, em um discurso não formulado, o que ela não mais diz, ainda não diz, ou o que a contradiz no momento; não é uma rica e difícil germinação, mas uma distribuição de lacunas, de vazios, de ausências, de limites, de recortes.

– Entretanto, não ligamos essas "exclusões" a um recalcamento ou a uma repressão; não supomos que, sob enunciados manifestos, alguma coisa permaneça oculta e subjacente. Analisamos os enunciados não como se estivessem no lugar de outros enunciados caídos abaixo da linha de emergência possível, mas como estando sempre em seu lugar próprio. Recolocamo-los em um espaço que seria inteiramente aberto e que não comportaria nenhuma reduplicação. Não há texto embaixo, portanto nenhuma pletora. O domínio enunciativo está, inteiro, em sua própria superfície. Cada enunciado ocupa aí um lugar que só a ele pertence. A descrição não consiste, pois, a propósito de um enunciado, em reconhecer o não dito cujo lugar ele ocupa; nem como podemos reduzi-lo a um texto silencioso e comum; mas, pelo

III – O Enunciado e o Arquivo   147

contrário, que posição singular ocupa, que ramificações no sistema das formações permitem demarcar sua localização, como ele se isola na dispersão geral dos enunciados.

– Essa raridade dos enunciados, a forma lacunar e retalhada do campo enunciativo, o fato de que poucas coisas, em suma, podem ser ditas explicam que os enunciados não sejam, como o ar que respiramos, uma transparência infinita; mas sim coisas que se transmitem e se conservam, que têm um valor, e das quais procuramos nos apropriar; que repetimos, reproduzimos e transformamos; para as quais preparamos circuitos preestabelecidos e às quais damos uma posição dentro da instituição; coisas que são desdobradas não apenas pela cópia ou pela tradução, mas pela exegese, pelo comentário e pela proliferação interna do sentido. Por serem raros os enunciados, recolhemo-los em totalidades que os unificam e multiplicamos os sentidos que habitam cada um deles.

Diferentemente de todas essas interpretações cuja própria existência só é possível pela raridade efetiva dos enunciados, mas que entretanto não tomam conhecimento dela, e, ao contrário, tomam como tema a compacta riqueza do que é dito, a análise das formações discursivas se volta para essa raridade; toma-a por objeto explícito; tenta determinar-lhe o sistema singular; e, ao mesmo tempo, dá conta do fato de que pôde haver interpretação. Interpretar é uma maneira de reagir à pobreza enunciativa e de compensá-la pela multiplicação do sentido; uma maneira de falar a partir dela e apesar dela. Mas analisar uma formação discursiva é procurar a lei de sua pobreza, é medi-la e determinar-lhe a forma específica. É, pois, em um sentido, pesar o "valor" dos enunciados. Esse valor não é definido por sua verdade, não é avaliado pela presença de um conteúdo secreto; mas caracteriza o lugar deles, sua capacidade de circulação e de troca, sua possibilidade de transformação, não apenas na economia dos discursos, mas na administração, em geral, dos recursos raros. Assim concebido, o discurso deixa de ser o que é para a atitude exegética: tesouro inesgotável de onde se podem tirar sempre novas riquezas, e a cada vez imprevisíveis; providência que sempre falou antecipadamente e que faz com que se ouça, quando se sabe escutar, oráculos retrospectivos; ele aparece como um bem

148 Michel Foucault – A Arqueologia do Saber

– finito, limitado, desejável, útil – que tem suas regras de aparecimento e também suas condições de apropriação e de utilização; um bem que coloca, por conseguinte, desde sua existência (e não simplesmente em suas "aplicações práticas"), a questão do poder; um bem que é, por natureza, o objeto de uma luta, e de uma luta política.

Eis outro traço característico: a análise dos enunciados trata-os na forma sistemática da exterioridade. Em geral, a descrição histórica das coisas ditas é inteiramente atravessada pela oposição do interior e do exterior, e inteiramente comandada pela tarefa de voltar dessa exterioridade – que não passaria de contingência ou pura necessidade material, corpo visível ou tradução incerta – em direção ao núcleo essencial da interioridade. Empreender a história do que foi dito é refazer, em outro sentido, o trabalho da expressão: retomar enunciados conservados ao longo do tempo e dispersos no espaço, em direção ao segredo interior que os precedeu, neles se depositou e aí se encontra (em todos os sentidos do termo) traído. Assim se encontra libertado o núcleo central da subjetividade fundadora, que permanece sempre por trás da história manifesta e que encontra, sob os acontecimentos, uma outra história, mais séria, mais secreta, mais fundamental, mais próxima da origem, mais ligada a seu horizonte último (e, por isso, mais senhora de todas as suas determinações). Essa outra história, que corre sob a história, que se antecipa a ela sem cessar e recolhe indefinidamente o passado, podemos descrevê-la – de um modo sociológico ou psicológico – como a evolução das mentalidades; podemos dar-lhe um *status* filosófico no recolhimento do *logos* ou na teleologia da razão; podemos tentar, enfim, purificá-la na problemática de um traço que seria, antes de qualquer palavra, abertura da inscrição e afastamento do tempo diferido: é sempre o tema histórico-transcendental que se reinveste.

Desse tema a análise enunciativa tenta liberar-se, para restituir os enunciados à sua pura dispersão; para analisá-los em uma exterioridade sem dúvida paradoxal, já que não remete a nenhuma forma adversa de interio-

III – O Enunciado e o Arquivo   149

ridade; para considerá-los em sua descontinuidade, sem ter de relacioná-los, por um desses deslocamentos que os põem fora de circuito e os tornam inessenciais, a uma abertura ou a uma diferença mais fundamental; para apreender sua própria irrupção no lugar e no momento em que se produziu; para reencontrar sua incidência de acontecimento. Sem dúvida, seria melhor falar de "neutralidade" que de exterioridade; mas essa palavra remete demasiado facilmente a uma suspensão de crença, a um desaparecimento ou a uma colocação entre parênteses de qualquer posição de existência, enquanto o que importa é reencontrar o exterior onde se repartem, em sua relativa raridade, em sua vizinhança lacunar, em seu espaço aberto, os acontecimentos enunciativos.

– Essa tarefa supõe que o campo dos enunciados não seja descrito como uma "tradução" de operações ou de processos que se desenrolam em algum outro lugar (no pensamento dos homens, em sua consciência ou em seu inconsciente, na esfera das constituições transcendentais); mas que seja aceito, em sua modéstia empírica, como local de acontecimentos, de regularidades, de relacionamentos, de modificações determinadas, de transformações sistemáticas; em suma, que seja tratado não como resultado ou vestígio de outra coisa, mas como um domínio prático que é autônomo (apesar de dependente) e que se pode descrever em seu próprio nível (se bem que seja preciso articulá-lo como algo que não seja ele).

– Ela supõe também que esse domínio enunciativo não tome como referência nem um sujeito individual, nem alguma coisa semelhante a uma consciência coletiva, nem uma subjetividade transcendental; mas que seja descrito como um campo anônimo cuja configuração defina o lugar possível dos sujeitos falantes. Não é mais preciso situar os enunciados em relação a uma subjetividade soberana, mas reconhecer, nas diferentes formas da subjetividade que fala, efeitos próprios do campo enunciativo.

– Ela supõe, em consequência disso, que em suas transformações, em suas séries sucessivas, em suas derivações, o campo dos enunciados não obedeça à temporalidade da consciência como a seu modelo necessário. Não se deve esperar – pelo menos nesse nível e nessa forma de descrição – poder escrever uma história das coisas ditas que seria, de pleno direito, ao mesmo tempo em sua forma, em sua regularidade e em sua natureza, a história de uma consciência individual ou anônima, de um projeto, de um sistema de intenções, de um conjunto de metas. O tempo dos discursos não é a tradução, em uma cronologia visível, do tempo obscuro do pensamento.

150 Michel Foucault – A Arqueologia do Saber

A análise dos enunciados se efetua, pois, sem referência a um *cogito*. Não coloca a questão de quem fala, se manifesta ou se oculta no que diz, quem exerce tomando a palavra sua liberdade soberana, ou se submete sem sabê-lo a coações que percebe mal. Ela situa-se, de fato, no nível do "diz-se" – e isso não deve ser entendido como uma espécie de opinião comum, de representação coletiva que se imporia a todo indivíduo, nem como uma grande voz anônima que falaria necessariamente através dos discursos de cada um; mas como o conjunto das coisas ditas, as relações, as regularidades e as transformações que podem aí ser observadas, o domínio do qual certas figuras e certos entrecruzamentos indicam o lugar singular de um sujeito falante e podem receber o nome de um autor. "Não importa quem fala", mas o que ele diz não é dito de qualquer lugar. É considerado, necessariamente, no jogo de uma exterioridade.

Eis o terceiro traço da análise enunciativa: ela se dirige a formas específicas de acúmulo que não podem identificar-se nem com uma interiorização na forma da lembrança, nem com uma totalização indiferente dos documentos. Geralmente, quando analisamos discursos já efetuados, consideramo-los como afetados por uma inércia essencial: o acaso conservou-os, ou o cuidado dos homens e as ilusões que puderam tecer sobre o valor e a imortal dignidade de suas palavras; mas não são, a partir daí, nada mais que grafismos amontoados sob a poeira das bibliotecas, dormindo um sono para o qual não deixaram de deslizar desde que foram pronunciados, desde que foram esquecidos, e desde que seu efeito visível se perdeu no tempo. Quando muito, são suscetíveis de serem favoravelmente retomados nas redescobertas da leitura; quando muito, podem ser aí descobertos como portadores das marcas que remetem à instância de sua enunciação; quando muito, essas marcas, uma vez decifradas, podem liberar, por uma espécie de memória que atravessa o tempo, significações, pensamentos, desejos, fantasmas sepultados. Estes quatro termos, leitura – traço – decifração – memória (qualquer que seja o privilégio que se dê a um ou outro, e

III – O Enunciado e o Arquivo   151

qualquer que seja a extensão metafórica que se lhe atribua e que lhe permita reconsiderar os três outros), definem o sistema que permite, usualmente, arrancar o discurso passado de sua inércia e reencontrar, num momento, algo de sua vivacidade perdida.

Ora, a particularidade da análise enunciativa não é despertar textos de seu sono atual para reencontrar, encantando as marcas ainda legíveis em sua superfície, o clarão de seu nascimento; trata-se, ao contrário, de segui-los ao longo de seu sono, ou, antes, de levantar os temas relacionados ao sono, ao esquecimento, à origem perdida, e de procurar que modo de existência pode caracterizar os enunciados, independentemente de sua enunciação, na espessura do tempo em que subsistem, em que se conservaram, em que são reativados, e utilizados, em que são, também, mas não por uma destinação originária, esquecidos e até mesmo, eventualmente, destruídos.

– Essa análise supõe que os enunciados sejam considerados na *remanência* que lhes é própria e que não é a do retorno sempre possível ao acontecimento passado da formulação. Dizer que os enunciados são remanentes não é dizer que eles permanecem no campo da memória ou que se pode reencontrar o que queriam dizer, mas sim que se conservaram graças a um certo número de suportes e de técnicas materiais (de que o livro não passa, é claro, de um exemplo), segundo certos tipos de instituições (entre muitas outras, a biblioteca) e com certas modalidades estatutárias (que não são as mesmas quando se trata de um texto religioso, de um regulamento de direito ou de uma verdade científica). Isso quer dizer, também, que eles estão investidos em técnicas que os põem em aplicação, em práticas que daí derivam em relações sociais que se constituíram ou se modificaram através deles. Isso quer dizer, finalmente, que as coisas não têm mais o mesmo modo de existência, o mesmo sistema de relações com o que as cerca, os mesmos esquemas de uso, as mesmas possibilidades de transformação depois de terem sido ditas. Embora a conservação através do tempo seja o prolongamento acidental ou bem-sucedido de uma existência feita para passar com o momento, a remanência pertence, de pleno direito, ao enunciado; o esquecimento e a destruição são apenas, de certa forma, o grau zero da remanência. E sobre o fundo por ela constituído os jogos da memória e da lembrança podem-se desenrolar.

– Essa análise supõe igualmente que os enunciados sejam abordados na forma de *aditividade* que lhes é específica. Na verdade, os

152 Michel Foucault – A Arqueologia do Saber

tipos de grupamento entre enunciados sucessivos não são sempre os mesmos e não procedem jamais por simples amontoamento ou justaposição de elementos sucessivos. Os enunciados matemáticos não se adicionam entre si como os textos religiosos ou os atos de jurisprudência (cada um tem um modo específico de se compor, de se anular, de se excluir, de se completar, de formar grupos mais ou menos indissociáveis e dotados de propriedades singulares). Além do mais, as formas de atividade não se apresentam de forma definitiva para uma categoria determinada de enunciados: as observações médicas de hoje formam um *corpus* que não obedece às mesmas leis de composição que a coleção dos casos do século XVIII; a matemática moderna não acumula seus enunciados pelo mesmo modelo que a geometria de Euclides.

– A análise enunciativa supõe, finalmente, que se levem em consideração os fenômenos de *recorrência*. Todo enunciado compreende um campo de elementos antecedentes em relação aos quais se situa, mas que tem o poder de reorganizar e de redistribuir segundo relações novas. Ele constitui seu passado, define, naquilo que o precede, sua própria filiação, redesenha o que o torna possível ou necessário, exclui o que não pode ser compatível com ele. Além disso, coloca o passado enunciativo como verdade adquirida, como um acontecimento que se produzia, como uma forma que se pode modificar, como matéria a transformar, ou, ainda, como objeto de que se pode falar. Em relação a todas essas possibilidades de recorrência, a memória e o esquecimento, a redescoberta do sentido ou sua repressão, longe de serem leis fundamentais, não passam de figuras singulares.

A descrição dos enunciados e das formações discursivas deve-se livrar da imagem tão frequente e obstinada do retorno. Ela não pretende voltar, além de um tempo que seria apenas queda, latência, esquecimento, recobrimento ou errância, ao momento fundador em que a palavra não estava ainda comprometida com qualquer materialidade, não estava condenada a nenhuma persistência e se retinha na dimensão não determinada da abertura. Não tenta constituir para o já dito o instante paradoxal do segundo nascimento; não invoca uma aurora prestes a retornar. Ao contrário, trata os enunciados na densidade do acúmulo em que são tomados e que, entretanto, não deixam de modificar, de inquietar, de agitar e, às vezes, de arruinar.

Descrever um conjunto de enunciados, não como a totalidade fechada e pletórica de uma significação, mas

III – O Enunciado e o Arquivo   153

como figura lacunar e retalhada; descrever um conjunto de enunciados, não em referência à interioridade de uma intenção, de um pensamento ou de um sujeito, mas segundo a dispersão de uma exterioridade; descrever um conjunto de enunciados para aí reencontrar não o momento ou a marca de origem, mas sim as formas específicas de um acúmulo, não é certamente revelar uma interpretação, descobrir um fundamento, liberar atos constituintes; não é, tampouco, decidir sobre uma racionalidade ou percorrer uma teleologia. É estabelecer o que eu chamaria, de bom grado, uma *positividade*. Analisar uma formação discursiva é, pois, tratar um conjunto de *performances* verbais, no nível dos enunciados e da forma de positividade que as caracteriza; ou, mais sucintamente, é definir o tipo de positividade de um discurso. Se substituir a busca das totalidades pela análise da raridade, o tema do fundamento transcendental pela descrição das relações de exterioridade, a busca da origem pela análise dos acúmulos, é ser positivista, pois bem, eu sou um positivista feliz, concordo facilmente. E não estou desgostoso por ter, várias vezes (se bem que de maneira ainda um pouco cega), empregado o termo positividade para designar, de longe, a meada que tentava desenrolar.

5

O *A PRIORI* HISTÓRICO E O ARQUIVO

A positividade de um discurso – como o da história natural, da economia política, ou da medicina clínica – caracteriza-lhe a unidade através do tempo e muito além das obras individuais, dos livros e dos textos. Essa unidade, certamente, não permite decidir quem dizia a verdade, quem raciocinava rigorosamente, quem se adaptava melhor a seus próprios postulados: Lineu ou Buffon, Quesnay ou Turgot, Broussais ou Bichat; ela não permite, tampouco, dizer qual das obras estava mais próxima de uma meta inicial ou última, qual delas formularia mais radicalmente o projeto geral de uma ciência. No entanto, permite o aparecimento da medida segundo a qual Buffon e Lineu (ou Turgot e Quesnay, Broussais e Bichat) falavam da "mesma coisa", colocando-se no "mesmo nível" ou a "mesma distância", desenvolvendo "o mesmo campo conceitual", opondo-se sobre "o mesmo campo de batalha"; e ela faz aparecer, em compensação, a razão pela qual não se pode dizer que Darwin fala da mesma coisa que Diderot, que Laennec dá continuidade a Van Swieten, ou que Jevons se segue aos fisiocratas. Ela define um espaço limitado de comunicação: espaço relativamente restrito, já que está longe de ter a amplidão de uma ciência tomada em todo o seu devir histórico, desde sua mais longínqua origem até seu ponto atual de realização; mas um espaço mais extenso, entretanto, que o jogo das influências que pôde ser exercido de um autor a outro, ou que o domínio das polêmicas explícitas. As diferentes obras, os livros dispersos, toda a massa de textos que

III – O Enunciado e o Arquivo   155

pertencem a uma mesma formação discursiva – e tantos autores que se conhecem e se ignoram, se criticam, se invalidam uns aos outros, se plagiam, se reencontram sem saber e entrecruzam obstinadamente seus discursos singulares em uma trama que não dominam, cujo todo não percebem e cuja amplitude medem mais – todas essas figuras e individualidades diversas não comunicam apenas pelo encadeamento lógico das proposições que eles apresentam, nem pela recorrência dos temas, nem pela pertinácia de uma significação transmitida, esquecida, redescoberta; comunicam pela forma de positividade de seus discursos. Ou, mais exatamente, essa forma de positividade (e as condições de exercício da função enunciativa) define um campo em que, eventualmente, podem ser desenvolvidos identidades formais, continuidades temáticas, translações de conceitos, jogos polêmicos. Assim, a positividade desempenha o papel do que se poderia chamar um *a priori* histórico.

Justapostas, as duas palavras provocam um efeito um pouco gritante; quero designar um *a priori* que não seria condição de validade para juízos, mas condição de realidade para enunciados. Não se trata de reencontrar o que poderia tornar legítima uma assertiva, mas isolar as condições de emergência dos enunciados, a lei de sua coexistência com outros, a forma específica de seu modo de ser, os princípios segundo os quais subsistem, se transformam e desaparecem. *A priori*, não de verdades que poderiam nunca ser ditas, nem realmente apresentadas à experiência, mas de uma história determinada, já que é a das coisas efetivamente ditas. A razão para se usar esse termo um pouco impróprio é que esse *a priori* deve dar conta dos enunciados em sua dispersão, em todas as falhas abertas por sua não coerência, em sua superposição e substituição recíproca, em sua simultaneidade que não pode ser unificada e em sua sucessão que não é dedutível; em suma, tem de dar conta do fato de que o discurso não tem apenas um sentido ou uma verdade, mas uma história, e uma história específica que não o reconduz às leis de um devir estranho. Deve mostrar, por exemplo, que

156 Michel Foucault – A Arqueologia do Saber

a história da gramática não é a projeção, no campo da linguagem e de seus problemas, de uma história que seria, em geral, a da razão ou de uma mentalidade; de uma história que, de algum modo, ela compartilharia com a medicina, a mecânica ou a teologia; mas que ela comporta um tipo de história – uma forma de dispersão no tempo, um modo de sucessão, de estabilidade de reativação, uma rapidez de desencadeamento ou de rotação – que lhe pertence particularmente, mesmo se estiver em relação com outros tipos de história. Além disso, o *a priori* não escapa à historicidade: não constitui, acima dos acontecimentos, e em um universo inalterável, uma estrutura intemporal; define-se como o conjunto das regras que caracterizam uma prática discursiva: ora, essas regras não se impõem do exterior aos elementos que elas correlacionam; estão inseridas no que ligam; e, se não se modificam com o menor dentre eles, os modificam, e com eles se transformam em certos limiares decisivos. O *a priori* das positividades não é somente o sistema de uma dispersão temporal; ele próprio é um conjunto transformável.

Diante dos *a priori* formais cuja jurisdição se estende sem contingência, ele é uma figura puramente empírica; mas, por outro lado, já que permite compreender os discursos na lei de seu devir efetivo, deve poder dar conta do fato de que tal discurso, em um momento dado, possa acolher e utilizar ou, ao contrário, excluir, esquecer ou desconhecer esta ou aquela estrutura formal. Ele não pode dar conta (através de algo como uma gênese psicológica ou cultural) dos *a priori* formais; mas permite compreender como os *a priori* formais podem ter na história pontos de junção, lugares de inserção, de irrupção ou de emergência, domínios ou ocasiões de utilização, e compreender como a história pode ser não uma contingência absolutamente extrínseca, não uma necessidade da forma que desenvolve sua própria dialética, mas uma regularidade específica. Nada, pois, seria mais agradável, mas menos exato, que conceber esse *a priori* histórico como um *a priori* formal e, além do mais, dotado de uma história: grande figura imóvel e vazia que sur-

III – O Enunciado e o Arquivo   157

giria, um dia, à superfície do tempo; que faria valer sobre o pensamento dos homens uma tirania da qual ninguém poderia escapar; que depois desapareceria, de repente, em um eclipse a que nenhum acontecimento teria dado sinal prévio – transcendental sincopado, jogo de formas que cintilam. O *a priori* formal e o *a priori* histórico não são nem do mesmo nível nem da mesma natureza: se se cruzam é porque ocupam duas dimensões diferentes.

O domínio dos enunciados assim articulado segundo *a priori* históricos, assim caracterizado por diferentes tipos de positividade e escandido por formações discursivas distintas, não tem mais o aspecto de planície monótona e indefinidamente prolongada que eu lhe dava no início, quando falava de "superfície do discurso"; deixa igualmente de aparecer como o elemento inerte, liso e neutro em que vêm aflorar, cada um segundo seu próprio movimento, ou estimulados por algum dinamismo obscuro, temas, ideias, conceitos, conhecimentos. Temos de tratar, agora, de um volume complexo, em que se diferenciam regiões heterogêneas, e em que se desenrolam, segundo regras específicas, práticas que não se podem superpor. Em vez de vermos alinharem-se, no grande livro mítico da história, palavras que traduzem, em caracteres visíveis, pensamentos constituídos antes e em outro lugar, temos na densidade das práticas discursivas sistemas que instauram os enunciados como acontecimentos (tendo suas condições e seu domínio de aparecimento) e coisas (compreendendo sua possibilidade e seu campo de utilização). São todos esses sistemas de enunciados (acontecimentos de um lado, coisas de outro) que proponho chamar de *arquivo*.

Não entendo por esse termo a soma de todos os textos que uma cultura guardou em seu poder, como documentos de seu próprio passado, ou como testemunho de sua identidade mantida; não entendo, tampouco, as instituições que, em determinada sociedade, permitem registrar e conservar os discursos de que se quer ter lembrança e manter a livre disposição. Trata-se antes, e ao contrário, do que faz com que tantas coisas ditas por tan-

158 Michel Foucault – A Arqueologia do Saber

tos homens, há tantos milênios, não tenham surgido apenas segundo as leis do pensamento, ou apenas segundo o jogo das circunstâncias, que não sejam simplesmente a sinalização, no nível das *performances* verbais, do que se pôde desenrolar na ordem do espírito ou na ordem das coisas; mas que tenham aparecido graças a todo um jogo de relações que caracterizam particularmente o nível discursivo; que em lugar de serem figuras adventícias e como que inseridas, um pouco ao acaso, em processos mudos, nasçam segundo regularidades específicas; em suma, que se há coisas ditas – e somente estas –, não é preciso perguntar sua razão imediata às coisas que aí se encontram ditas ou aos homens que as disseram, mas ao sistema da discursividade, às possibilidades e às impossibilidades enunciativas que ele conduz. O arquivo é, de início, a lei do que pode ser dito, o sistema que rege o aparecimento dos enunciados como acontecimentos singulares. Mas o arquivo é, também, o que faz com que todas as coisas ditas não se acumulem indefinidamente em uma massa amorfa, não se inscrevam, tampouco, em uma linearidade sem ruptura e não desapareçam ao simples acaso de acidentes externos, mas que se agrupem em figuras distintas, se componham umas com as outras segundo relações múltiplas, se mantenham ou se esfumem segundo regularidades específicas; ele é o que faz com que não recuem no mesmo ritmo que o tempo, mas que as que brilham muito forte como estrelas próximas venham até nós, na verdade de muito longe, quando outras contemporâneas já estão extremamente pálidas. O arquivo não é o que protege, apesar de sua fuga imediata, o acontecimento do enunciado e conserva, para as memórias futuras, seu estado civil de foragido; é o que, na própria raiz do enunciado-acontecimento e no corpo em que se dá, define, desde o início, *o sistema de sua enunciabilidade*. O arquivo não é, tampouco, o que recolhe a poeira dos enunciados que novamente se tornaram inertes e permite o milagre eventual de sua ressurreição; é o que define o modo de atualidade do enunciado-coisa; é *o sistema de seu funcionamento*. Longe de ser o que

III – O Enunciado e o Arquivo   159

unifica tudo o que foi dito no grande murmúrio confuso de *um* discurso, longe de ser apenas o que nos assegura a existência no meio *do* discurso mantido, é o que diferencia *os* discursos em sua existência múltipla e os especifica em sua duração própria.

Entre a *língua* que define o sistema de construção das frases possíveis e o *corpus* que recolhe passivamente as palavras pronunciadas, o *arquivo* define um nível particular: o de uma prática que faz surgir uma multiplicidade de enunciados como tantos acontecimentos regulares, como tantas coisas oferecidas ao tratamento e à manipulação. Não tem o peso da tradição; não constitui a biblioteca sem tempo nem lugar de todas as bibliotecas, mas não é, tampouco, o esquecimento acolhedor que abre a qualquer palavra nova o campo de exercício de sua liberdade; entre a tradição e o esquecimento, ele faz aparecerem as regras de uma prática que permite aos enunciados subsistirem e, ao mesmo tempo, se modificarem regularmente. *É o sistema geral da formação e da transformação dos enunciados.*

É evidente que não se pode descrever exaustivamente o arquivo de uma sociedade, de uma cultura ou de uma civilização; nem mesmo, sem dúvida, o arquivo de toda uma época. Por outro lado, não nos é possível descrever nosso próprio arquivo, já que é no interior de suas regras que falamos, já que é ele que dá ao que podemos dizer – e a ele próprio, objeto de nosso discurso – seus modos de aparecimento, suas formas de existência e de coexistência, seu sistema de acúmulo, de historicidade e de desaparecimento. O arquivo não é descritível em sua totalidade; e é incontornável em sua atualidade. Dá-se por fragmentos, regiões e níveis, melhor, sem dúvida, e com mais clareza na medida em que o tempo dele nos separa: em termos extremos, não fosse a raridade dos documentos, seria necessário o maior recuo cronológico para analisá-lo. Entretanto, como poderia essa descrição do arquivo justificar-se, elucidar o que o torna possível, demarcar o lugar de onde ele próprio fala, controlar seus deveres e seus direitos, testar e elaborar seus conceitos pelo menos no estágio da pesquisa em que ele só pode definir suas possibilidades no momento de seu exercício – se se obstinava em descrever somente os horizontes mais longínquos? Não será preciso nos reaproximarmos o máximo possível dessa positividade a que ele próprio obedece, e do sistema de arquivo que nos permite falar, hoje, do arquivo em geral? Não será necessário esclarecer, apenas obliquamente, o campo enunciativo de que ele mesmo faz parte? A análise do arquivo comporta, pois, uma região privilegiada: ao mesmo tempo próxima de nós, mas diferente de nossa atualidade, trata-se da orla do tempo que cerca nosso presente, que o domina e que o indica em sua alteridade; é aquilo que, fora de nós, nos delimita. A descrição do arquivo desenvolve suas possibilidades (e o controle de suas possibilidades) a partir dos discursos que começam a deixar justamente de ser os nossos; seu limiar de existência é instaurado pelo corte que nos separa do que não podemos mais dizer e do que fica fora de nossa prática discursiva; começa com o exterior da nossa própria linguagem; seu lugar é o afastamento de nossas próprias práticas discursivas. Nesse sentido, vale para nosso diagnóstico. Não porque nos permitiria levantar o quadro de nossos traços distintivos e esboçar, antecipadamente, o perfil que teremos no futuro, mas porque nos desprende de nossas continuidades; dissipa essa identidade temporal em que gostamos de nos olhar para conjurar as rupturas da história; rompe o fio das teleologias transcendentais e aí onde o pensamento antropológico interrogava o ser do homem ou sua subjetividade faz com que o outro e o externo se manifestem com evidência. O diagnóstico assim entendido não estabelece a autenticação de nossa identidade pelo jogo das distinções. Ele estabelece que somos diferença, que nossa razão é a diferença dos discursos, nossa história a diferença dos tempos, nosso eu a diferença das máscaras. Que a diferença, longe de ser origem esquecida e recoberta, é a dispersão que somos e que fazemos.

III – O Enunciado e o Arquivo   161

A revelação, jamais acabada, jamais integralmente alcançada do arquivo, forma o horizonte geral a que pertencem a descrição das formações discursivas, a análise das positividades, a demarcação do campo enunciativo. O direito das palavras – que não coincide com o dos filólogos – autoriza, pois, a dar a todas essas pesquisas o título de *arqueologia*. Esse termo não incita à busca de nenhum começo; não associa a análise a nenhuma exploração ou sondagem geológica. Ele designa o tema geral de uma descrição que interroga o já dito no nível de sua existência; da função enunciativa que nele se exerce, da formação discursiva a que pertence, do sistema geral de arquivo de que faz parte. A arqueologia descreve os discursos como práticas especificadas no elemento do arquivo.

IV

A DESCRIÇÃO ARQUEOLÓGICA

1

ARQUEOLOGIA E HISTÓRIA DAS IDEIAS

Pode-se agora inverter o procedimento; pode-se descer no sentido da corrente e, uma vez percorrido o domínio das formações discursivas e dos enunciados, uma vez esboçada sua teoria geral, correr para os domínios possíveis de aplicação. Refletir sobre a utilidade dessa análise que, por um ato talvez muito solene, batizei de "arqueologia". Aliás, isso é preciso, pois, para ser franco, as coisas, no momento, não deixam de ser bastante inquietantes. Eu havia partido de um problema relativamente simples: a escansão do discurso segundo grandes unidades que não eram as das obras, dos autores, dos livros ou dos temas. E eis que, com o único fim de estabelecê-las, comecei a trabalhar toda uma série de noções (formações discursivas, positividade, arquivo), defini um domínio (os enunciados, o campo enunciativo, as práticas discursivas), tentei fazer com que surgisse a especificidade de um método que não seria nem formalizador, nem interpretativo; em suma, apelei para todo um aparelho, cujo peso e, sem dúvida, bizarra maquinaria são embaraçosos, pois já existem vários métodos capazes de descrever e analisar a linguagem, para que não seja presunção querer acrescentar-lhes outro. E, além disso, eu havia mantido sob suspeita unidades de discurso como o "livro" ou a "obra" porque desconfiava que não fossem tão imediatas e evidentes quanto pareciam: será razoável opor-lhes unidades estabelecidas à custa de tal esforço, depois de tantas hesitações e segundo princípios tão obscuros que foram necessárias centenas de páginas para elucidá-los?

166 Michel Foucault – A Arqueologia do Saber

E o que todos esses instrumentos acabam por delimitar, esses famosos "discursos" cuja identidade eles demarcam, coincidem com as figuras (chamadas "psiquiatria" ou "economia política" ou "história natural") de que eu tinha empiricamente partido, e que me serviram de pretexto para remanejar esse estranho arsenal? Forçosamente, preciso agora medir a eficácia descritiva das noções que tentei definir. Preciso saber se a máquina funciona e o que ela pode produzir. O que pode, então, oferecer essa "arqueologia", que outras descrições não seriam capazes de dar? Qual é a recompensa de tão árdua empresa?

E, imediatamente, uma primeira suspeita me ocorre. Agi como se descobrisse um domínio novo e como se, para descrevê-lo, tivesse necessidade de medidas e marcos inéditos. Mas, na verdade, não me alojei exatamente no espaço que se conhece bem, e há muito, sob o nome de "história das ideias"? Não foi a ele que me referi implicitamente, mesmo quando em duas ou três ocasiões tentei manter-me distante? Se minha intenção tivesse sido não desviar os olhos dele, será que nele não encontraria, já preparado e analisado, tudo que buscava? No fundo, talvez eu não passe de um historiador das ideias, mas envergonhado ou, se quiserem, presunçoso. Um historiador das ideias que quis renovar inteiramente sua disciplina; que desejou, sem dúvida, dar-lhe o rigor que tantas outras descrições, bastante próximas, adquiriram recentemente; mas que, incapaz de modificar realmente a velha forma de análise, incapaz de fazer com que transpusesse o limiar da cientificidade (quer porque tal metamorfose jamais seja possível, quer porque não tenha tido forças para operar ele mesmo essa transformação), declara, para iludir, que sempre fez e quis fazer outra coisa. Toda essa nova nebulosidade serviu para esconder o fato de que permanecemos na mesma paisagem, ligados a um velho solo gasto até a miséria. Eu não teria o direito de estar tranquilo enquanto não me separasse da "história das ideias", enquanto não mostrasse em que a análise arqueológica se diferencia de suas descrições.

IV – A Descrição Arqueológica   167

Não é fácil caracterizar uma disciplina como a história das ideias: objeto incerto, fronteiras maldesenhadas, métodos tomados de empréstimo aqui e ali, procedimento sem retitude e sem fixidez. Parece, no entanto, que podemos atribuir-lhe dois papéis. Por um lado, ela conta a história dos elementos secundários e das margens. Não a história das ciências, mas a dos conhecimentos imperfeitos, malfundamentados, que jamais puderam atingir, ao longo de uma vida obstinada, a forma da cientificidade (história da alquimia e não da química, dos espíritos animais ou da frenologia e não da fisiologia, história dos temas atomísticos e não da física). História das filosofias obscuras que perseguem as literaturas, a arte, as ciências, o direito, a moral e até a vida cotidiana dos homens; história dos tematismos seculares que jamais se cristalizaram em um sistema rigoroso e individual, mas que formaram a filosofia espontânea dos que não filosofavam. História, não da literatura, mas do rumor lateral, da escrita cotidiana e tão rapidamente apagada que nunca adquire o *status* da obra ou que imediatamente o perde: análise das subliteraturas, dos almanaques, das revistas e dos jornais, dos sucessos fugidios, dos autores inconfessáveis. Assim definida – mas vê-se de imediato o quanto é difícil fixar-lhe limites precisos –, a história das ideias se dirige a todo esse insidioso pensamento, a todo esse jogo de representações que correm anonimamente entre os homens; no interstício dos grandes monumentos discursivos, faz aparecer o solo friável sobre o qual repousam. Trata-se da disciplina das linguagens flutuantes, das obras informes, dos temas não ligados. Análise das opiniões mais que do saber, dos erros mais que da verdade; não das formas do pensamento, mas dos tipos de mentalidade.

Mas, por outro lado, a história das ideias se atribui a tarefa de penetrar as disciplinas existentes, tratá-las e reinterpretá-las. Constitui, pois – mais do que um domínio marginal –, um estilo de análise, um enfoque. Ela se encarrega do campo histórico das ciências, das literaturas e das filosofias: mas aí descreve os conhecimen-

168 Michel Foucault – A Arqueologia do Saber

tos que serviram de fundo empírico e não refletido para formalizações ulteriores; tenta reencontrar a experiência imediata que o discurso transcreve; segue a gênese de sistemas e obras, a partir das representações recebidas ou adquiridas. Mostra, em compensação, como, pouco a pouco, as grandes figuras assim constituídas se decompõem: como os temas se desatam, seguem sua vida isolada, caem em desuso ou se recompõem de um novo modo. A história das ideias é, então, a disciplina dos começos e dos fins, a descrição das continuidades obscuras e dos retornos, a reconstituição dos desenvolvimentos na forma linear da história. Mas ela pode, também e dessa mesma forma, descrever, de um domínio a outro, todo o jogo das trocas e dos intermediários: mostra como o saber científico se difunde, dá lugar a conceitos filosóficos e toma forma eventualmente em obras literárias; mostra como problemas, noções, temas podem emigrar do campo filosófico em que foram formulados para discursos científicos ou políticos; relaciona obras com instituições, hábitos ou comportamentos sociais, técnicas, necessidades e práticas mudas; tenta fazer reviverem as formas mais elaboradas de discurso na paisagem concreta, no ambiente de crescimento e de desenvolvimento que as viu nascerem. Torna-se, então, a disciplina das interferências, a descrição dos círculos concêntricos que envolvem as obras, as sublinham, as unem umas às outras e as inserem em tudo que não é obra.

Vê-se bem como os dois papéis da história das ideias se articulam um com o outro. Em sua forma mais geral, podemos dizer que ela descreve sem cessar – e em todas as direções em que se efetua – a passagem da não filosofia à filosofia, da não cientificidade à ciência, da não literatura à própria obra. Ela é a análise dos nascimentos surdos, das correspondências longínquas, das permanências que se obstinam sob mudanças aparentes, das lentas formações que se beneficiam de um sem-número de cumplicidades cegas, dessas figuras globais que se ligam pouco a pouco e, de repente, se condensam na agudeza da obra. Gênese, continuidade, totalização: eis os grandes temas da

IV – A Descrição Arqueológica   169

história das ideias, através dos quais ela se liga a uma certa forma, hoje tradicional, de análise histórica. É normal, nessas condições, que qualquer pessoa que ainda tem da história, de seus métodos, de suas exigências e de suas possibilidades, essa ideia de agora em diante um pouco enfraquecida, não possa conceber que se abandone uma disciplina como a história das ideias; ao contrário, considera que qualquer outra forma de análises dos discursos é uma traição à própria história. Ora, a descrição arqueológica é precisamente abandono da história das ideias, recusa sistemática de seus postulados e de seus procedimentos, tentativa de fazer uma história inteiramente diferente daquilo que os homens disseram. O fato de que alguns não reconheçam nessa tentativa a história de sua infância, que a lamentem e que invoquem, numa época que não é mais feita para ela, a grande sombra de outrora, prova certamente o extremo de sua fidelidade. Mas tal zelo conservador torna-me mais firme em meu propósito e me dá certeza do que quis fazer.

Entre análise arqueológica e história das ideias, os pontos de separação são numerosos. Tentarei estabelecer, em seguida, quatro diferenças que me parecem capitais: a propósito da determinação de novidade; a propósito da análise das contradições; a propósito das descrições comparativas; a propósito, enfim, da demarcação das transformações. Espero que se possa compreender, nesses diferentes pontos, as particularidades da análise arqueológica e que se possa, eventualmente, medir sua capacidade descritiva. Que baste, no momento, indicar alguns princípios.

1. A arqueologia busca definir não os pensamentos, as representações, as imagens, os temas, as obsessões que se ocultam ou se manifestam nos discursos, mas os próprios discursos, enquanto práticas que obedecem a regras. Ela não trata o discurso como *documento*, como signo de outra coisa, como elemento que deveria ser transparente, mas cuja opacidade importuna é preciso

170 Michel Foucault – A Arqueologia do Saber

atravessar frequentemente para reencontrar, enfim, aí onde se mantém à parte, a profundidade do essencial; ela se dirige ao discurso em seu volume próprio, na qualidade de *monumento*. Não se trata de uma disciplina interpretativa: não busca um "outro discurso" mais oculto. Recusa-se a ser "alegórica".

2. A arqueologia não procura encontrar a transição contínua e insensível que liga, em declive suave, os discursos ao que os precede, envolve ou segue. Não espreita o momento em que, a partir do que ainda não eram, tornaram-se o que são; nem tampouco o momento em que, desfazendo a solidez de sua figura, vão perder, pouco a pouco, sua identidade. O problema dela é, pelo contrário, definir os discursos em sua especificidade; mostrar em que sentido o jogo das regras que utilizam é irredutível a qualquer outro; segui-los ao longo de suas arestas exteriores para melhor salientá-los. Ela não vai, em progressão lenta, do campo confuso da opinião à singularidade do sistema ou à estabilidade definitiva da ciência; não é uma "doxologia", mas uma análise diferencial das modalidades de discurso.

3. A arqueologia não é ordenada pela figura soberana da obra; não busca compreender o momento em que esta se destacou do horizonte anônimo. Não quer reencontrar o ponto enigmático em que o individual e o social se invertem um no outro. Ela não é nem psicologia, nem sociologia, nem, num sentido mais geral, antropologia da criação. A obra não é para ela um recorte pertinente, mesmo se se tratasse de recolocá-la em seu contexto global ou na rede das causalidades que a sustentam. Ela define tipos e regras de práticas discursivas que atravessam obras individuais, às vezes as comandam inteiramente e as dominam sem que nada lhes escape; mas às vezes, também, só lhes regem uma parte. A instância do sujeito criador, enquanto razão de ser de uma obra e princípio de sua unidade, lhe é estranha.

IV – A Descrição Arqueológica   171

4. Finalmente, a arqueologia não procura reconstituir o que pôde ser pensado, desejado, visado, experimentado, almejado pelos homens no próprio instante em que proferiam o discurso; ela não se propõe a recolher esse núcleo fugidio onde autor e obra trocam de identidade; onde o pensamento permanece ainda o mais próximo de si, na forma ainda não alterada do mesmo, e onde a linguagem não se desenvolveu ainda na dispersão espacial e sucessiva do discurso. Em outras palavras, não tenta repetir o que foi dito, reencontrando-o em sua própria identidade. Não pretende se apagar na modéstia ambígua de uma leitura que deixaria voltar, em sua pureza, a luz longínqua, precária, quase extinta da origem. Não é nada além e nada diferente de uma reescrita: isto é, na forma mantida da exterioridade, uma transformação regulada do que já foi escrito. Não é o retorno ao próprio segredo da origem; é a descrição sistemática de um discurso-objeto.

2

O ORIGINAL E O REGULAR

Em geral, a história das ideias trata o campo dos discursos como um domínio de dois valores; todo elemento que aí é demarcado pode ser caracterizado como antigo ou novo; inédito ou repetido; tradicional ou original; semelhante a um tipo médio ou desviante. Podem-se, pois, distinguir duas categorias de formulações: aquelas valorizadas e relativamente pouco numerosas, que aparecem pela primeira vez, que não têm antecedentes semelhantes, que vão eventualmente servir de modelo às outras e que, nesse caso, merecem passar por criações; e aquelas banais, cotidianas, maciças, que não são responsáveis por si mesmas e que derivam, às vezes para repeti-lo textualmente, do que já foi dito. A cada um dos dois grupos a história das ideias atribui um *status*; além disso, não os submete à mesma análise. Descrevendo o primeiro, ela conta a história das invenções, das mudanças, das metamorfoses, mostra como a verdade se subtraiu ao erro, como a consciência despertou de seus sonos sucessivos, como formas novas se ergueram, alternadamente, para nos dar a paisagem que é, agora, a nossa; cabe ao historiador reencontrar, a partir desses pontos isolados, dessas rupturas sucessivas, a linha contínua de uma evolução. O outro grupo, ao contrário, manifesta a história como inércia e marasmo, como lento acúmulo do passado e sedimentação silenciosa das coisas ditas; os enunciados devem aí ser tratados em massa e segundo o que têm em comum; sua singularidade de acontecimento pode ser neutralizada; perdem importância tam-

IV – A Descrição Arqueológica   **173**

bém a identidade de seu autor, o momento e o lugar de seu aparecimento; em compensação, é sua extensão que deve ser medida: até onde e até quando eles se repetem, por que canais se difundem, em que grupos circulam, que horizonte geral delineiam para o pensamento dos homens, que limites lhe impõem e, caracterizando uma época, como permitem distingui-la das outras. Descreve-se, então, uma série de figuras globais. No primeiro caso, a história das ideias descreve uma sucessão de acontecimentos de pensamento; no segundo, temos camadas ininterruptas de efeitos; no primeiro, reconstituímos a emergência das verdades ou das formas; no segundo, restabelecemos as solidariedades esquecidas e remetemos os discursos à sua relatividade.

É verdade que, entre as duas instâncias, a história das ideias não deixa de determinar relações; jamais se encontra uma das análises em estado puro: ela descreve os conflitos entre o antigo e o novo, a resistência do adquirido, a repressão que este exerce sobre o que nunca tinha sido dito, os recobrimentos pelos quais o mascara, o esquecimento a que, às vezes, consegue condená-lo; mas descreve, também, as facilitações que, obscuramente e de longe, preparam os discursos futuros; descreve a repercussão das descobertas, a rapidez e a extensão de sua difusão, os lentos processos de substituição ou os bruscos abalos que transtornam a linguagem familiar; descreve a integração do novo no campo já estruturado do adquirido, a queda progressiva do original no tradicional, ou ainda os reaparecimentos do já dito e a nova revelação do originário. Mas esse entrecruzamento não a impede de manter sempre uma análise bipolar do antigo e do novo, análise que reinveste, no elemento empírico da história e em cada um de seus momentos, a problemática da origem: em cada obra, em cada livro, no menor texto, o problema é reencontrar o ponto de ruptura, estabelecer com a maior precisão possível a divisão entre a densidade implícita do já aí, a fidelidade, talvez involuntária, à opinião adquirida, a lei das fatalidades discursivas e

174 Michel Foucault – A Arqueologia do Saber

a vivacidade da criação, o salto na irredutível diferença. Essa descrição das originalidades, se bem que pareça evidente, coloca dois problemas metodológicos bem difíceis: o da semelhança e o da sequência. Supõe, na verdade, que se possa estabelecer uma espécie de grande série única em que cada formulação seja datada segundo marcos cronológicos homogêneos. Mas, se olharmos mais de perto, será que foi da mesma forma e na mesma linha temporal que Grimm, com sua lei das mutações vocálicas, precedeu Bopp (que a citou, a usou, lhe deu aplicações e lhe impôs ajustamentos) e que Coeurdoux e Anquetil-Duperron (constatando analogias entre o grego e o sânscrito) anteciparam a definição das línguas indo-europeias e precederam os fundadores da gramática comparativa? Será na mesma série e segundo o mesmo modo de anterioridade que Saussure é "precedido" por Peirce e sua semiótica, por Arnauld e Lancelot com a análise clássica do signo, pelos estoicos e a teoria do significante? A precedência não é um dado irredutível e primeiro; não pode desempenhar o papel de medida absoluta que permitiria avaliar qualquer discurso e distinguir o original do repetitivo. Não basta a demarcação dos antecedentes para determinar uma ordem discursiva: ela se subordina, ao contrário, ao discurso que se analisa, ao nível que se escolhe, à escala que se estabelece. Estendendo o discurso ao longo de um calendário e dando uma data a cada um de seus elementos, não se obtém a hierarquia definitiva das precedências e das originalidades; esta só se refere aos sistemas dos discursos que tenta valorizar.

Quanto à semelhança entre duas ou várias formulações que se seguem, ela coloca, por sua vez, toda uma série de problemas. Em que sentido e segundo que critérios pode-se afirmar: "isto já foi dito"; "a mesma coisa já se encontra em tal texto"; "esta proposição é muito próxima daquela" etc.? O que é identidade, parcial ou total, na ordem do discurso? Sabemos que o fato de duas enunciações serem exatamente idênticas, formadas pelas mesmas palavras usadas no mesmo sentido, não autori-

IV – A Descrição Arqueológica **175**

za a que as identifiquemos de maneira absoluta. Ainda que encontrássemos em Diderot e Lamarck, em Benoît de Maillet e Darwin, a mesma formulação do princípio evolutivo, não poderíamos considerar que se tratasse de um único e mesmo acontecimento discursivo que teria sido submetido, através do tempo, a uma série de repetições. Exaustiva, a identidade não é um critério; ainda mais quando é parcial, quando as palavras não são usadas cada vez no mesmo sentido, ou quando um mesmo núcleo significativo é apreendido por meio de palavras diferentes: até que ponto se pode afirmar que é o mesmo tema organicista que se revela através dos discursos e dos vocabulários tão diferentes de Buffon, de Jussieu e de Cuvier? E, inversamente, pode-se dizer que a mesma palavra – organização – abrange o mesmo sentido em Daubenton, Blumenbach e Geoffroy Saint-Hilaire? De modo geral, é o mesmo tipo de semelhança que se identifica entre Cuvier e Darwin, e entre o mesmo Cuvier e Lineu (ou Aristóteles)? Não há semelhança em si, imediatamente reconhecível, entre as formulações: sua analogia é um efeito do campo discursivo em que a delimitamos.

Não é legítimo, pois, indagar à queima-roupa, aos textos que estudamos, sobre seu valor de originalidade e sobre os fragmentos de nobreza que se medem aqui na ausência de ancestrais. A indagação só pode ter sentido em séries muito exatamente definidas, em conjuntos cujos limites e domínio foram estabelecidos, entre marcos que limitam campos discursivos suficientemente homogêneos.[1] Mas buscar no grande amontoado do já dito o texto que se assemelha "antecipadamente" a um texto ulterior, procurar por toda parte para encontrar, através da história, o jogo das antecipações ou dos ecos, remontar até os germens primeiros ou descer até os últimos vestígios, ressaltar alternadamente, a propósito de uma

---

1 Foi dessa maneira que M. Canguilhem estabeleceu a sequência das proposições que, de Willis a Prochaska, permitiu a definição do reflexo.

176 Michel Foucault – A Arqueologia do Saber

obra, sua fidelidade às tradições ou sua parte de irredutível singularidade, aumentar ou diminuir sua cota de originalidade, dizer que os gramáticos de Port-Royal nada inventaram, ou descobrir que Cuvier tinha mais predecessores do que se acreditava, são passatempos simpáticos, mas tardios, de historiadores de calças curtas.

A descrição arqueológica se dirige às práticas discursivas a que os fatos de sucessão devem-se referir, se não quisermos estabelecê-los de maneira selvagem e ingênua, isto é, em termos de mérito. No nível em que se coloca, a oposição originalidade-banalidade não é, portanto, pertinente: entre uma formulação inicial e a frase que – anos, séculos mais tarde – a repetiu mais ou menos exatamente, ela não estabelece nenhuma hierarquia de valor; não faz diferença radical. Procura somente estabelecer a *regularidade* dos enunciados. Regularidade não se opõe, aqui, à irregularidade que, nas margens da opinião corrente, ou dos textos mais frequentes, caracterizaria o enunciado desviante (anormal, profético, retardatário, genial ou patológico); designa, para qualquer *performance* verbal (extraordinária ou banal, única em seu gênero ou mil vezes repetida), o conjunto das condições nas quais se exerce a função enunciativa que assegura e define sua existência. A regularidade, assim entendida, não caracteriza uma certa posição central entre os limites de uma curva estatística – não pode, pois, valer como índice de frequência ou de probabilidade; especifica um campo efetivo de aparecimento. Todo enunciado é portador de uma certa regularidade e não pode dela ser dissociado. Não se deve, portanto, opor a regularidade de um enunciado à irregularidade de outro (que seria menos esperado, mais singular, mais rico em inovações), mas sim a outras regularidades que caracterizam outros enunciados.

A arqueologia não está à procura das invenções e permanece insensível ao momento (emocionante, admito) em que, pela primeira vez, alguém esteve certo de uma verdade; ela não tenta restituir a luz dessas manhãs festivas, o que não quer dizer que se dirija aos fenômenos médios da opinião pública e à palidez do que todo

IV – A Descrição Arqueológica   177

mundo, em uma certa época, podia repetir. O que busca nos textos de Lineu ou de Buffon, de Petty ou de Ricardo, de Pinel ou de Bichat, não é estabelecer a lista dos santos fundadores; é revelar a regularidade de uma prática discursiva que é exercida, do mesmo modo, por todos os seus sucessores menos originais, ou por alguns de seus predecessores; prática que dá conta, na própria obra, não apenas das afirmações mais originais (e com as quais ninguém sonhara antes deles), mas das que eles retomaram, até recopiaram de seus predecessores. Uma descoberta não é menos regular, do ponto de vista enunciativo, do que o texto que a repete e a difunde; a regularidade não é menos operante, nem menos eficaz e ativa em uma banalidade do que em uma formação insólita. Em tal descrição, não se pode admitir uma diferença de natureza entre enunciados criadores (que fazem aparecer alguma coisa nova, que emitem uma informação inédita e que são, de certa forma, "ativos") e enunciados imitativos (que recebem e repetem a informação, permanecem por assim dizer "passivos"). O campo dos enunciados não é um conjunto de plagas inertes, escandido por momentos fecundos; é um domínio inteiramente ativo.

Essa análise das regularidades enunciativas se abre em diversas direções que talvez devam ser, um dia, exploradas com mais cuidado.

1. Uma certa forma de regularidade caracteriza, pois, um conjunto de enunciados, sem que seja necessário – ou possível – estabelecer uma diferença entre o que seria novo e o que não seria. Mas as regularidades – voltaremos a isso em seguida – não se apresentam de maneira definitiva; não é a mesma regularidade que se encontra atuante em Tournefort e Darwin, ou em Lancelot e Saussure, em Petty e em Kaynes. Temos, portanto, campos homogêneos de regularidades enunciativas (eles caracterizam uma formação discursiva), mas tais campos são diferentes entre si. Ora, não é necessário que a passagem a um novo campo de regularidades enunciativas seja acompanhada de mudanças correspondentes em todos os outros níveis

178 Michel Foucault – A Arqueologia do Saber

dos discursos. Podemos encontrar *performances* verbais que são idênticas do ponto de vista da gramática (vocabulário, sintaxe e, de uma maneira geral, a língua); que são igualmente idênticas do ponto de vista da lógica (estrutura proposicional, ou sistema dedutivo no qual se encontra situada); mas que são *enunciativamente* diferentes. Assim, a formulação da relação quantitativa entre os preços e a moeda em circulação pode ser efetivada com as mesmas palavras – ou palavras sinônimas – e ser obtida pelo mesmo raciocínio; ela não é enunciativamente idêntica em Gresham ou Locke e nos marginalistas do século XIX; não pertence, em nenhum caso, ao mesmo sistema de formação dos objetos e dos conceitos. É preciso, pois, distinguir entre *analogia linguística* (ou tradutibilidade), *identidade lógica* (ou equivalência) e *homogeneidade enunciativa*. São dessas homogeneidades – e exclusivamente – que a arqueologia se encarrega. Ela pode ver surgir uma prática discursiva nova através das formulações verbais que permanecem linguisticamente análogas ou logicamente equivalentes (retomando, às vezes, palavra por palavra, a velha teoria da frase-atribuição e do verbo-ligação, os gramáticos de Port-Royal abriram uma regularidade enunciativa cuja especificidade a arqueologia deve descrever). Inversamente, ela pode negligenciar diferenças de vocabulário, pode passar sobre campos semânticos ou organizações dedutivas diferentes, se for capaz de reconhecer em ambos, e apesar da heterogeneidade, uma certa regularidade enunciativa (desse ponto de vista, a teoria da linguagem de ação, a pesquisa sobre a origem das línguas, o estabelecimento das raízes primitivas, tais como as encontramos no século XVIII, não são "novos" em relação às análises "lógicas" feitas por Lancelot).

Vemos desenhar-se, assim, um certo número de desligamentos e de articulações. Não se pode mais dizer que uma descoberta, a formulação de um princípio geral, ou a definição de um projeto, inaugura – e de forma maciça – uma fase nova na história do discurso. Não se deve mais procurar o ponto de origem absoluta, ou de revolu-

IV – A Descrição Arqueológica   **179**

ção total, a partir do qual tudo se organiza, tudo se torna possível e necessário, tudo se extingue para recomeçar. Temos de tratar de acontecimentos de tipos e de níveis diferentes, tomados em tramas históricas distintas; uma homogeneidade enunciativa que se instaura não implica de modo algum que, de agora em diante e por décadas ou séculos, os homens vão dizer e pensar a mesma coisa; não implica, tampouco, a definição, explícita ou não, de um certo número de princípios de que todo o resto resultaria como consequência. As homogeneidades (e heterogeneidades) enunciativas se entrecruzam com continuidades (e mudanças) linguísticas, com identidades (e diferenças) lógicas, sem que umas e outras caminhem no mesmo ritmo ou se dominem necessariamente. Entretanto, deve existir entre elas um certo número de relações e interdependências cujo domínio, sem dúvida muito complexo, deverá ser inventariado.

2. Outra direção de pesquisa: as hierarquias internas às regularidades enunciativas. Vimos que todo enunciado se relacionava a uma certa regularidade – que nada, por conseguinte, podia ser considerado como pura e simples criação, ou maravilhosa desordem do gênio. Mas vimos, também, que nenhum enunciado podia ser considerado como inativo e valer como sombra ou decalque pouco reais de um enunciado inicial. Todo o campo enunciativo é, ao mesmo tempo, regular e vigilante: é insone; o menor enunciado – o mais discreto ou banal – coloca em prática todo o jogo das regras segundo as quais são formados seu objeto, sua modalidade, os conceitos que utiliza e a estratégia de que faz parte. As regras jamais se apresentam nas formulações; atravessam-nas e constituem para elas um espaço de coexistência; não podemos, pois, encontrar o enunciado singular que as articularia. Entretanto, certos grupos de enunciados empregam essas regras em sua forma mais geral e mais largamente aplicável; a partir deles, podemos ver como outros objetos, outros conceitos, outras modalidades enunciativas, ou outras escolhas estratégicas, podem ser formados a par-

tir de regras menos gerais e cujo domínio de aplicação é mais específico. Pode-se, assim, descrever uma árvore de *derivação* enunciativa: em sua base, os enunciados que empregam as regras de formação em sua extensão mais ampla; no alto, e depois de um certo número de ramificações, os enunciados que empregam a mesma regularidade, porém mais sutilmente articulada, mais bem delimitada e localizada em sua extensão.

A arqueologia pode assim – e eis um de seus temas principais – constituir a árvore de derivação de um discurso, por exemplo, o da história natural. Ela colocará, junto à raiz, como *enunciados reitores*, os que se referem à definição das estruturas observáveis e do campo de objetos possíveis, os que prescrevem as formas de descrição e os códigos perceptivos de que ele pode servir-se, os que fazem aparecerem as possibilidades mais gerais de caracterização e abrem, assim, todo um domínio de conceitos a ser construídos; enfim, os que, constituindo uma escolha estratégica, dão lugar ao maior número de opções ulteriores. Na extremidade dos ramos, ou pelo menos no curso de todo um florescimento, ela encontrará "descobertas" (como a das séries fósseis), transformações conceituais (como a nova definição do gênero), emergências de noções inéditas (como a de mamíferos ou de organismo), atualizações de técnicas (princípios organizadores das coleções, métodos de classificação e de nomenclatura). Essa derivação a partir dos enunciados reitores não pode ser confundida com uma dedução que se efetuaria a partir de axiomas; não deve, tampouco, ser assimilada à germinação de uma ideia geral, ou de um núcleo filosófico cujas significações se desenvolveriam, pouco a pouco, em experiências ou conceitualizações precisas; finalmente, não deve ser compreendida como uma gênese psicológica a partir de uma descoberta que, pouco a pouco, desenvolveria suas consequências e ampliaria suas possibilidades. Ela é diferente de todos esses percursos e deve ser descrita em sua autonomia. Podem-se, assim, descrever as derivações arqueológicas

IV – A Descrição Arqueológica 181

da história natural sem começar por seus axiomas inde-monstráveis ou seus temas fundamentais (por exemplo, a continuidade da natureza) e sem tomar como ponto de partida e como fio condutor as primeiras descobertas ou as primeiras abordagens (as de Tournefort antes das de Lineu, as de Jonston antes das de Tournefort). A ordem arqueológica não é nem a das sistematicidades, nem a das sucessões cronológicas.

Mas vemos abrir-se todo um domínio de questões possíveis. Por mais que essas diferentes ordens sejam es-pecíficas e tenham cada uma sua autonomia, deve haver entre elas relações e dependências. Para certas forma-ções discursivas, a ordem arqueológica talvez não seja muito diferente da ordem sistemática, já que em outros casos ela segue talvez o fio das sucessões cronológicas. Tais paralelismos (ao contrário das distorções que se en-contram por aí) merecem ser analisados. É importante, de qualquer forma, não confundir os diversos ordena-mentos; não procurar em uma "descoberta" inicial, ou na originalidade de uma formulação, o princípio de onde podemos tudo deduzir e derivar; não procurar, em um princípio geral, a lei das regularidades enunciativas ou das invenções individuais; não pedir à derivação arqueo-lógica que reproduza a ordem do tempo ou que revele um esquema dedutivo.

Nada seria mais falso do que ver na análise das for-mações discursivas uma tentativa de periodização totali-tária: a partir de um certo momento e por um certo tem-po, todo mundo pensaria da mesma forma, apesar das diferenças de superfície, diria a mesma coisa, através de um vocabulário polimorfo, e produziria uma espécie de grande discurso que se poderia percorrer indiferente-mente em todos os sentidos. Ao contrário, a arqueolo-gia descreve um nível de homogeneidade enunciativa que tem seu próprio recorte temporal, e que não traz com ela todas as outras formas de identidade e de diferenças que podem ser demarcadas na linguagem; e neste nível ela estabelece um ordenamento, hierarquias e todo um

182 Michel Foucault – A Arqueologia do Saber

florescimento que excluem uma sincronia maciça, amorfa, apresentada global e definitivamente. Nas tão confusas unidades chamadas "épocas", ela faz surgirem, com sua especificidade, "períodos enunciativos" que se articulam no tempo dos conceitos, nas fases teóricas, nos estágios de formalização e nas etapas de evolução linguística, mas sem se confundir com eles.

3

AS CONTRADIÇÕES

A história das ideias, normalmente, dá um crédito de coerência ao discurso que ela analisa. Será que lhe ocorre constatar uma irregularidade no uso das palavras, diversas proposições incompatíveis, um jogo de significações que não se ajustam umas às outras, conceitos que juntos não podem ser sistematizados? Ela se encarrega de encontrar, em um nível mais ou menos profundo, um princípio de coesão que organiza o discurso e lhe restitui uma unidade oculta. Essa lei de coerência é uma regra heurística, uma obrigação de procedimento, quase uma coação moral da pesquisa: não multiplicar inutilmente as contradições; não se deixar prender às pequenas diferenças; não atribuir peso demasiado às transformações, aos arrependimentos, aos retornos ao passado, às polêmicas; não supor que o discurso dos homens esteja continuamente minado, a partir do interior, pela contradição de seus desejos, das influências que sofreram, ou das condições em que vivem; mas admitir que se eles falam e dialogam é muito mais para superar essas contradições e encontrar o ponto a partir do qual poderão ser dominadas. Porém, essa mesma coerência é também o resultado da pesquisa: ela define as unidades terminais que arrematam a análise; descobre a organização interna de um texto, a forma de desenvolvimento de uma obra individual, ou o ponto de encontro de discursos diferentes. Somos obrigados a supô-la para reconstituí-la, e só estaremos seguros de havê-la encontrado se a tivermos perseguido de bem longe e por muito tempo. Ela aparece

184 Michel Foucault – A Arqueologia do Saber

como um ótimo: o maior número possível de contradições resolvidas pelos meios mais simples.

Ora, os meios empregados são muito numerosos e, por isso mesmo, as coerências encontradas podem ser bem diferentes. Analisando a verdade das proposições e as relações que as unem, podemos definir um campo de não contradição lógica: descobriremos, então, uma sistematicidade; remontaremos do corpo visível das frases à pura arquitetura ideal que as ambiguidades da gramática, a sobrecarga significante das palavras, mascararam, sem dúvida, tanto quanto traduziram. Mas podemos, inversamente, seguindo o fio das analogias e dos símbolos, reencontrar uma temática mais imaginária que discursiva, mais afetiva que racional e menos próxima do conceito que do desejo; sua força anima as figuras mais opostas, para, entretanto, fundi-las logo em uma unidade lentamente transformável; o que se descobre, então, é uma continuidade plástica, é o percurso de um sentido que toma forma em representações, imagens e metáforas diversas. Temáticas ou sistemáticas, tais coerências podem ser explícitas ou não: podemos procurá-las no nível de representações de que tinha consciência o sujeito falante, mas que – por razões de circunstância ou por uma incapacidade ligada à própria forma de sua linguagem – seu discurso não foi capaz de exprimir; podemos procurá-las, também, em estruturas que teriam coagido o autor, mais do que este as teria construído, e que lhe teriam imposto, sem que disso ele se desse conta, postulados, esquemas operatórios, regras linguísticas, um conjunto de afirmações e de crenças fundamentais, tipos de imagens, ou toda uma lógica da alucinação. Enfim, pode ser o caso de coerências que estabelecemos no nível de um indivíduo – de sua biografia, ou das circunstâncias singulares de seu discurso –, mas que podemos também estabelecer segundo marcos mais amplos e dar-lhes as dimensões coletivas e diacrônicas de uma época, de uma forma geral de consciência, de um tipo de sociedade, de um conjunto de tradições, de uma paisagem imaginária comum a toda uma cultura. Sob todas essas formas, a

IV – A Descrição Arqueológica   185

coerência assim descoberta desempenha sempre o mesmo papel: mostrar que as contradições imediatamente visíveis não são mais que um reflexo de superfície; e que é preciso reconduzir a um foco único esse jogo de fragmentos dispersos. A contradição é a ilusão de uma unidade que se oculta ou que é ocultada: só tem seu lugar na defasagem existente entre a consciência e o inconsciente, o pensamento e o texto, a idealidade e o corpo contingente da expressão. De qualquer forma, a análise deve suprimir, sempre que possa, a contradição.

Ao fim desse trabalho, permanecem somente contradições residuais – acidentes, faltas, falhas – ou surge, ao contrário, como se toda a análise a isso tivesse conduzido, em surdina e apesar dela, a contradição fundamental: emprego, na própria origem do sistema, de postulados incompatíveis, entrecruzamento de influências que não se podem conciliar, difração primeira do desejo, conflito econômico e político que opõe uma sociedade a si mesma; tudo isso, em vez de aparecer como elementos superficiais que é preciso reduzir, se revela finalmente como princípio organizador, como lei fundadora e secreta que justifica todas as contradições menores e lhes dá um fundamento sólido: modelo, em suma, de todas as outras oposições. Tal contradição, longe de ser aparência ou acidente do discurso, longe de ser aquilo de que é preciso libertá-lo para que ele libere, enfim, sua verdade aberta, constitui a própria lei de sua existência: é a partir dela que ele emerge; é ao mesmo tempo para traduzi-la e superá-la que ele se põe a falar; é para fugir dela, enquanto ela renasce sem cessar através dele, que ele continua e recomeça indefinidamente, é por ela estar sempre aquém dele e por ele jamais poder contorná-la inteiramente que ele muda, se metamorfoseia, escapa de si mesmo em sua própria continuidade. A contradição funciona, então, ao longo do discurso, como o princípio de sua historicidade.

A história das ideias reconhece, pois, dois níveis de contradições: o das aparências, que se resolve na unidade profunda do discurso, e o dos fundamentos, que

186 Michel Foucault – A Arqueologia do Saber

dá lugar ao próprio discurso. Em relação ao primeiro nível de contradição, o discurso é a figura ideal que se deve separar de sua presença acidental, de seu corpo demasiado visível; em relação ao segundo, o discurso é a figura empírica que as contradições podem assumir, e cuja aparente coesão devemos destruir para reencontrá-las, afinal, em sua irrupção e violência. O discurso é o caminho de uma contradição a outra: se dá lugar às que vemos, é que obedece à que oculta. Analisar o discurso é fazer com que desapareçam e reapareçam as contradições; é mostrar o jogo que nele elas desempenham; é manifestar como ele pode exprimi-las, dar-lhes corpo, ou emprestar-lhes uma fugidia aparência.

Para a análise arqueológica, as contradições não são nem aparências a transpor nem princípios secretos que seria preciso destacar. São objetos a ser descritos por si mesmos, sem que se procure saber de que ponto de vista se podem dissipar ou em que nível se radicalizam e se transformam de efeitos em causas. Eis um exemplo simples, e diversas vezes aqui mesmo citado: o princípio fixista de Lineu foi contestado no século XVIII não tanto pela descoberta da *Peloria*, que mudou somente suas modalidades de aplicação, mas por um certo número de afirmações "evolucionistas" que se pode encontrar em Buffon, Diderot, Bordeu, Maillet e muitos outros. A análise arqueológica não consiste em mostrar que, sob tal oposição, e em um nível mais essencial, todos aceitavam um certo número de teses fundamentais (a continuidade da natureza e sua plenitude, a correlação entre as formas recentes e o clima, a passagem quase insensível do não vivo ao vivo); não consiste, tampouco, em mostrar que tal oposição reflete, no domínio particular da história natural, um conflito mais geral que divide todo o saber e todo o pensamento do século XVIII (conflito entre o tema de uma criação ordenada, adquirida de forma definitiva, desenvolvida sem segredo irredutível, e o tema de uma natureza abundante, dotada de poderes enigmáticos, desenrolando-se pouco a pouco na história e tumultuando todas as ordens espaciais segundo o grande impulso

IV – A Descrição Arqueológica   187

do tempo). A arqueologia tenta mostrar como as duas afirmações, a fixista e a "evolucionista", têm seu lugar comum em uma certa descrição das espécies e dos gêneros: essa descrição toma por objeto a estrutura visível dos órgãos (isto é, sua forma, seu tamanho, seu número e sua disposição no espaço); e pode limitá-lo de duas maneiras (no conjunto do organismo, ou em alguns de seus elementos, determinados seja por sua importância, seja por sua comodidade taxionômica); revela-se, então, no segundo caso, um quadro regular, dotado de um número de casos definidos, constituindo, de alguma forma, o programa de toda criação possível (de modo que, atual, ainda futuro, ou já desaparecido, o ordenamento das espécies e dos gêneros está definitivamente fixado); e, no primeiro caso, grupos de parentesco que permanecem indefinidos e abertos, que estão separados uns dos outros e que toleram, em número indeterminado, novas formas tão próximas quanto se queira das formas preexistentes. Fazendo assim com que a contradição entre duas teses derive de um certo domínio de objetos, de suas delimitações e de seu esquadrinhamento, não a resolvemos; não descobrimos o ponto de conciliação. Mas não a transferimos tampouco a um nível mais fundamental; definimos o lugar em que se dá; fazemos aparecer a ramificação da alternativa; localizamos a divergência e o lugar em que os dois discursos se justapõem. A teoria da estrutura não é um postulado comum, um fundo de crença geral partilhado por Lineu e Buffon, uma sólida e fundamental afirmação que lançaria para o nível de um debate acessório o conflito do evolucionismo e do fixismo; é o princípio de sua incompatibilidade, a lei que rege sua derivação e sua coexistência. Tomando as contradições como objetos a ser descritos, a análise arqueológica não tenta descobrir em seu lugar uma forma ou uma temática comuns, e sim determinar a medida e a forma de sua variação. Em relação a uma história das ideias que desejaria fundir as contradições na unidade seminoturna de uma figura global, ou transmutá-las em um princípio geral, abstrato e uniforme de interpretação ou de explicação, a arqueologia descreve os diferentes *espaços de dissensão*.

Ela desiste, pois, de tratar a contradição como uma função geral que se exerce, do mesmo modo, em todos os níveis do discurso, e que a análise deveria suprimir inteiramente ou reconduzir a uma forma primeira e constitutiva: o grande jogo *da* contradição – presente sob mil facetas, depois suprimida, afinal reconstituída no conflito maior em que ela culmina – é substituído pela análise dos diferentes tipos de contradição, diferentes níveis segundo os quais se pode demarcá-la, diferentes funções que ela pode exercer.

Tratemos, inicialmente, dos diferentes tipos. Certas contradições localizam-se apenas no plano das proposições ou das assertivas, sem afetar em nada o regime enunciativo que as tornou possíveis: assim, no século XVIII, a tese do caráter animal dos fósseis opõe-se à tese mais tradicional de sua natureza mineral; as consequências dessas duas teses, certamente, são numerosas e vão longe; mas podemos mostrar que elas nascem na mesma formação discursiva, no mesmo ponto e segundo as mesmas condições de exercício da função enunciativa; são contradições arqueologicamente *derivadas* e que constituem um estado terminal. Outras, ao contrário, ultrapassam os limites de uma formação discursiva e opõem teses que não se referem às mesmas condições de enunciação: assim, o fixismo de Lineu é contestado pelo evolucionismo de Darwin, mas somente na medida em que se neutraliza a diferença entre a história natural, a que pertence o primeiro, e a biologia, a que se relaciona o segundo. Essas são contradições *extrínsecas* que remetem à oposição entre formações discursivas distintas. Para a descrição arqueológica (sem levar em conta, aqui, idas e vindas possíveis do procedimento), essa oposição constitui o *terminus a quo*, enquanto as contradições derivadas constituem o *terminus ad quem* da análise. Entre esses dois extremos, a descrição arqueológica descreve o que se poderia chamar as contradições *intrínsecas*: as que se desenrolam na própria formação discursiva e que, nasci-

IV – A Descrição Arqueológica   189

das em um ponto do sistema das formações, fazem surgir subsistemas – para nos atermos ao exemplo da história natural no século XVIII, a contradição que opõe as análises "metódicas" e as análises "sistemáticas". A oposição, aqui, não é terminal: não são duas proposições contraditórias a propósito do mesmo objeto, nem duas utilizações incompatíveis do mesmo conceito, mas duas maneiras de formar enunciados, caracterizados uns e outros por certos objetos, certas posições de subjetividade, certos conceitos e certas escolhas estratégicas. Entretanto, esses sistemas não são a origem: pode-se mostrar em que ponto derivam ambos de uma única e mesma positividade que é a da história natural. Essas *oposições intrínsecas* é que são pertinentes para a análise arqueológica.

Tratemos, em seguida, dos diferentes níveis. Uma contradição arqueologicamente intrínseca não é um fato puro e simples que bastaria constatar como um princípio ou explicar como um efeito. É um fenômeno complexo que se reparte em diferentes planos da formação discursiva. Assim, na história natural sistemática e na história natural metódica, que não deixaram de se opor uma à outra durante toda uma parte do século XVIII, pode-se reconhecer: uma *inadequação* dos objetos (uma descreve o aspecto geral da planta; a outra, algumas variáveis determinadas de antemão; uma descreve a totalidade da planta, ou pelo menos suas partes mais importantes; a outra, um certo número de elementos escolhidos arbitrariamente por sua comodidade taxionômica; ora diferentes estados de crescimento e de maturidade das plantas são considerados, ora o estudo se limita a um momento e a um estado de visibilidade ótima); uma *divergência* das modalidades enunciativas (no caso da análise sistemática das plantas, aplica-se um código perceptivo e linguístico rigoroso e segundo uma escala constante; na descrição metódica, os códigos são relativamente livres e as escalas de demarcação podem oscilar); uma *incompatibilidade* dos conceitos (nos "sistemas", o conceito de caráter genérico é uma marca arbitrária, apesar de não enganosa, para designar os gêneros; nos métodos, esse mesmo conceito

190 Michel Foucault – A Arqueologia do Saber

deve abranger a definição real do gênero); finalmente, uma *exclusão* das opções teóricas (a taxionomia sistemática torna possível o "fixismo", mesmo se ele estiver corrigido pela ideia de uma criação contínua no tempo, exibindo pouco a pouco os elementos dos quadros, ou pela ideia de catástrofes naturais que perturbaram, sob nossa perspectiva atual, a ordem linear das vizinhanças naturais; mas ela exclui a possibilidade de uma transformação aceita pelo método, sem implicá-la necessariamente).

Chegou a vez das funções. Todas essas formas de oposição não desempenham o mesmo papel na prática discursiva: não são, de modo homogêneo, obstáculos a ser superados ou princípio de crescimento. Não basta, de qualquer forma, procurar nelas a causa do retardamento ou da aceleração da história; não é a partir da forma vazia e geral da oposição que o tempo se introduz na verdade e na idealidade do discurso. Essas oposições são sempre momentos funcionais determinados. Algumas asseguram um *desenvolvimento adicional* do campo enunciativo: abrem sequências de argumentação, de experiência, de verificações, de inferências diversas; permitem a determinação de objetos novos, suscitam novas modalidades enunciativas, definem novos conceitos ou modificam o campo de aplicação dos que já existem, mas sem que nada seja modificado no sistema de positividade do discurso (assim foram os debates entre os naturalistas do século XVIII a propósito da fronteira entre o mineral e o vegetal, a propósito dos limites da vida ou da natureza e da origem dos fósseis); tais processos aditivos podem permanecer abertos, ou se encontrar fechados, de uma maneira decisiva, por uma demonstração que os refuta ou uma descoberta que os invalida. Outras induzem uma *reorganização* do campo discursivo: colocam a questão da tradução possível de um grupo de enunciados em outro, do ponto de coerência que poderia articulá-los, de sua integração em um espaço mais geral (assim a oposição sistema-método nos naturalistas do século XVIII induz uma série de tentativas de reescrevêlos, ambos, em uma única forma de descrição, para dar

IV – A Descrição Arqueológica   191

ao método o rigor e a regularidade do sistema, para fazer coincidir o arbitrário do sistema com as análises concretas do método); não são novos objetos, novos conceitos, novas modalidades enunciativas que se somam linearmente aos antigos; mas objetos de outro nível (mais geral ou mais particular), conceitos que têm outra estrutura e outro campo de aplicação, enunciações de outro tipo, sem que, entretanto, as regras de formação sejam modificadas. Outras oposições têm um papel *crítico*: põem em jogo a existência e a "aceitabilidade" da prática discursiva; definem o ponto de sua impossibilidade efetiva e de seu recuo histórico (assim, a descrição, na própria história natural, das solidariedades orgânicas e das funções que se exercem, através das variáveis anatômicas, em condições definidas de existência, não permite mais, pelo menos a título de formação discursiva autônoma, uma história natural que seja uma ciência taxionômica dos seres a partir de seus caracteres visíveis).

Uma formação discursiva não é, pois, o texto ideal, contínuo e sem aspereza, que corre sob a multiplicidade das contradições e as resolve na unidade calma de um pensamento coerente; não é, tampouco, a superfície em que se vem refletir, sob mil aspectos diferentes, uma contradição que estaria sempre em segundo plano, mas dominante. É antes um espaço de dissensões múltiplas; um conjunto de oposições diferentes cujos níveis e papéis devem ser descritos. A análise arqueológica revela o primado de uma contradição que tem seu modelo na afirmação e na negação simultânea de uma única e mesma proposição, mas não para nivelar todas as oposições em formas gerais de pensamento e pacificá-las à força por meio de um *a priori* coator. Trata-se, ao contrário, de demarcar, em uma prática discursiva determinada, o ponto em que elas se constituem, definir a forma que assumem, as relações que estabelecem entre si e o domínio que comandam. Em suma, trata-se de manter o discurso em suas asperezas múltiplas e de suprimir, em consequência disso, o tema de uma contradição uniformemente perdida e reencontrada, resolvida e sempre renascente, no elemento indiferenciado do *logos*.

4

OS FATOS COMPARATIVOS

A análise arqueológica individualiza e descreve formações discursivas, isto é, deve compará-las, opô-las umas às outras na simultaneidade em que se apresentam, distingui-las das que não têm o mesmo calendário, relacioná-las no que podem ter de específico com as práticas não discursivas que as envolvem e lhes servem de elemento geral. Bem diferente, ainda nisto, das descrições epistemológicas ou "arquitetônicas" que analisam a estrutura interna de uma teoria, o estudo arqueológico está sempre no plural: ele se exerce em uma multiplicidade de registros; percorre interstícios e desvios; tem seu domínio no espaço em que as unidades se justapõem, se separam, fixam suas arestas, se enfrentam, desenham entre si espaços em branco. Quando se dirige a um tipo singular de discurso (o da psiquiatria na *Histoire de la folie* ou o da medicina em *Naissance de la clinique*), é para estabelecer, por comparação, seus limites cronológicos; é também para descrever, ao mesmo tempo que eles e em correlação com eles, um campo institucional, um conjunto de acontecimentos, de práticas, de decisões políticas, um encadeamento de processos econômicos em que figuram oscilações demográficas, técnicas de assistência, necessidades de mão de obra, níveis diferentes de desemprego etc. Mas ele pode também, por uma espécie de aproximação lateral (como em *Les mots et les choses*), utilizar várias positividades distintas, cujos estados concomitantes são comparados durante um período determinado e confrontados com outros tipos de discurso que tomaram o seu lugar em uma determinada época.

IV – A Descrição Arqueológica   193

Mas todas essas análises são muito diferentes das que são praticadas comumente.

1. A comparação, nesse caso, é sempre limitada e regional. Longe de querer fazer aparecer formas gerais, a arqueologia procura desenhar configurações singulares. Quando se confronta a gramática geral, a análise das riquezas e a história natural na época clássica, não é para reagrupar três manifestações – particularmente carregadas de valor expressivo e estranhamente negligenciadas até aqui – de uma mentalidade que seria geral nos séculos XVII e XVIII; não é para reconstituir, a partir de um modelo reduzido e de um domínio singular, as formas de racionalidade que foram usadas em toda a ciência clássica; não é nem mesmo para esclarecer o perfil menos conhecido de uma fisionomia cultural que acreditávamos familiar. Não quisemos mostrar que os homens do século XVIII se interessavam, de uma maneira geral, mais pela ordem que pela história, mais pela classificação que pelo devir, mais pelos signos que pelos mecanismos de causalidade. Tratava-se de fazer aparecer um conjunto bem determinado de formações discursivas, que têm entre si um certo número de relações descritíveis. Essas relações não extrapolam para domínios limítrofes, e não se pode transferi-las gradualmente para o conjunto dos discursos contemporâneos, nem, e tanto mais, para o que se chama comumente "o espírito clássico": estão intimamente alojadas na tríade estudada e só têm valor no domínio que se encontra especificado. Esse conjunto interdiscursivo encontra-se ele próprio, e sob sua forma de grupo, em relação com outros tipos de discurso (de um lado, com a análise da representação, a teoria geral dos signos e "a ideologia", e, de outro, com a matemática, a análise algébrica e a tentativa de instauração de uma *mathesis*). São essas relações internas e externas que caracterizam a história natural, a análise das riquezas e a gramática geral como um conjunto específico e permitem que nelas se reconheça uma *configuração interdiscursiva*.

Alguns diriam: "Por que não ter falado da cosmologia, da fisiologia ou da exegese bíblica? Será que a quí-

194 Michel Foucault – A Arqueologia do Saber

mica antes de Lavoisier, ou a matemática de Euler, ou a história de Vico não seriam capazes, se as utilizássemos, de invalidar todas as análises que se encontram em *Les mots et les choses?* Será que não há, na inventiva riqueza do século XVIII, muitas outras ideias que não entram no quadro rígido da arqueologia?" A estes, à sua legítima impaciência, a todos os contraexemplos que sei que poderiam fornecer, responderei: certamente. Não só admito que minha análise seja limitada, mas quero que seja assim e lho imponho. Para mim um contraexemplo seria justamente a possibilidade de dizer: todas as relações que vocês descreveram a propósito de três formações particulares, todas as redes em que se articulam umas com as outras as teorias da atribuição, da articulação, da designação e da derivação, toda essa taxionomia que repousa em uma caracterização descontínua e uma continuidade da ordem nós a encontramos uniformemente e do mesmo modo na geometria, na mecânica racional, na fisiologia dos humores e dos germens, na crítica da história sagrada e na cristalografia nascente. Isso seria, com efeito, a prova de que eu não teria descrito, como pretendi fazê-lo, uma *região de interpositividade*; teria caracterizado o espírito ou a ciência de uma época – contra o que todo o meu trabalho se voltou. As relações que descrevi valem para definir uma configuração particular; não são signos para descrever, em sua totalidade, a fisionomia de uma cultura. É a vez de os amigos da *Weltanschauung* ficarem decepcionados: cuido que a descrição que encetei não seja do mesmo tipo da deles. O que entre eles seria lacuna, esquecimento, erro é para mim exclusão deliberada e metódica.

Mas ainda se poderia dizer: você confrontou a gramática geral com a história natural e a análise das riquezas. Mas por que não com a história tal como era praticada na mesma época, com a crítica bíblica, com a retórica, com a teoria das belas-artes? Não seria todo um outro campo de interpositividade que você teria descoberto? Qual o privilégio do que você descreveu? – Privilégio algum; é apenas um dos conjuntos descritíveis; se, na verdade, re-

IV – A Descrição Arqueológica   195

tomássemos a gramática geral e se procurássemos definir suas relações com as disciplinas históricas e a crítica textual, veríamos, seguramente, desenhar-se um sistema inteiramente diferente de relações; e a descrição faria aparecer uma rede interdiscursiva que não se superporia à primeira, mas a cruzaria em alguns de seus pontos. Da mesma forma, a taxionomia dos naturalistas poderia ser confrontada não tanto com a gramática e a economia, mas com a fisiologia e a patologia: ainda aí, novas interpositividades se delineariam (se compararmos as relações taxionomia-gramática-economia, analisadas em *Les mots et les choses*, e as relações taxionomia-patologia, estudadas na *Naissance de la clinique*). Tais redes não são, pois, em número previamente definido, só a prova da análise pode mostrar se existem e quais existem (isto é, quais são suscetíveis de ser descritas). Além disso, cada formação discursiva não pertence (de qualquer forma não pertence necessariamente) a um único desses sistemas, mas entra simultaneamente em diversos campos de relações em que não ocupa o mesmo lugar e não exerce a mesma função (as relações taxionomia-patologia não são isomórficas às relações taxionomia-gramática; as relações gramática-análise das riquezas não são isomórficas às relações gramática-exegese).

O horizonte ao qual se dirige a arqueologia não é, pois, *uma* ciência, *uma* racionalidade, *uma* mentalidade, *uma* cultura; é um emaranhado de interpositividades cujos limites e pontos de cruzamentos não podem ser fixados de imediato. A arqueologia: uma análise comparativa que não se destina a reduzir a diversidade dos discursos nem a delinear a unidade que deve totalizá-los, mas sim a repartir sua diversidade em figuras diferentes. A comparação arqueológica não tem um efeito unificador, mas multiplicador.

2. Confrontando a gramática geral, a história natural e a análise das riquezas nos séculos XVII e XVIII, poderíamos perguntar que ideias tinham em comum, nessa época, linguistas, naturalistas e teóricos da economia; po-

196 Michel Foucault – A Arqueologia do Saber

deríamos perguntar que postulados implícitos supunham em comum, apesar da diversidade de suas teorias, a que princípios gerais obedeciam, talvez silenciosamente; poderíamos perguntar que influência a análise da linguagem exercera sobre a taxionomia, ou que papel a ideia de uma natureza ordenada tinha representado na teoria da riqueza; poderíamos estudar, igualmente, a difusão respectiva desses diferentes tipos de discurso, o prestígio de cada um, a valorização decorrente de sua antiguidade (ou, ao contrário, de sua data recente) e de seu maior rigor, os canais de comunicação e as vias pelas quais se fizeram as trocas de informação; poderíamos, finalmente, reunindo análises inteiramente tradicionais, perguntar em que medida Rousseau havia transferido, para a análise das línguas e sua origem, seu saber e experiência de botânico; que categorias comuns Turgot tinha aplicado à análise da moeda e à teoria da linguagem e da etimologia; como a ideia de uma língua universal, artificial e perfeita fora remanejada e utilizada por classificadores como Lineu e Adanson. Todas essas questões, certamente, seriam legítimas (pelo menos algumas delas...). Mas nem umas nem outras são pertinentes ao nível da arqueologia.

O que esta quer libertar é, inicialmente – mantidas a especificidade e a distância das diversas formações discursivas –, o jogo das analogias e das diferenças, tais como aparecem no nível das regras de formação. Isso implica cinco tarefas distintas:

a) Mostrar como elementos discursivos inteiramente diferentes podem ser formados a partir de regras análogas (os conceitos da gramática geral, como os de verbo, sujeito, complemento, raiz, são formados a partir das mesmas disposições, do campo enunciativo – teorias da atribuição, da articulação, da designação, da derivação – que os conceitos, entretanto bem diferentes e radicalmente heterogêneos, da história natural e da economia); mostrar, entre formações diferentes, os *isomorfismos arqueológicos*.

b) Mostrar até que ponto essas regras se aplicam ou não do mesmo modo, se encadeiam ou não da mesma ordem, dispõem-se ou não conforme o mesmo modelo nos diferentes tipos de discurso (a gramática geral encadeia, uma à outra, e nesta mesma ordem, a teoria da atribuição, a da articulação, a da designação e a da derivação; a

IV – A Descrição Arqueológica   **197**

história natural e a análise das riquezas reagrupam as duas primeiras e as duas últimas, mas as encadeiam em ordem inversa): definir o *modelo arqueológico* de cada formação.

c) Mostrar como conceitos perfeitamente diferentes (como os de valor e de caráter específico, ou de preço e de caráter genérico) ocupam uma posição análoga na ramificação de seu sistema de positividade – que são dotados, assim, de uma *isotopia arqueológica* – ainda que seu domínio de aplicação, seu grau de formalização, sobretudo sua gênese histórica, os tornem totalmente estranhos uns aos outros.

d) Mostrar, em compensação, como uma única e mesma noção (eventualmente designada por uma única e mesma palavra) pode abranger dois elementos arqueologicamente distintos (as noções de origem e de evolução não têm nem o mesmo papel, nem o mesmo lugar, nem a mesma formação no sistema de positividade da gramática geral e no da história natural); indicar as *defasagens arqueológicas*.

e) Mostrar, finalmente, como, de uma positividade a outra, podem ser estabelecidas relações de subordinação ou de complementaridade (assim, em relação à análise da riqueza e à das espécies, a descrição da linguagem desempenha, durante a época clássica, um papel dominante, na medida em que ela é a teoria dos signos de instituição que desdobram, marcam e representam a própria representação): estabelecer as *correlações arqueológicas*.

Em todas essas descrições, nada se apoia na determinação de influências, trocas, informações transmitidas, comunicações. Não que se trate de negá-las ou contestar que jamais possam ser objeto de uma descrição, mas sim de tomar, em relação a elas, um recuo medido, de deslocar o nível de ataque da análise, de revelar o que as tornou possíveis; de demarcar os pontos em que se pôde efetuar a projeção de um conceito sobre outro, de fixar o isomorfismo que permitiu uma transferência de métodos ou de técnicas, de mostrar as vizinhanças, as simetrias ou as analogias que permitiram as generalizações; em suma, de descrever o campo de vetores e de receptividade diferencial (de permeabilidade e de impermeabilidade) que, para o jogo das trocas, foi uma condição de possibilidade histórica. Uma configuração de interpositividade não é um grupo de disciplinas vizinhas; não é somente um fenômeno observável de semelhança; não é somente a relação global de diversos discursos com algum outro; é a lei de suas comunicações. Não se deve dizer: pelo fato de Rousseau

198 Michel Foucault – A Arqueologia do Saber

e outros terem refletido alternadamente sobre o ordenamento das espécies e a origem das línguas, estabeleceram-
se relações e produziram-se trocas entre taxionomia e
gramática; pelo fato de Turgot, depois de Law e Petty, ter
desejado tratar a moeda como um signo, a economia e a
teoria da linguagem se aproximaram, e sua história traz,
ainda, a marca de tais tentativas. Mas sim dizer – se, pelo
menos, se quer fazer uma descrição arqueológica – que
as disposições respectivas dessas três positividades eram
tais que, no nível das obras, dos autores, das existências
individuais, dos projetos e das tentativas, podem ser encontradas trocas semelhantes.

3. A arqueologia faz também com que apareçam relações entre as formações discursivas e domínios não
discursivos (instituições, acontecimentos políticos, práticas e processos econômicos). Tais aproximações não têm
por finalidade revelar grandes continuidades culturais ou
isolar mecanismos de causalidade. Diante de um conjunto de fatos enunciativos, a arqueologia não se questiona
o que pôde motivá-lo (esta é a pesquisa dos contextos
de formulação); não busca, tampouco, encontrar o que
neles se exprime (tarefa de uma hermenêutica); ela tenta
determinar como as regras de formação de que depende
– e que caracterizam a positividade a que pertence – podem estar ligadas a sistemas não discursivos: procura
definir formas específicas de articulação.

Consideremos o exemplo da medicina clínica, cuja
instauração no final do século XVIII é contemporânea de
um certo número de acontecimentos políticos, de fenômenos econômicos e de mudanças institucionais. É fácil
suspeitar, pelo menos intuitivamente, que existam laços
entre esses fatos e a organização de uma medicina hospitalar. Mas como analisá-los? Uma análise simbólica veria, na
organização da medicina clínica e nos processos históricos
que lhe foram concomitantes, duas expressões simultâneas que se refletem e se simbolizam uma à outra, que
funcionam reciprocamente como espelho, e cujas signi-

IV – A Descrição Arqueológica   199

ficações são tomadas em um jogo indefinido de remissões: duas expressões que não exprimem nada mais que a forma que lhes é comum. Assim, as ideias médicas de solidariedade orgânica, de coesão funcional, de comunicação tissular – e o abandono do princípio classificatório das doenças em proveito de uma análise das interações corporais – corresponderiam (para refleti-las, mas também para nelas se mirar) a uma prática política que descobre, sob estratificações ainda feudais, relações de tipo funcional, solidariedades econômicas, uma sociedade cujas dependências e reciprocidades deviam assegurar, na forma da coletividade, o *analogon* da vida. Uma análise causal, em compensação, consistiria em procurar saber até que ponto as mudanças políticas, ou os processos econômicos, puderam determinar a consciência dos homens de ciência – o horizonte e a direção de seu interesse, seu sistema de valores, sua maneira de perceber as coisas, o estilo de sua racionalidade; assim, em uma época em que o capitalismo industrial começava a recensear suas necessidades de mão de obra, a doença tomou uma dimensão social: a manutenção da saúde, a cura, a assistência aos doentes pobres, a pesquisa das causas e dos focos patogênicos tornaram-se um encargo coletivo que o Estado devia, por um lado, assumir e, por outro, supervisionar. Daí resultam a valorização do corpo como instrumento de trabalho, o cuidado de racionalizar a medicina pelo modelo das outras ciências, os esforços para manter o nível de saúde de uma população, o cuidado com a terapêutica, a manutenção de seus efeitos, o registro dos fenômenos de longa duração.

A arqueologia situa sua análise em um outro nível: os fenômenos de expressão, de reflexos e de simbolização são, para ela, apenas os efeitos de uma leitura global em busca das analogias formais ou das translações de sentidos; quanto às relações causais, elas só podem ser assinaladas no nível do contexto ou da situação e de seu efeito sobre o sujeito falante; de qualquer modo, umas e outras só podem ser demarcadas uma vez definidas as positividades em que aparecem e as regras segundo

200 Michel Foucault – A Arqueologia do Saber

as quais essas positividades foram formadas. O campo de relações que caracteriza uma formação discursiva é o lugar de onde as simbolizações e os efeitos podem ser percebidos, situados e determinados. Se a arqueologia aproxima o discurso médico de um certo número de práticas é para descobrir relações muito menos "imediatas" que a expressão, mas muito mais diretas que as de uma causalidade substituída pela consciência dos sujeitos falantes. Ela quer mostrar não como a prática política determinou o sentido e a forma do discurso médico, mas como e por que ela faz parte de suas condições de emergência, de inserção e de funcionamento. Essa relação pode ser assinalada em vários níveis. Inicialmente, no do recorte e da delimitação do objeto médico: não, é claro, que a prática política, desde o século XIX, tenha imposto à medicina novos objetos como as lesões dos tecidos orgânicos ou as correlações anatomofisiológicas; mas ela abriu novos campos de demarcação dos objetos médicos (tais como são constituídos pela massa da população administrativamente enquadrada e fiscalizada, avaliada segundo certas normas de vida e saúde, analisada segundo formas de registro documental e estatístico; são constituídos, também, pelos grandes exércitos populares da época revolucionária e napoleônica, com sua forma específica de controle médico; são constituídos, ainda, pelas instituições de assistência hospitalar que foram definidas, no final do século XVIII e no início do século XIX, em função das necessidades econômicas da época e da posição recíproca das classes sociais). Vemos aparecer também a relação entre a prática política e o discurso médico no *status* atribuído ao médico, que se torna o titular – não apenas privilegiado, mas quase exclusivo – desse discurso, na forma de relação institucional que ele pode ter com o doente hospitalizado ou com sua clientela particular, nas modalidades de ensino e de difusão que são prescritas ou autorizadas para esse saber. Finalmente, podemos compreender tal relação na função que é atribuída ao discurso médico, ou no papel que dele se requer, quando se trata de julgar indivídu-

IV – A Descrição Arqueológica 201

os, tomar decisões administrativas, dispor as normas de uma sociedade, traduzir – para "resolvê-los" ou mascará-los – conflitos de uma outra ordem, apresentar modelos de tipo natural às análises da sociedade e às práticas que lhe são pertinentes. Não se trata, portanto, de mostrar como a prática política de uma dada sociedade constituiu ou modificou os conceitos médicos e a estrutura teórica da patologia, mas como o discurso médico, como prática que se dirige a um certo campo de objetos, que se encontra nas mãos de um certo número de indivíduos estatutariamente designados, que tem, enfim, de exercer certas funções na sociedade, se articula em práticas que lhe são exteriores e que não são de natureza discursiva.

Se, nessa análise, a arqueologia suprime o tema da expressão e do reflexo, se ela se recusa a ver no discurso a superfície de projeção simbólica de acontecimentos ou de processos situados em outra parte, não é para encontrar um encadeamento causal que se poderia descrever ponto por ponto e que permitiria relacionar uma descoberta e um acontecimento, ou um conceito e uma estrutura social. Mas, por outro lado, se ela mantém em suspenso semelhante análise causal, se quer evitar o revezamento necessário feito pelo sujeito falante, não é para assegurar a independência soberana e solitária do discurso; é para descobrir o domínio de existência e de funcionamento de uma prática discursiva. Em outras palavras, a descrição arqueológica dos discursos se desdobra na dimensão de uma história geral; ela procura descobrir todo o domínio das instituições dos processos econômicos, das relações sociais nas quais pode articular-se uma formação discursiva; ela tenta mostrar como a autonomia do discurso e sua especificidade não lhe dão, por isso, um *status* de pura idealidade e de total independência histórica; o que ela quer revelar é o nível singular em que a história pode dar lugar a tipos definidos de discurso que têm, eles próprios, seu tipo de historicidade e que estão relacionados com todo um conjunto de historicidades diversas.

5

A MUDANÇA E AS TRANSFORMAÇÕES

O que se passa, hoje, com a descrição arqueológica da mudança? Seria possível fazer à história tradicional das ideias todas as críticas teóricas que se quisesse ou pudesse: pelo menos para si, ela tem de tomar por tema essencial os fenômenos de sucessão e de encadeamento temporais, de analisá-los conforme os esquemas de evolução e de descrever, assim, o desenrolar histórico dos discursos. A arqueologia, em compensação, parece tratar a história só para imobilizá-la. De um lado, descrevendo suas formações discursivas, abandona as séries temporais que aí se podem manifestar; busca regras gerais que valem uniformemente, e da mesma maneira, em todos os pontos do tempo: não impõe, a um desenvolvimento talvez lento e imperceptível, a figura coatora de uma sincronia. Nesse "mundo das ideias", que é por si mesmo tão lábil, em que as figuras aparentemente mais estáveis se apagam tão depressa, em que, em compensação, tantas irregularidades se produzem e recebem, mais tarde, um *status* definitivo, em que o futuro se antecipa sempre a si mesmo, enquanto o passado não deixa de se deslocar, ela não se mostra como uma espécie de pensamento imóvel? E, por outro lado, quando recorreu à cronologia, parece que foi unicamente para fixar, nos limites das positividades, dois pontos de referência: o momento em que nascem e aquele em que se apagam, como se a duração só fosse usada para fixar este calendário rudimentar, sendo eliminada ao longo da própria análise; como se só houvesse tempo no instante vazio da ruptura, nessa

IV – A Descrição Arqueológica   203

falha branca e paradoxalmente intemporal em que uma
formação subitamente substitui outra. Sincronia das positividades, instantaneidade das substituições, o tempo
esquivou-se, e com ele desaparece a possibilidade de
uma descrição histórica. O discurso é subtraído à lei do
devir e se estabelece em uma intemporalidade descontínua. Imobiliza-se por fragmentos: estilhaços precários de
eternidade. Mas, por mais que se queira, diversas eternidades que se sucedem, um jogo de imagens fixas que
se eclipsam sucessivamente, tudo isso não constitui nem
um movimento, nem um tempo, nem uma história.

É preciso, no entanto, observar as coisas mais de
perto.

A

Consideremos, de início, a aparente sincronia das
formações discursivas. Uma coisa é verdadeira: por mais
que as regras estejam investidas em cada enunciado, por
mais que, por conseguinte, sejam reutilizadas em cada
um, elas não se modificam a cada oportunidade; podemos reencontrá-las em atividade em enunciados ou grupos de enunciados bem dispersos no tempo. Vimos, por
exemplo, que os diversos objetos da história natural, durante aproximadamente um século – de Tournefort a Jussieu –, obedeciam a regras de formação idênticas; vimos
que a teoria da atribuição é a mesma e desempenha o
mesmo papel em Lancelot, Condillac e Destutt de Tracy.
Além disso, vimos que a ordem dos enunciados segundo
a derivação arqueológica não reproduzia, forçosamente,
a ordem das sucessões: podem-se encontrar em Beauzée enunciados arqueologicamente anteriores aos que
se encontram na *Grammaire* de Port-Royal. Há, então,
em semelhante análise, uma suspensão das *sequências
temporais* – para sermos mais exatos, do calendário das
formulações. Mas a suspensão tem precisamente por fim
fazer aparecerem relações que caracterizam a temporalidade das formações discursivas e a articulam em séries,
cujo entrecruzamento não impede a análise.

204 Michel Foucault – A Arqueologia do Saber

a) A arqueologia define as regras de formação de um conjunto de enunciados. Manifesta, assim, como uma sucessão de acontecimentos pode, na própria ordem em que se apresenta, tornar-se objeto de discurso, ser registrada, descrita, explicada, receber elaboração em conceitos e dar a oportunidade de uma escolha teórica. A arqueologia analisa o grau e a forma de permeabilidade de um discurso: apresenta o princípio de sua articulação com uma cadeia de acontecimentos sucessivos; define os operadores pelos quais os acontecimentos se transcrevem nos enunciados. Ela não contesta, por exemplo, a relação entre a análise das riquezas e as grandes flutuações monetárias do século XVII e do início do século XVIII; tenta mostrar o que, dessas crises, podia ser tido como objeto do discurso, como podiam elas estar aí conceitualizadas, como os interesses que se defrontavam no decurso desses processos podiam aí dispor sua estratégia. Ou, ainda, não afirma que a cólera de 1832 não tenha sido um acontecimento para a medicina: mostra como o discurso clínico empregava regras tais que todo um domínio de objetos médicos pôde ser, então, reorganizado, que se pôde usar todo um conjunto de métodos de registro e de notação, que se pôde abandonar o conceito de inflamação e liquidar, definitivamente, o velho problema teórico das febres. A arqueologia não nega a possibilidade de enunciados novos em correlação com acontecimentos "exteriores". Sua tarefa é mostrar em que condições pode haver tal correlação entre eles, e em que ela consiste precisamente (quais são seus limites, forma, código, lei de possibilidade). Não evita a mobilidade dos discursos que os faz agitarem-se ao ritmo dos acontecimentos; tenta libertar o nível em que ela se desencadeia – o que se poderia chamar o nível de *embreagem* dos acontecimentos. (Embreagem que é específica para cada formação discursiva e que não tem nem as mesmas regras, nem os mesmos operadores, nem a mesma sensibilidade, por exemplo, na análise das riquezas e na economia política, na velha medicina das "constituições" e na epidemiologia moderna.)

b) Além disso, todas as regras de formação atribuídas pela arqueologia a uma positividade não têm a mesma generalidade: algumas são mais particulares e derivam das outras. Essa subordinação pode ser somente hierárquica, mas pode comportar também um vetor temporal. Assim, na gramática geral, a teoria do verbo-atribuição e a do nome-articulação estão ligadas uma à outra; a segunda deriva da primeira, mas sem que se possa determinar entre elas uma ordem de sucessão (diferente da que, dedutiva ou retórica, foi escolhida para a exposição). Em compensação, a análise do complemento ou a busca das raízes só podiam aparecer (ou reaparecer) uma vez desenvolvida a análise da frase atributiva ou a concepção do nome como signo analítico da representação. Outro exemplo: na época clássica, o princípio da continuidade dos seres é abrangido pela classificação das espécies segundo os caracteres estruturais; nesse sentido, eles são simultâneos; em compensação, só depois de empreendida essa classificação é que as lacunas e as faltas

IV – A Descrição Arqueológica **205**

podem ser interpretadas nas categorias de uma história da natureza, da terra e das espécies. Em outros termos, a ramificação arqueológica das regras de formação não é uma rede uniformemente simultânea; há relações, ramificações, derivações que são temporalmente neutras; há outras que implicam uma direção temporal determinada. A arqueologia não toma, pois, como modelo nem um esquema puramente lógico de simultaneidades, nem uma sucessão linear de acontecimentos, mas tenta mostrar o entrecruzamento entre relações necessariamente sucessivas e outras que não o são. Não se deve acreditar, consequentemente, que um sistema de positividade seja uma figura sincrônica que só podemos perceber colocando entre parênteses o conjunto do processo diacrônico. Longe de ser indiferente à sucessão, a arqueologia demarca os *vetores temporais de derivação*.

A arqueologia não tenta tratar como simultâneo o que se dá como sucessivo; não tenta imobilizar o tempo e substituir seu fluxo de acontecimentos por correlações que delineiam uma figura imóvel. O que ela suspende é o tema de que a sucessão é um absoluto: um encadeamento primeiro e indissociável a que o discurso estaria submetido pela lei de sua finitude; e também o tema de que no discurso só há uma forma e um único nível de sucessão. Ela substitui esses temas por análises que fazem aparecer, ao mesmo tempo, as diversas formas de sucessão que se superpõem nos discursos (e por formas não se deve entender simplesmente os ritmos ou as causas, mas as próprias séries) e a maneira pela qual se articulam as sucessões assim especificadas. Em vez de seguir um calendário originário, em relação ao qual se estabeleceria a cronologia dos acontecimentos sucessivos ou simultâneos, a dos processos curtos ou duráveis, a dos fenômenos instantâneos e das permanências, tenta-se mostrar como pode haver sucessão e em que níveis diferentes encontram-se sucessões distintas. É preciso, portanto, para constituir uma história arqueológica do discurso, livrarmo-nos de dois modelos que, por muito tempo sem dúvida, impuseram sua imagem: o modelo linear de ato da fala (e pelo menos uma parte da escrita) em que todos os acontecimentos se sucedem, com exceção do efeito de coincidência e de superposição; e o modelo do fluxo de consciência cujo presente escapa

206 Michel Foucault – A Arqueologia do Saber

sempre a si mesmo na abertura do futuro e na retenção do passado. Por mais paradoxal que isso seja, as formações discursivas não têm o mesmo modelo de historicidade que o curso da consciência ou a linearidade da linguagem. O discurso, pelo menos tal como é analisado pela arqueologia, isto é, no nível de sua positividade, não é uma consciência que vem alojar seu projeto na forma externa da linguagem; não é uma língua, com um sujeito para falá-la. É uma prática que tem suas formas próprias de encadeamento e de sucessão.

B

A arqueologia fala – bem mais à vontade do que a história das ideias – de cortes, falhas, aberturas, formas inteiramente novas de positividade e redistribuições súbitas. Fazer a história da economia política era, tradicionalmente, procurar tudo que poderia ter precedido Ricardo, tudo que poderia ter delineado antecipadamente suas análises, seus métodos e suas noções principais, tudo que poderia ter tornado suas descobertas mais prováveis; fazer a história da gramática comparativa era reecontrar o rastro – bem antes de Bopp e Rask – das pesquisas prévias sobre a filiação e o parentesco das línguas; era determinar a participação que poderia ter tido Anquetil-Duperron na constituição de um domínio indo-europeu; era revelar, mais uma vez, a primeira comparação, feita em 1769, entre as conjugações sânscrita e latina; era, se fosse preciso, remontar a Harris ou Ramus. A arqueologia procede inversamente; procura soltar todos os fios ligados pela paciência dos historiadores; multiplica as diferenças, baralha as linhas de comunicação e se esforça para tornar as passagens mais difíceis; não tenta mostrar que a análise fisiocrática da produção preparava a de Ricardo; não considera pertinente, a suas próprias análises, dizer que Coeurdoux havia preparado Bopp.

A que corresponde essa insistência sobre as descontinuidades? Na verdade, ela só é paradoxal em relação ao hábito dos historiadores. É esse hábito – e sua preo-

IV – A Descrição Arqueológica   **207**

cupação com as continuidades, passagens, antecipações, esboços prévios – que, muito frequentemente, representa o paradoxo. De Daubenton a Cuvier, de Anquetil a Bopp, de Graslin, Turgot ou Forbonnais a Ricardo, apesar de uma distância cronológica tão reduzida, as diferenças são inumeráveis e de naturezas muito diversas; umas são localizadas, outras gerais; umas referem-se aos métodos, outras aos conceitos; ora se trata do domínio de objetos, ora de todo o instrumento linguístico. Mais surpreendente ainda é o exemplo da medicina: em um quarto de século, de 1790 a 1815, o discurso médico se modificou mais profundamente que desde o século XVII, que desde a Idade Média sem dúvida, e talvez até mesmo desde a medicina grega: modificação que fez aparecerem objetos (lesões orgânicas, focos profundos, alterações tissulares, vias e formas de difusão interorgânicas, signos e correlações anatomoclínicas), técnicas de observação, de detecção do foco patológico, de registro; um outro esquadrinhamento perceptivo e um vocabulário de descrição quase completamente novo; jogos de conceitos e distribuições nosográficas inéditas (categorias às vezes centenárias, às vezes milenárias, como a de febre ou de constituição, desaparecem, e doenças, às vezes velhas como o mundo – a tuberculose –, são finalmente isoladas e nomeadas). Deixemos aos que, por inadvertência, jamais abriram a *Nosographie philosophique* e o *Traité des membranes* a preocupação de dizer que a arqueologia, arbitrariamente, inventa diferenças. Ela se esforça, somente, para levá-las a sério: desfazer seu emaranhado, determinar como se repartem, se implicam, se comandam, se subordinam umas às outras, a que categorias distintas pertencem; em suma, trata-se de descrever as diferenças não sem estabelecer entre elas o sistema de suas diferenças. Se há um paradoxo da arqueologia, não é no fato de que ela multiplicaria as diferenças, mas no fato de que ela se recusa a reduzi-las – invertendo, assim, os valores habituais. Para a história das ideias, a diferença, tal como aparece, é erro ou armadilha; em vez de se deixar prender por ela, a sa-

208 Michel Foucault – A Arqueologia do Saber

gacidade da análise deve procurar desfazê-la: encontrar sob ela uma diferença menor e, abaixo desta, uma outra ainda mais limitada, e assim indefinidamente até o limite ideal que seria a não diferença da perfeita continuidade. A arqueologia, em compensação, toma por objeto de sua descrição o que habitualmente se considera obstáculo: ela não tem por projeto superar as diferenças, mas analisá-las, dizer em que exatamente consistem e *diferenciá-las*. Como se opera tal diferenciação?

1. A arqueologia, em vez de considerar que o discurso é feito apenas de uma série de acontecimentos homogêneos (as formulações individuais), distingue, na própria densidade do discurso, diversos planos de acontecimentos possíveis: plano dos próprios enunciados em sua emergência singular; plano de aparecimento dos objetos, dos tipos de enunciação, dos conceitos, das escolhas estratégicas (ou das transformações que afetam as que já existem); plano da derivação de novas regras de formação a partir de regras já empregadas – mas sempre no elemento de uma única e mesma positividade; finalmente, em um quarto nível, plano em que se efetua a substituição de uma formação discursiva por outra (ou do aparecimento e do desaparecimento puro e simples de uma positividade). Tais acontecimentos, de longe os mais raros, são para a arqueologia os mais importantes: somente ela, de qualquer forma, pode fazê-los aparecerem. Mas eles não são o objeto exclusivo de sua descrição; seria errado acreditar que comandam imperativamente todos os outros e que induzem, nos diferentes planos que puderam ser distinguidos, rupturas análogas e simultâneas. Todos os acontecimentos que se produzem na densidade do discurso não se apoiam uns nos outros. Certamente, o aparecimento de uma formação discursiva se correlaciona, muitas vezes, com uma vasta renovação de objetos, formas de enunciação, conceitos e estratégias (princípio que não é, entretanto, universal: a gramática geral se instaurou no século XVII sem muitas modificações aparentes na tradição gramatical); mas não é possível fixar o conceito determinado ou o objeto particular que manifesta, repentinamente, sua presença. Não é preciso, pois, descrever semelhante acontecimento segundo as categorias que podem convir à emergência de uma formulação ou ao aparecimento de uma palavra nova. Inútil fazer a esse acontecimento perguntas como: "Quem é o autor? Quem falou? Em que circunstâncias e em que contexto? Animado por que intenções e tendo que projetos?" O aparecimento de uma nova positividade não é assinalado por uma frase nova – inesperada, surpreendente, logicamente imprevisível, estilisticamente desviante – que viria inserir-se em um texto e anunciaria quer o começo de um novo capítulo, quer

IV – A Descrição Arqueológica   **209**

a intervenção de um novo locutor. Trata-se de um acontecimento de tipo totalmente diferente.

2. Para analisar tais acontecimentos, é insuficiente constatar modificações e logo relacioná-las seja ao modelo teológico e estético da criação (com sua transcendência, todo o jogo de suas originalidades e de suas invenções), seja ao modelo psicológico da tomada de consciência (com seus precedentes obscuros, suas antecipações, suas circunstâncias favoráveis, seus poderes de reestruturação), ou, ainda, ao modelo biológico da evolução. É necessário definir precisamente em que consistem essas modificações: substituir a referência indiferenciada à *mudança* – ao mesmo tempo continente geral de todos os acontecimentos e princípio abstrato de sua sucessão – pela análise das *transformações*. O desaparecimento de uma positividade e a emergência de uma outra implica diversos tipos de transformações. Indo das mais particulares às mais gerais, pode-se e deve-se descrever como se transformaram os diferentes elementos de um sistema de formação (quais foram, por exemplo, as variações da taxa de desemprego e das necessidades de emprego, quais foram as decisões políticas referentes às corporações e à universidade, quais foram as novas necessidades e possibilidades de assistência no final do século XVIII – elementos que entram no sistema de formação da medicina clínica); como se transformaram as relações características de um sistema de formação (como foi modificada, por exemplo, em meados do século XVII, a relação entre campo perceptivo, código linguístico, mediação instrumental e informação, que era utilizada pelo discurso sobre os seres vivos, permitindo, assim, a definição dos objetos da história natural); como as relações entre diferentes regras de formação foram transformadas (como, por exemplo, a biologia modifica a ordem e a dependência estabelecidas pela história natural entre a teoria da caracterização e a análise das derivações temporais); como, enfim, se transformam as relações entre diversas positividades (como as relações entre filologia, biologia e economia transformam as relações entre gramática, história natural e análise das riquezas; como se decompõe a configuração interdiscursiva delineada pelas relações privilegiadas entre essas três disciplinas; como se encontram modificadas suas relações respectivas com a matemática e a filosofia; como se destaca um lugar para outras formações discursivas e, singularmente, para a interpositividade que tomará o nome de ciências humanas). Em vez de invocar a força viva da mudança (como se esta fosse seu próprio princípio), ou lhe procurar as causas (como se nunca passasse de puro e simples efeito), a arqueologia tenta estabelecer o sistema das transformações em que consiste a "mudança"; tenta elaborar essa noção vazia e abstrata para dar-lhe o *status* analisável da transformação. Compreende-se que certas mentes, ligadas a todas as velhas metáforas pelas quais, durante um século e meio, concebeu-se

210 Michel Foucault – A Arqueologia do Saber

a história (movimento, fluxo, evolução), vejam aí tão somente a negação da história e a afirmação frustrada da descontinuidade; é que, de fato, não podem admitir que se limpe a mudança de todos os modelos adventícios, que se tire dela, ao mesmo tempo, seu primado de lei universal e seu *status* de efeito geral, e que ela seja substituída pela análise das transformações diversas.

3. Dizer que uma formação discursiva substitui outra não é dizer que todo um mundo de objetos, enunciações, conceitos, escolhas teóricas absolutamente novas surge já armado e organizado em um texto que o situaria de uma vez por todas; mas sim que aconteceu uma transformação geral de relações que, entretanto, não altera forçosamente todos os elementos; que os enunciados obedecem a novas regras de formação e não que todos os objetos ou conceitos, todas as enunciações ou todas as escolhas teóricas desaparecem. Ao contrário, a partir dessas novas regras, podem ser descritos e analisados fenômenos de continuidade, de retorno e de repetição: não se deve esquecer, na verdade, que uma regra de formação não é nem a determinação de um objeto, nem a caracterização de um tipo de enunciação; nem a forma ou o conteúdo de um conceito, mas o princípio de sua multiplicidade e de sua dispersão. Um desses elementos ou vários entre eles podem permanecer idênticos (conservar o mesmo recorte, os mesmos caracteres, as mesmas estruturas), mas pertencendo a sistemas diferentes de dispersão e obedecendo a leis distintas de formação. Podem-se, então, encontrar fenômenos como estes: elementos que perduram ao longo de diversas positividades distintas, mantendo a mesma forma e o mesmo conteúdo, mas com formações heterogêneas (a circulação monetária como objeto, de início, da análise das riquezas e, em seguida, da economia política; o conceito de caráter, a princípio na história natural e depois na biologia); elementos que se constituem, se modificam, se organizam em uma formação discursiva e que, afinal estabilizados, figuram em outra (como o conceito de reflexo, cuja formação na ciência clássica de Willis a Prochaska e, depois, a entrada na fisiologia moderna foram mostradas por G. Canguilhem); elementos que aparecem tarde, como uma derivação última em uma formação discursiva e que ocupam uma posição dominante em uma formação ulterior (como a noção de organismo, surgida no final do século XVIII, na história natural, e como resultado de toda a empresa taxionômica de caracterização, e que se torna o conceito maior da biologia na época de Cuvier; o mesmo ocorre com a noção de foco de lesão que Morgagni revela e que se torna um dos conceitos principais da medicina clínica); elementos que reaparecem após um período de desuso, de esquecimento ou mesmo de invalidação (como o retorno a um fixismo do tipo do de Lineu em um biólogo como Cuvier; como a reativação da velha ideia de língua originária no século XVIII). O problema para a arqueologia não é negar tais fenômenos, nem querer diminuir sua importância; mas, ao contrário, medi-los e

IV – A Descrição Arqueológica   211

tentar explicá-los: como pode haver permanências ou repetições, longos encadeamentos ou curvas que transpõem o tempo. A arqueologia não considera o contínuo como o dado primeiro e último que deve dar conta do resto; considera, ao contrário, que o mesmo, o repetitivo e o ininterrupto constituem um problema tanto quanto as rupturas; para ela, o idêntico e o contínuo não são aquilo que é preciso reencontrar no fim da análise; eles figuram no elemento de uma prática discursiva; eles também são comandados pelas regras de formação das positividades; longe de manifestarem a inércia fundamental e tranquilizadora a que se quer relacionar a mudança, eles próprios são ativa e regularmente formados. E aos que seriam tentados a criticar na arqueologia a análise privilegiada do descontínuo, a todos os agoráfobos da história e do tempo, a todos os que confundem ruptura e irracionalidade, responderei: "Pelo uso que dele vocês fazem, são vocês que desvalorizam o contínuo. Tratam-no como um elemento-suporte a que todo o resto deve ser relacionado; fazem dele a lei primeira, o peso essencial de toda prática discursiva; vocês gostariam que se analisasse qualquer modificação no campo dessa inércia, como se analisa qualquer movimento no campo da gravitação. Mas só lhe deram esse *status* neutralizando-o e lançando-o, no limite exterior do tempo, a uma passividade original. A arqueologia se propõe a inverter essa disposição, ou melhor (já que não se trata de emprestar ao descontínuo o papel atribuído até então à continuidade), fazer atuar o contínuo e o descontínuo um contra o outro: mostrar como o contínuo é formado segundo as mesmas condições e conforme as mesmas regras que a dispersão; e que entra – nem mais nem menos que as diferenças, as invenções, as novidades ou os desvios – no campo da prática discursiva."

4. O aparecimento e a destruição das positividades, o jogo de substituições a que dão lugar não constituem um processo homogêneo que se desenrolaria, em toda parte, da mesma maneira. Não se deve acreditar que a ruptura seja uma espécie de grande deriva geral a que estariam submetidas, ao mesmo tempo, todas as formações discursivas: a ruptura não é um tempo morto e indiferenciado que se intercalaria – não mais que um instante – entre duas fases manifestas; não é o lapso sem duração que separaria duas épocas e desdobraria, de um lado e de outro de uma falha, dois tempos heterogêneos; é sempre, entre positividades definidas, uma descontinuidade especificada por um certo número de transformações distintas. Desse modo, a análise dos cortes arqueológicos tem por propósito estabelecer, entre tantas modificações diversas, analogias e diferenças, hierarquias, complementaridades, coincidências e defasagens: em suma, descrever a dispersão das próprias descontinuidades.

A ideia de um único e mesmo corte que divide de uma só vez, e em um momento dado, todas as formações discursivas, interrompendo-as com um único movimento e reconstituindo-as segundo as mes-

212 Michel Foucault – A Arqueologia do Saber

mas regras, não poderia ser mantida. A contemporaneidade de várias transformações não significa sua exata coincidência cronológica: cada transformação pode ter seu índice particular de "viscosidade" temporal. A história natural, a gramática geral e a análise das riquezas constituíram-se de modos análogos, e todas três no curso do século XVII; mas o sistema de formação da análise das riquezas estava ligado a um grande número de condições e de práticas não discursivas (circulação das mercadorias, manipulações monetárias com seus efeitos, sistema de proteção ao comércio e às manufaturas, oscilações na quantidade de metal cunhado): daí a lentidão de um processo que se desenrolou durante mais de um século (de Grammont a Cantillon), enquanto as transformações instauradas pela gramática e pela história natural não se estenderam durante mais de 25 anos. Inversamente, transformações contemporâneas, análogas e ligadas, não remetem a um modelo único que se reproduziria, diversas vezes, na superfície dos discursos e imporia a todos uma forma estritamente idêntica de ruptura: quando descrevemos o corte arqueológico que deu lugar à filologia, à história e à economia, foi para mostrar como essas três positividades estavam ligadas (pelo desaparecimento da análise do signo e da teoria da representação), que efeitos simétricos ele podia produzir (a ideia de uma totalidade e de uma adaptação orgânica nos seres vivos; a ideia de uma coerência morfológica e de evolução regulada nas línguas; a ideia de uma forma de produção que tem suas leis internas e seus limites de evolução); mas foi, ainda, para mostrar quais eram as diferenças específicas dessas transformações (como, em particular, a historicidade se introduz, de modo peculiar, nessas três positividades, como, por conseguinte, sua relação com a história não pode ser a mesma, apesar de todas terem uma relação definida com ela).

Finalmente, existem entre as diferentes rupturas arqueológicas importantes defasagens – e, às vezes, mesmo entre formações discursivas muito próximas e ligadas por numerosas relações. Assim acontece com as disciplinas da linguagem e da análise histórica: a grande transformação que propiciou o aparecimento, nos primeiros anos do século XIX, da gramática histórica e comparativa, precede de meio século a mutação do discurso histórico, de sorte que o sistema de interpositividade no qual a filologia estava presa encontra-se profundamente alterado na segunda metade do século XIX, sem que a positividade da filologia seja posta em questão novamente. Daí os fenômenos de "deslocamento segmentar" de que se pode citar, pelo menos, um outro exemplo notório: conceitos como os de mais-valia ou de baixa tendencial da taxa de lucro, tais como se encontram em Marx, podem ser descritos a partir do sistema de positividade que já é empregado em Ricardo: ora, esses conceitos (que são novos, mas cujas regras de formação não o são) aparecem – no próprio Marx – como referentes, ao mesmo tempo, a uma prática discursiva intei-

IV – A Descrição Arqueológica   213

ramente diversa: são aí formados segundo leis específicas, ocupam outra posição, não figuram nos mesmos encadeamentos; essa positividade nova não é uma transformação das análises de Ricardo; não é uma nova economia política; é um discurso cuja instauração teve lugar em virtude da derivação de certos conceitos econômicos, mas que, em compensação, define as condições nas quais se exerce o discurso dos economistas e pode, pois, valer como teoria e crítica da economia política.

A arqueologia desarticula a sincronia dos cortes, como teria desfeito a unidade abstrata da mudança e do acontecimento. A *época* não é nem sua unidade de base, nem seu horizonte, nem seu objeto; se fala sobre ela, é sempre a propósito de práticas discursivas determinadas e como resultado de suas análises. A época clássica, que foi frequentemente mencionada nas análises arqueológicas, não é uma figura temporal que impõe sua unidade e sua forma vazia a todos os discursos; é o nome que se pode dar a um emaranhado de continuidades e descontinuidades, de modificações internas às positividades, de formações discursivas que aparecem e desaparecem. Da mesma forma, a *ruptura* não é, para a arqueologia, o ponto de apoio de suas análises, o limite que ela mostra de longe, sem poder determiná-lo nem dar-lhe uma especificidade: a ruptura é o nome dado às transformações que se referem ao regime geral de uma ou várias formações discursivas. Assim, a Revolução Francesa – já que foi em torno dela que se centraram até aqui todas as análises arqueológicas – não representa o papel de um acontecimento exterior aos discursos, cujo efeito de divisão, para pensarmos como se deve, teria de ser reencontrado em todos os discursos; ela funciona como um conjunto complexo, articulado, descritível, de transformações que deixaram intactas um certo número de positividades, fixaram, para outras, regras que ainda são as nossas e, igualmente, estabeleceram positividades que acabam de se desfazer ou se desfazem ainda sob nossos olhos.

6

CIÊNCIA E SABER

Uma delimitação silenciosa se impôs a todas as análises precedentes, sem que se tenha apresentado seu princípio, sem mesmo que seu desenho tenha sido precisado. Todos os exemplos evocados pertenciam, sem exceção, a um domínio muito restrito. Estamos longe de ter, não digo inventariado, mas sondado o imenso domínio do discurso: por que ter abandonado sistematicamente os textos "literários", "filosóficos" ou "políticos"? Será que, nessas regiões, as formações discursivas e os sistemas de positividade não têm lugar? Se nos restringimos apenas à ordem das ciências, por que não ter falado da matemática, física ou química? Por que ter apelado para tantas disciplinas duvidosas, informes ainda e destinadas, talvez, a permanecer sempre abaixo do limiar da cientificidade? Em uma palavra, qual é a relação entre arqueologia e análise das ciências?

a) *Positividades, disciplinas, ciências*

Primeira questão: será que a arqueologia, sob termos um pouco bizarros como "formação discursiva" e "positividade", não descreve simplesmente pseudociências (como a psicopatologia), ciências em estado pré-histórico (como a história natural) ou ciências inteiramente impregnadas de ideologia (como a economia política)? Ela não é a análise privilegiada do que permanecerá sempre quase científico? Se chamamos "disciplinas" a conjuntos de enunciados que tomam emprestado de modelos cien-

IV – A Descrição Arqueológica **215**

tíficos sua organização, que tendem à coerência e à demonstratividade, que são recebidos, institucionalizados, transmitidos e às vezes ensinados como ciências, não se poderia dizer que a arqueologia descreve disciplinas que não são efetivamente ciências, enquanto a epistemologia descreveria ciências que se formaram a partir (ou a despeito) das disciplinas existentes?

Podemos responder negativamente a tais questões. A arqueologia não descreve disciplinas. Estas, no máximo, em seu desdobramento manifesto, podem servir de isca para a descrição das positividades; mas não lhe fixam os limites: não lhe impõem recortes definitivos; não se encontram inalteradas no fim da análise; não se pode estabelecer relação biunívoca entre as disciplinas instituídas e as formações discursivas.

Eis um exemplo de tal distorção. A questão central da *Histoire de la folie* era o aparecimento, no início do século XIX, de uma disciplina psiquiátrica. Esta não tinha nem o mesmo conteúdo, nem a mesma organização interna, nem o mesmo lugar na medicina, nem a mesma função prática, nem o mesmo modo de utilização que o tradicional capítulo das "doenças da cabeça" ou das "doenças nervosas" que se encontravam nos tratados de medicina do século XVIII. Ora, interrogando-se a nova disciplina, descobriram-se duas coisas: o que a tornou possível na época em que apareceu, o que determinou essa grande mudança na economia dos conceitos, das análises e das demonstrações, foi todo um jogo de relações entre a hospitalização, a internação, as condições e os procedimentos da exclusão social, as regras da jurisprudência, as normas do trabalho industrial e da moral burguesa, em resumo, todo um conjunto que caracteriza, para essa prática discursiva, a formação de seus enunciados; mas essa prática não se manifesta somente em uma disciplina de *status* e pretensão científicos; encontramo-la igualmente empregada em textos jurídicos, em expressões literárias, em reflexões filosóficas, em decisões de ordem política, em propósitos cotidianos, em opiniões. A formação discursiva cuja existência a discipli-

216 Michel Foucault – A Arqueologia do Saber

na psiquiátrica permite demarcar não lhe é coextensiva; ao contrário, ela a excede amplamente e a cerca de todos os lados. Mas há mais: recuando no tempo e procurando o que pôde preceder nos séculos XVII e XVIII a instauração da psiquiatria, percebeu-se que não havia nenhuma disciplina anterior: o que era dito das manias, delírios, melancolias, doenças nervosas, pelos médicos na época clássica não constituía de modo algum uma disciplina autônoma, mas, no máximo, uma rubrica na análise das febres, das alterações dos humores, ou das afecções do cérebro. Entretanto, apesar da ausência de qualquer disciplina instituída, uma prática discursiva com sua regularidade e consistência era empregada. Essa prática discursiva, certamente, era empregada na medicina, mas, de igual modo, nos regulamentos administrativos, textos literários ou filosóficos, casuística, teorias ou projetos de trabalho obrigatório ou de assistência aos pobres. Temos, então, na época clássica, uma formação discursiva e uma positividade perfeitamente acessíveis à descrição, às quais não corresponde nenhuma disciplina definida que se possa comparar à psiquiatria.

Mas se é verdade que as positividades não são simples duplos das disciplinas instituídas, não são elas o esboço de ciências futuras? Sob o nome formação discursiva não se designa a projeção retrospectiva das ciências sobre seu próprio passado, a sombra que lançam sobre aquilo que as precedeu e que parece tê-las, assim, traçado antecipadamente? O que se descreveu, por exemplo, como análise das riquezas ou gramática geral, emprestando-lhes uma autonomia talvez bem artificial, não seria, simplesmente, a economia política em estado incoativo, ou uma fase anterior à instauração de uma ciência, enfim, rigorosa, da linguagem? Por um movimento retrógrado, cuja legitimidade seria, sem dúvida, difícil de ser estabelecida, a arqueologia não tenta reagrupar, em uma prática discursiva independente, todos os elementos heterogêneos e dispersos cuja cumplicidade se revelará necessária para a instauração de uma ciência?

IV – A Descrição Arqueológica **217**

Ainda aqui, a resposta deve ser negativa. O que foi analisado sob o nome história natural não encerra, em uma figura única, tudo o que nos séculos XVII e XVIII poderia valer como o esboço de uma ciência da vida e figurar em sua genealogia legítima. A positividade assim revelada dá conta, na verdade, de um certo número de enunciados referentes às semelhanças e às diferenças entre os seres, sua estrutura visível, seus caracteres específicos e genéricos, sua classificação possível, as descontinuidades que os separam e as transições que os unem; mas ela deixa de lado muitas outras análises, que datam, no entanto, da mesma época e que traçam, também, as figuras ancestrais da biologia: análise do movimento reflexo (que terá tanta importância para a constituição de uma anatomofisiologia do sistema nervoso), teoria dos germens (que parece antecipar-se aos problemas da evolução e da genética), explicação do crescimento animal ou vegetal (que será uma das maiores questões da fisiologia dos organismos em geral). Além disso, longe de se antecipar a uma biologia futura, a história natural – discurso taxionômico ligado à teoria dos signos e ao projeto de uma ciência da ordem – excluía, por sua solidez e autonomia, a constituição de uma ciência unitária da vida. Da mesma forma, a formação discursiva descrita como gramática geral não dá conta de tudo que pôde ser dito na época clássica, sobre a linguagem, e cuja herança ou repúdio, desenvolvimento ou crítica deveriam ser encontrados, mais tarde, na filologia: ela deixa de lado os métodos da exegese bíblica e a filosofia da linguagem formulada por Vico ou Herder. As formações discursivas não são, pois, as ciências futuras no momento em que, ainda inconscientes de si mesmas, se constituem em surdina: não estão, na verdade, em um estado de subordinação teleológica em relação à ortogênese das ciências.

Deve-se dizer, então, que não pode haver ciência onde há positividades, e que estas, onde podemos descobri-las, sempre excluem as ciências? Deve-se supor que, em vez de estarem em uma relação cronológica em face das ciências, se encontram em uma situação de alternativa? Que elas são, de algum modo, a figura positiva de

218 Michel Foucault – A Arqueologia do Saber

uma certa falha epistemológica. Mas poderíamos, também nesse caso, fornecer um contraexemplo. A medicina clínica seguramente não é uma ciência: não só porque não responde aos critérios formais e não atinge o nível de rigor que se pode esperar da física, da química ou mesmo da fisiologia, mas, também, porque comporta um acúmulo, apenas organizado, de observações empíricas, de tentativas e de resultados brutos, de receitas, de prescrições terapêuticas, de regulamentações institucionais. Entretanto, esta não ciência não exclui a ciência: durante o século XIX, ela estabeleceu relações definidas entre ciências perfeitamente constituídas como a fisiologia, a química ou a microbiologia; além disso, deu lugar a discursos como o da anatomia patológica, a que seria, sem dúvida, presunção dar o título de falsa ciência.

Não se pode, então, identificar as formações discursivas nem às ciências, nem às disciplinas pouco científicas, nem às figuras que delineiam de longe as ciências que virão, e nem, finalmente, a formas que excluem, logo de início, qualquer cientificidade. O que foi feito, então, da relação entre as positividades e as ciências?

b) *O saber*

As positividades não caracterizam formas de conhecimento – quer sejam condições *a priori* e necessárias ou formas de racionalidade que puderam, por sua vez, ser empregadas pela história. Mas elas não definem, tampouco, o estado dos conhecimentos em um dado momento do tempo: não estabelecem o balanço do que, desde aquele momento, pôde ser demonstrado e assumir *status* de aquisição definitiva; o balanço do que, em compensação, era aceito sem prova nem demonstração suficiente, ou do que era admitido pela crença comum ou requerido pela força da imaginação. Analisar positividades é mostrar segundo que regras uma prática discursiva pode formar grupos de objetos, conjuntos de enunciações, jogos de conceitos, séries de escolhas teóricas. Os elementos assim formados não constituem uma ciência, com uma

IV – A Descrição Arqueológica   219

estrutura de idealidade definida; seu sistema de relações é, certamente, menos estrito; mas não são, tampouco, conhecimentos acumulados uns ao lado dos outros, vindos de experiências, de tradições ou de descobertas heterogêneas e ligados somente pela identidade do sujeito que os detém. Eles são a base a partir da qual se constroem proposições coerentes (ou não), se desenvolvem descrições mais ou menos exatas, se efetuam verificações, se desdobram teorias. Formam o antecedente do que se revelará e funcionará com um conhecimento ou uma ilusão, uma verdade admitida ou um erro denunciado, uma aquisição definitiva ou um obstáculo superado. Vê-se bem que esse antecedente não pode ser analisado como um dado, uma experiência vivida – ainda inteiramente engajada no imaginário ou na percepção – que a humanidade, no curso de sua história, teria tido de retomar na forma de sua racionalidade, ou que cada indivíduo deveria atravessar por conta própria, se quisesse reencontrar as significações ideais que aí estão introduzidas ou ocultas. Não se trata de um pré-conhecimento ou de um estágio arcaico no movimento que vai do conhecimento imediato à apodicticidade; trata-se dos elementos que devem ter sido formados por uma prática discursiva, para que, eventualmente, se constituísse um discurso científico, especificado não só por sua forma e seu rigor, mas também pelos objetos de que se ocupa, os tipos de enunciação que põe em jogo, os conceitos que manipula e as estratégias que utiliza. Assim, a ciência não se relaciona com o que devia ser vivido, ou deve sê-lo, para que seja fundada a intenção de idealidade que lhe é própria; mas sim com o que devia ser dito – ou deve sê-lo – para que possa haver um discurso que, se for o caso, responda a critérios experimentais ou formais de cientificidade.

A esse conjunto de elementos, formados de maneira regular por uma prática discursiva e indispensáveis à constituição de uma ciência, apesar de não se destinarem necessariamente a lhe dar lugar, pode-se chamar *saber*. Um saber é aquilo de que podemos falar em uma prática discursiva que se encontra assim especificada: o domínio

220 Michel Foucault – A Arqueologia do Saber

constituído pelos diferentes objetos que irão adquirir ou não um *status* científico (o saber da psiquiatria, no século XIX, não é a soma do que se acreditava fosse verdadeiro; é o conjunto das condutas, das singularidades, dos desvios de que se pode falar no discurso psiquiátrico); um saber é, também, o espaço em que o sujeito pode tomar posição para falar dos objetos de que se ocupa em seu discurso (neste sentido, o saber da medicina clínica é o conjunto das funções de observação, interrogação, decifração, registro, decisão, que podem ser exercidas pelo sujeito do discurso médico); um saber é também o campo de coordenação e de subordinação dos enunciados em que os conceitos aparecem, se definem, se aplicam e se transformam (neste nível, o saber da história natural, no século XVIII, não é a soma do que foi dito, mas sim o conjunto dos modos e das posições segundo os quais se pode integrar ao já dito qualquer enunciado novo); finalmente, um saber se define por possibilidades de utilização e de apropriação oferecidas pelo discurso (assim, o saber da economia política, na época clássica, não é a tese das diferentes teses sustentadas, mas o conjunto de seus pontos de articulação com outros discursos ou outras práticas que não são discursivas). Há saberes que são independentes das ciências (que não são nem seu esboço histórico, nem o avesso vivido); mas não há saber sem uma prática discursiva definida, e toda prática discursiva pode definir-se pelo saber que ela forma.

Em vez de percorrer o eixo consciência-conhecimento-ciência (que não pode ser liberado do índex da subjetividade), a arqueologia percorre o eixo prática discursiva-saber-ciência. Enquanto a história das ideias encontra o ponto de equilíbrio de sua análise no elemento do conhecimento (encontrando-se, assim, coagida a reencontrar a interrogação transcendental), a arqueologia encontra o ponto de equilíbrio de sua análise no saber – isto é, em um domínio em que o sujeito é necessariamente situado e dependente, sem que jamais possa ser considerado titular (seja como atividade transcendental, seja como consciência empírica).

IV – A Descrição Arqueológica   **221**

Compreende-se, nessas condições, que seja necessário distinguir com cuidado os *domínios científicos* e os *territórios arqueológicos*: seu recorte e seus princípios de organização são completamente diferentes. Só pertencem a um domínio de cientificidade as proposições que obedecem a certas leis de construção; afirmações que tivessem o mesmo sentido, que dissessem a mesma coisa, que fossem tão verdadeiras quanto elas, mas que não se prendessem à mesma sistematicidade, seriam excluídas desse domínio: o que *Le rêve de d'Alembert* diz a respeito do devir das espécies pode traduzir certos conceitos ou certas hipóteses científicas da época; isso pode até mesmo antecipar uma verdade futura; isso não pertence ao domínio de cientificidade da história natural, mas, em compensação, a seu território arqueológico, se, pelo menos, se puder descobrir em ação as mesmas regras de formação encontradas em Lineu, Buffon, Daubenton ou Jussieu. Os territórios arqueológicos podem atravessar textos "literários" ou "filosóficos", bem como textos científicos. O saber não está contido somente em demonstrações; pode estar também em ficções, reflexões, narrativas, regulamentos institucionais, decisões políticas. O território arqueológico da história natural compreende a *Palingénésie philosophique* ou o *Telliamed*, apesar de não responderem, em grande parte, às normas científicas que eram admitidas na época, e ainda menos, seguramente, às que seriam exigidas mais tarde. O território arqueológico da gramática geral compreende tanto os devaneios de Fabre d'Olivet (que jamais receberam *status* científico e se inscrevem antes no registro do pensamento místico) quanto a análise das proposições atributivas (que era então aceita com a luz da evidência e na qual a gramática gerativa pode reconhecer, hoje, sua verdade prefigurada).

A prática discursiva não coincide com a elaboração científica a que pode dar lugar; o saber que ela forma não é nem o esboço enrugado, nem o subproduto cotidiano de uma ciência constituída. As ciências – pouco importa, no momento, a diferença entre os discursos que têm presunção ou *status* de cientificidade e os que apresentam

222 Michel Foucault – A Arqueologia do Saber

realmente seus critérios formais – aparecem no elemento de uma formação discursiva, tendo o saber como fundo. Isso abre duas séries de problemas: que local e papel pode ter uma região de cientificidade no território arqueológico em que se delineia? Segundo que ordens e que processos se dá a emergência de uma região de cientificidade em uma formação discursiva determinada? Esses são problemas a que não saberíamos, aqui e agora, responder: tratemos, somente, de indicar em que direção, talvez, poderiam ser analisados.

c) *Saber e ideologia*

Uma vez constituída, uma ciência não retoma a seu cargo, e, nos encadeamentos que lhe são próprios, tudo que formava a prática discursiva em que aparecia; não dissipa tampouco – para remetê-lo à pré-história dos erros, dos preconceitos ou da imaginação – o saber que a cerca. A anatomia patológica não reduziu nem reconduziu às normas da cientificidade a positividade da medicina clínica. O saber não é o canteiro epistemológico que desapareceria na ciência que o realiza. A ciência (ou o que passa por tal) localiza-se em um campo de saber e nele tem um papel, que varia conforme as diferentes formações discursivas e que se modifica de acordo com suas mutações. Aquilo que, na época clássica, era considerado como conhecimento médico das doenças da mente ocupava, no saber da loucura, um lugar muito limitado: não era mais que uma de suas superfícies de afloramento entre muitas outras (jurisprudência, casuística, regulamentação policial etc.); em compensação, as análises psicopatológicas do século XIX, que também passavam por conhecimento científico das doenças mentais, desempenharam um papel muito diferente e bem mais importante no saber da loucura (papel de modelo e de instância de decisão). Do mesmo modo, o discurso científico (ou supostamente científico) não garante a mesma função no saber econômico do século XVII e no do século XIX. Encontra-se uma relação específica entre ciência e saber em toda formação discursiva; a análise

IV – A Descrição Arqueológica 223

arqueológica, em vez de definir entre eles uma relação de exclusão ou de subtração (buscando a parte do saber que se furta e resiste ainda à ciência, e a parte da ciência que ainda está comprometida pela vizinhança e influência do saber), deve mostrar, positivamente, como uma ciência se inscreve e funciona no elemento do saber.

É sem dúvida aí, nesse espaço de ação, que se estabelecem e se especificam as relações da ideologia com as ciências. A influência da ideologia sobre o discurso científico e o funcionamento ideológico das ciências não se articulam no nível de sua estrutura ideal (mesmo que nele possam traduzir-se de uma forma mais ou menos visível), nem no nível de sua utilização técnica em uma sociedade (se bem que esta possa aí entrar em vigor), nem no nível da consciência dos sujeitos que a constroem; articulam-se onde a ciência se destaca sobre o saber. Se a questão da ideologia pode ser proposta à ciência, é na medida em que esta, sem se identificar com o saber, mas sem apagá-lo ou excluí-lo, nele se localiza, estrutura alguns de seus objetos, sistematiza algumas de suas enunciações, formaliza alguns de seus conceitos e de suas estratégias; é na medida em que, por um lado, esta elaboração escande o saber, o modifica, o redistribui, e, por outro, o confirma e o deixa valer; é na medida em que a ciência encontra seu lugar em uma regularidade discursiva e, por isso, se desdobra e funciona em todo um campo de práticas discursivas ou não. Em resumo, a questão da ideologia proposta à ciência não é a questão das situações ou das práticas que ela reflete de um modo mais ou menos consciente; não é, tampouco, a questão de sua utilização eventual ou de todos os empregos abusivos que se possa dela fazer; é a questão de sua existência como prática discursiva e de seu funcionamento entre outras práticas.

Pode-se dizer *grosso modo*, e passando por cima de qualquer mediação e especificidade, que a economia política tem um papel na sociedade capitalista, que ela serve aos interesses da classe burguesa, que foi feita por ela e para ela, que carrega, enfim, o estigma de suas origens até em seus conceitos e em sua arquitetura lógica; mas

224 Michel Foucault – A Arqueologia do Saber

qualquer descrição mais precisa das relações entre a estrutura epistemológica da economia e sua função ideológica deverá passar pela análise da formação discursiva que lhe deu lugar e do conjunto dos objetos, conceitos e escolhas teóricas que tiveram de ser elaborados e sistematizados. Deveremos mostrar, então, como a prática discursiva que deu lugar a tal positividade funcionou entre outras práticas que podiam ser de ordem discursiva, mas também de ordem política ou econômica. Isso permite antecipar um certo número de proposições:

1. A ideologia não exclui a cientificidade. Poucos discursos deram tanto lugar à ideologia quanto o discurso clínico ou o da economia política: não é uma razão suficiente para apontar erro, contradição, ausência de objetividade no conjunto de seus enunciados.

2. As contradições, as lacunas, as falhas teóricas podem assinalar o funcionamento ideológico de uma ciência (ou de um discurso com pretensão científica); podem permitir determinar em que ponto do edifício esse funcionamento se dá. Mas a análise de tal funcionamento deve ser feita no nível da positividade e das relações entre as regras da formação e as estruturas da cientificidade.

3. Corrigindo-se, retificando seus erros, condensando suas formalizações, um discurso não anula forçosamente sua relação com a ideologia. O papel da ideologia não diminui à medida que cresce o rigor e que se dissipa a falsidade.

4. Estudar o funcionamento ideológico de uma ciência para fazê-lo aparecer e para modificá-lo não é revelar os pressupostos filosóficos que podem habitá-lo; não é retornar aos fundamentos que a tornaram possível e que a legitimam: é colocá-la novamente em questão como formação discursiva; é estudar não as contradições formais de suas proposições, mas o sistema de formação de seus objetos, tipos de enunciação, conceitos e escolhas teóricas. É retomá-la como prática entre outras práticas.

d) *Os diferentes limiares e sua cronologia*

A propósito de uma formação discursiva, podem-se descrever diversas emergências distintas. O momento a partir do qual uma prática discursiva se individualiza e assume sua autonomia, o momento, por conseguinte, em que se encontra em ação um único e mesmo sistema de

IV – A Descrição Arqueológica **225**

formação dos enunciados, ou ainda o momento em que esse sistema se transforma, poderá ser chamado *limiar de positividade*. Quando no jogo de uma formação discursiva um conjunto de enunciados se delineia, pretende fazer valer (mesmo sem consegui-lo) normas de verificação e de coerência e o fato de que exerce, em relação ao saber, uma função dominante (modelo, crítica ou verificação), diremos que a formação discursiva transpõe um *limiar de epistemologização*. Quando a figura epistemológica, assim delineada, obedece a um certo número de critérios formais, quando seus enunciados não respondem somente a regras arqueológicas de formação, mas, além disso, a certas leis de construção das proposições, diremos que ela transpôs um *limiar de cientificidade*. Enfim, quando esse discurso científico, por sua vez, puder definir os axiomas que lhe são necessários, os elementos que usa, as estruturas proposicionais que lhe são legítimas e as transformações que aceita, quando puder assim desenvolver, a partir de si mesmo, o edifício formal que constitui, diremos que transpôs o *limiar da formalização*.

A repartição desses diferentes limiares no tempo, sua sucessão, sua defasagem, sua eventual coincidência, a maneira pela qual se podem comandar ou implicar uns aos outros e as condições nas quais alternadamente se instauram constituem para a arqueologia um de seus domínios maiores de exploração. Sua cronologia, na verdade, não é nem regular, nem homogênea. Não é com o mesmo ritmo e ao mesmo tempo que todas as formações discursivas os transpõem, escandindo, assim, a história dos conhecimentos humanos em diferentes períodos: na época em que muitas positividades transpuseram o limiar da formalização, muitas outras ainda não tinham atingido o da cientificidade ou mesmo da epistemologização. Além disso, cada formação discursiva não passa, sucessivamente, pelos diferentes limiares como pelos estágios naturais de uma maturação biológica em que a única variável seria o tempo de latência ou a duração dos intervalos. Trata-se, de fato, de acontecimentos cuja dispersão não é evolutiva: sua ordem singular é um dos ca-

226 Michel Foucault – A Arqueologia do Saber

racteres de cada formação discursiva. Eis alguns exemplos de tais diferenças.

Em certos casos, o limiar da positividade é transposto muito antes do da epistemologização: assim, a psicopatologia, como discurso de pretensão científica, epistemologizou no início do século XIX, com Pinel, Heinroth e Esquirol, uma prática discursiva que lhe preexistia amplamente e que adquirira, há muito tempo, sua autonomia e seu sistema de regularidade. Mas pode acontecer também que esses dois limiares estejam confundidos no tempo e que a instauração de uma positividade seja, ao mesmo tempo, a emergência de uma figura epistemológica. Às vezes, os limiares de cientificidade estão ligados à passagem de uma positividade a outra; às vezes, são diferentes disso; assim, a passagem da história natural (com a cientificidade que lhe era própria) à biologia (como ciência não da classificação dos seres, mas das correlações específicas entre os diferentes organismos) só se efetuou na época de Cuvier com a transformação de uma positividade em outra; em compensação, a medicina experimental de Claude Bernard e depois a microbiologia de Pasteur modificaram o tipo de cientificidade requerido pela anatomia e fisiologia patológicas, sem que a formação discursiva da medicina clínica, tal como fora estabelecida na época, tivesse sido posta fora de cena. Da mesma forma, a nova cientificidade instituída, nas disciplinas biológicas, pelo evolucionismo, não modificou a positividade biológica que fora definida na época de Cuvier. No caso da economia, os rompimentos são particularmente numerosos. Pode-se reconhecer, no século XVII, um limiar de positividade: ele coincide, aproximadamente, com a prática e a teoria do mercantilismo; mas sua epistemologização só se produziria um pouco mais tarde, no fim do século, ou no início do século seguinte, com Locke e Cantillon. No entanto, o século XIX assinala, ao mesmo tempo, com Ricardo, um novo tipo de positividade, uma nova forma de espistemologização, que Cournot e Jevons por sua vez modificariam, justamente na época em que

IV – A Descrição Arqueológica   **227**

Marx, a partir da economia política, faria aparecer uma prática discursiva inteiramente nova.

Se só se reconhecer na ciência o acúmulo linear das verdades ou a ortogênese da razão, se nela só se reconhecer uma prática discursiva que tem seus níveis, seus limiares, suas rupturas diversas, só se poderá descrever uma única divisão histórica cujo modelo não se deixa de reconduzir, ao longo dos tempos, para uma forma de saber, não importa qual: a divisão entre o que não é ainda científico e o que o é definitivamente. Toda a densidade das separações, toda a dispersão das rupturas, toda a defasagem de seus efeitos e o jogo de sua interdependência acham-se reduzidos ao ato monótono de uma fundação que é preciso sempre repetir.

Só existe, sem dúvida, uma ciência para a qual não se podem distinguir esses diferentes limiares nem descrever entre eles semelhante conjunto de defasagens: a matemática, única prática discursiva que transpôs de uma só vez o limiar da positividade, o de epistemologização, o da cientificidade e o da formalização. A própria possibilidade de sua existência implicava que fosse considerado, logo de início, aquilo que, em todos os outros casos, permanece disperso ao longo da história: sua positividade primeira devia constituir uma prática discursiva já formalizada (mesmo que outras formalizações devessem, em seguida, ser operadas). Daí o fato de ser sua instauração ao mesmo tempo tão enigmática (tão pouco acessível à análise, tão fechada na forma do começo absoluto) e tão valorizada (já que vale, concomitantemente, como origem e como fundamento); daí o fato de se ter visto, no primeiro gesto do primeiro matemático, a constituição de uma idealidade que se desenrolou ao longo da história e que só foi questionada para ser repetida e purificada; daí o fato de se examinar o começo da matemática menos como um acontecimento histórico do que a título de princípio de historicidade; daí, enfim, o fato de se relacionar, no caso de todas as outras ciências, a descrição de sua gênese histórica, de suas tentativas e de seus fracassos, de sua tardia abertura, como o modelo

228 Michel Foucault – A Arqueologia do Saber

meta-histórico de uma geometria que emerge súbita e definitivamente das práticas triviais da agrimensura. Mas ao tomar o estabelecimento do discurso matemático como protótipo do nascimento e do devir de todas as outras ciências corre-se o risco de homogeneizar todas as formas singulares de historicidade, reconduzir à instância de um único corte todos os limiares diferentes que uma prática discursiva pode transpor, e reproduzir, indefinidamente, em todos os momentos, a problemática da origem: assim se achariam renovados os direitos da análise histórico-transcendental. A matemática foi seguramente modelo para a maioria dos discursos científicos em seu esforço de alcançar o rigor formal e a demonstratividade; mas, para o historiador que interroga o devir efetivo das ciências, ela é um mau exemplo – um exemplo que não se poderia, de forma alguma, generalizar.

e) *Os diferentes tipos de história das ciências*

Os múltiplos limiares que puderam ser demarcados permitem formas distintas de análise histórica. De início, no nível da formalização: é essa história que a matemática não deixa de contar sobre si mesma, no processo de sua própria elaboração. O que ela foi em um dado momento (seu domínio, seus métodos, os objetos que define, a linguagem que emprega) jamais é lançado ao campo exterior da não cientificidade, mas se encontra continuamente redefinido (ainda que a título de região caída em desuso ou atingida provisoriamente pela esterilidade) no edifício formal que constitui; esse passado se revela como caso particular, modelo ingênuo, esboço parcial e insuficientemente generalizado, de uma teoria mais abstrata, mais poderosa ou de mais alto nível; a matemática retranscreve seu percurso histórico real, no vocabulário das vizinhanças, das dependências, das subordinações, das formalizações progressivas, das generalidades que se enredam. Para essa história *da* matemática (a que ela constitui e a que conta a propósito de si mesma), a álgebra de Diofanto não é uma experiência que permanece

IV – A Descrição Arqueológica   229

em suspenso; é um caso particular da álgebra tal como o conhecemos desde Abel e Galois; o método grego das exaustões não foi um impasse de que foi preciso desviar; é um modelo ingênuo do cálculo integral. Acontece que cada peripécia histórica tem seu nível e sua localização formais. Trata-se de uma *análise recorrencial* que só pode ser feita no interior de uma ciência constituída, uma vez transposto seu limiar de formalização.[1]

É diferente a análise histórica que se situa no limiar da cientificidade e que se interroga sobre a maneira pela qual ele pôde ser transposto a partir de figuras epistemológicas diversas. Trata-se de saber, por exemplo, como um conceito – carregado ainda de metáforas ou de conteúdos imaginários – se purificou e pôde assumir *status* e função de conceito científico; de saber como uma região de experiência, já demarcada, já parcialmente articulada, mas ainda atravessada por utilizações práticas imediatas ou valorizações efetivas, pôde constituir-se em um domínio científico; de saber, de modo mais geral, como uma ciência se estabeleceu acima e contra um nível pré-científico que, ao mesmo tempo, a preparava e resistia a seu avanço, e como pôde transpor os obstáculos e as limitações que ainda se lhe opunham. G. Bachelard e G. Canguilhem apresentaram os modelos dessa história. Ela não tem necessidade, como a análise recorrencial, de se situar no próprio interior da ciência, de recolocar todos os seus episódios no edifício por ela constituído, e de contar sua formalização no vocabulário formal que é, hoje, o seu: como, aliás, ela o poderia, já que mostra do que a ciência se libertou e tudo que teve de abandonar para atingir o limiar da cientificidade. Por isso mesmo, essa descrição toma por norma a ciência constituída; a história que ela conta é necessariamente escandida pela oposição verdade e erro, racional e irracional, obstáculo e fecundidade, pureza e impureza, científico e não científico. Trata-se de uma *história epistemológica* das ciências.

---

1   Cf. sobre o assunto: "Les anamnèses mathématiques" (*in Hermès ou la communication*, Michel Serres, p. 78).

230 Michel Foucault – A Arqueologia do Saber

O terceiro tipo de análise histórica é o que toma como ponto de ataque o limiar de epistemologização – o ponto de clivagem entre as formações discursivas definidas por sua positividade e figuras epistemológicas que não são todas, forçosamente, ciências (e que, de resto, talvez jamais cheguem a sê-lo). Nesse nível, a cientificidade não serve como norma: o que se tenta revelar, na *história arqueológica*, são as práticas discursivas na medida em que dão lugar a um saber, e em que esse saber assume o *status* e o papel de ciência. Empreender nesse nível uma história das ciências não é descrever formações discursivas sem considerar estruturas epistemológicas; é mostrar como a instauração de uma ciência, e eventualmente sua passagem à formalização, pode ter encontrado sua possibilidade e sua incidência em uma formação discursiva e nas modificações de sua positividade. Trata-se, pois, para tal análise, de traçar o perfil da história das ciências a partir de uma descrição das práticas discursivas; de definir como, segundo que regularidade e graças a que modificações ela pôde dar lugar aos processos de epistemologização, atingir as normas da cientificidade e, talvez, chegar ao limiar da formalização. Procurar o nível da prática discursiva na densidade histórica das ciências não significa querer reconduzi-la a um nível profundo e originário, ao solo da experiência vivida (à terra, que se apresenta, irregular e retalhada, anterior a qualquer geometria, ao céu que cintila através do esquadrinhamento de qualquer astronomia); quer-se, sim, fazer aparecer entre positividades, saber, figuras epistemológicas e ciências, todo o jogo das diferenças, das relações, dos desvios, das defasagens, das independências, das autonomias, e a maneira pela qual se articulam entre si suas historicidades.

A análise das formações discursivas, das positividades e do saber, em suas relações com as figuras epistemológicas e as ciências, é o que se chamou, para distingui-las das outras formas possíveis de história das ciências, a análise da *episteme*. Suspeitaremos, talvez, que a *episteme* seja algo como uma visão do mundo, uma fatia de história comum a todos os conhecimentos

IV – A Descrição Arqueológica   231

e que imporia a cada um as mesmas normas e os mesmos postulados, um estágio geral da razão, uma certa estrutura de pensamento a que não saberiam escapar os homens de uma época – grande legislação escrita, definitivamente, por mão anônima. Por *episteme* entende-se, na verdade, o conjunto das relações que podem unir, em uma dada época, as práticas discursivas que dão lugar a figuras epistemológicas, a ciências, eventualmente a sistemas formalizados; o modo segundo o qual, em cada uma dessas formações discursivas, se situam e se realizam as passagens à epistemologização, à cientificidade, à formalização; a repartição desses limiares que podem coincidir, ser subordinados uns aos outros, ou estar defasados no tempo; as relações laterais que podem existir entre figuras epistemológicas ou ciências, na medida em que se prendam a práticas discursivas vizinhas mas distintas. A *episteme* não é uma forma de conhecimento, ou um tipo de racionalidade que, atravessando as ciências mais diversas, manifestaria a unidade soberana de um sujeito, de um espírito ou de uma época; é o conjunto das relações que podem ser descobertas, para uma época dada, entre as ciências, quando estas são analisadas no nível das regularidades discursivas.

A descrição da *episteme* apresenta, portanto, diversos caracteres essenciais: abre um campo inesgotável e não pode nunca ser fechada; não tem por finalidade reconstituir o sistema de postulados a que obedecem todos os conhecimentos de uma época, mas sim percorrer um campo indefinido de relações. Além disso, a *episteme* não é uma figura imóvel que, surgida um dia, seria convocada a apagar-se bruscamente: é um conjunto indefinidamente móvel de escansões, defasagens, coincidências, que se estabelecem e se desfazem. A *episteme*, ainda, como conjunto de relações entre ciências, figuras epistemológicas, positividades e práticas discursivas, permite compreender o jogo das coações e das limitações que, em um momento determinado, se impõem ao discurso; mas essa limitação não é aquela que, negativa, opõe ao

232 Michel Foucault – A Arqueologia do Saber

conhecimento a ignorância, ao raciocínio a imaginação, à experiência já acumulada a fidelidade às aparências, e às inferências e às deduções o devaneio; a *episteme* não é o que se pode saber em uma época, tendo em conta insuficiências técnicas, hábitos mentais, ou limites colocados pela tradição; é aquilo que, na positividade das práticas discursivas, torna possível a existência das figuras epistemológicas e das ciências. Finalmente, vê-se que a análise da *episteme* não é uma maneira de retomar a questão crítica ("sendo apresentado algo como uma ciência, qual é seu direito ou sua legitimidade?"); é uma interrogação que só acolhe o dado da ciência a fim de se perguntar o que é, para essa ciência, o fato de ser conhecida. No enigma do discurso científico, o que ela põe em jogo não é o seu direito de ser uma ciência, é o fato de que ele existe. E o ponto onde se separa de todas as filosofias do conhecimento é que ela não relaciona tal fato à instância de uma doação originária que fundaria, em um sujeito transcendental, o fato e o direito; mas sim aos processos de uma prática histórica.

f) *Outras arqueologias*

Uma questão permanece em suspenso: seria possível conceber uma análise arqueológica que fizesse aparecer a regularidade de um saber, mas que não se propusesse a analisá-lo na direção das figuras epistemológicas e das ciências? A orientação voltada para a *episteme* é a única que pode abrir-se à arqueologia? Deve ser esta – e exclusivamente – uma certa maneira de interrogar a história das ciências? Em outras palavras, limitando-se, até o momento, à região dos discursos científicos, a arqueologia tem obedecido a uma necessidade que não poderia superar – ou tem esboçado, em um exemplo particular, formas de análise que podem ter uma extensão inteiramente diferente?

No momento, avancei muito pouco para responder definitivamente a essa pergunta. Mas imagino de bom grado – aguardando ainda numerosas experiências que seria preci-

IV – A Descrição Arqueológica   **233**

so empreender e muitas tentativas – arqueologias que se desenvolveriam em direções diferentes. Consideremos, por exemplo, uma descrição arqueológica da "sexualidade". Vejo bem, de agora em diante, como se poderia orientá-la no sentido da *episteme*: mostraríamos de que maneira, no século XIX, se formaram figuras epistemológicas como a biologia ou a psicologia da sexualidade; e por qual ruptura se instaurou, com Freud, um discurso de tipo científico. Mas percebo, também, uma outra possibilidade de análise: em vez de estudar o comportamento sexual dos homens em uma dada época (procurando sua lei em uma estrutura social, em um inconsciente coletivo, ou em uma certa atitude moral), em vez de descrever o que os homens pudessem pensar da sexualidade (que interpretação religiosa lhe davam, que valorização ou que reprovação faziam recair sobre ela, que conflitos de opinião ou de moral ela podia suscitar), perguntaríamos se, nessas condutas, assim como nessas representações, toda uma prática discursiva não se encontra inserida; se a sexualidade, fora de qualquer orientação para um discurso científico, não é um conjunto de objetos de que se pode falar (ou de que é proibido falar), um campo de enunciações possíveis (quer se trate de expressões líricas ou de prescrições jurídicas), um conjunto de conceitos (que podem, sem dúvida, ser apresentados sob a forma elementar de noções ou de temas), um jogo de escolhas (que pode aparecer na coerência das condutas ou em sistemas de prescrição). Tal arqueologia, se fosse bem-sucedida em sua tarefa, mostraria como as proibições, as exclusões, os limites, as valorizações, as liberdades, as transgressões da sexualidade, todas as suas manifestações, verbais ou não, estão ligadas a uma prática discursiva determinada. Ela faria aparecer, não certamente como verdade última da sexualidade, mas como uma das dimensões segundo as quais pode ser descrita, uma certa "maneira de falar"; e essa maneira de falar mostraria como ela está inserida, não em discursos científicos, mas em um sistema de proibições e de valores. Tal análise

234 Michel Foucault – A Arqueologia do Saber

seria feita, assim, não na direção de *episteme*, mas no sentido do que se poderia chamar ética.

Eis o exemplo, entretanto, de uma outra orientação possível. Para analisar um quadro, pode-se reconstituir o discurso latente do pintor; pode-se querer reencontrar o murmúrio de suas intenções que não são, em última análise, transcritas em palavras, mas em linhas, superfícies e cores; pode-se tentar destacar a filosofia implícita que, supostamente, forma sua visão do mundo. É possível, igualmente, interrogar a ciência, ou pelo menos as opiniões da época, e procurar reconhecer o que o pintor lhes tomou emprestado. A análise arqueológica teria um outro fim: pesquisaria se o espaço, a distância, a profundidade, a cor, a luz, as proporções, os volumes, os contornos não foram, na época considerada, nomeados, enunciados, conceitualizados em uma prática discursiva; e se o saber resultante dessa prática discursiva não foi, talvez, inserido em teorias e especulações, em formas de ensino e em receitas, mas também em processos, em técnicas e quase no próprio gesto do pintor. Não se trataria de mostrar que a pintura é uma certa maneira de significar ou de "dizer", que teria a particularidade de dispensar palavras. Seria preciso mostrar que, em pelo menos uma de suas dimensões, ela é uma prática discursiva que toma corpo em técnicas e em efeitos. Assim descrita, a pintura não é uma simples visão que se deveria, em seguida, transcrever na materialidade do espaço. Não é mais um gesto nu cujas significações mudas e indefinidamente vazias deveriam ser liberadas por interpretações ulteriores. É inteiramente atravessada – independentemente dos conhecimentos científicos e dos temas filosóficos – pela positividade de um saber.

Parece-me que se poderia fazer, também, uma análise do mesmo tipo a propósito do saber político. Tentaríamos ver se o comportamento político de uma sociedade, de um grupo ou de uma classe não é atravessado por uma prática discursiva determinada e descritível. Essa positividade não coincidiria, evidentemente, nem com as teorias políticas da época, nem com as determinações

IV – A Descrição Arqueológica   **235**

econômicas: da política, ela definiria o que pode tornar-se objeto de enunciação, as formas que tal enunciação pode tomar, os conceitos que aí se encontram empregados e as escolhas estratégicas que aí se operam. Em lugar de analisá-lo – o que é sempre possível – na direção da *episteme* a que pode dar lugar, analisaríamos esse saber na direção dos comportamentos, das lutas, dos conflitos, das decisões e das táticas. Faríamos aparecer, assim, um saber político que não é da ordem de uma teorização secundária da prática e que não é, tampouco, uma aplicação da teoria. Já que é regularmente formado por uma prática discursiva que se desenrola entre outras práticas e se articula com elas, ele não constitui uma expressão que "refletiria", de maneira mais ou menos adequada, um certo número de "dados objetivos" ou de práticas reais. Inscreve-se, logo de início, no campo das diferentes práticas em que encontra, ao mesmo tempo, sua especificação, suas funções e a rede de suas dependências. Se tal descrição fosse possível, veríamos que não haveria necessidade de passar pela instância de uma consciência individual ou coletiva para compreender o lugar de articulação entre uma prática e uma teoria políticas; não haveria necessidade de procurar saber em que medida essa consciência pode, de um lado, exprimir condições mudas, de outro, mostrar-se sensível a verdades teóricas; não teríamos de colocar o problema psicológico de uma tomada de consciência; teríamos de analisar a formação e as transformações de um saber. A questão, por exemplo, não seria determinar a partir de que momento aparece uma consciência revolucionária, nem que papéis respectivos puderam desempenhar as condições econômicas e o trabalho de elucidação teórica na gênese dessa consciência; não se trataria de retraçar a biografia geral e exemplar do homem revolucionário, ou de encontrar o enraizamento de seu projeto; mas de mostrar como se formaram uma prática discursiva e um saber revolucionário que estão envolvidos em comportamentos e estratégias, que dão lugar a uma teoria da sociedade e

236 Michel Foucault – A Arqueologia do Saber

que operam a interferência e a mútua transformação de uns e outros.

Pode-se responder, agora, à pergunta que se propunha há pouco: a arqueologia só se ocupa das ciências e nunca passa de uma análise dos discursos científicos? E responder duas vezes não. O que a arqueologia tenta descrever não é a ciência em sua estrutura específica, mas o domínio, bem diferente, do *saber*. Além disso, se ela se ocupa do saber em sua relação como as figuras epistemológicas e as ciências, pode, do mesmo modo, interrogar o saber em uma direção diferente e descrevê-lo em um outro feixe de relações. A orientação para a *episteme* foi a única explorada até aqui. A razão disso é que, por um gradiente que caracteriza, sem dúvida, nossas culturas, as formações discursivas não param de se epistemologizar. Foi interrogando as ciências, sua história, sua estranha unidade, sua dispersão e suas rupturas, que o domínio das positividades pôde aparecer; foi no interstício dos discursos científicos que se pôde apreender o jogo das formações discursivas. Não é surpreendente, em tais condições, que a região mais fecunda, a mais aberta à descrição arqueológica, tenha sido a "era clássica" que, do Renascimento ao século XIX, desenvolveu a epistemologização de tantas positividades; não é surpreendente, tampouco, que as formações discursivas e as regularidades específicas do saber se tenham delineado justamente onde os níveis da cientificidade e da formalização foram os mais difíceis de ser atingidos. Mas esse é apenas o ponto preferencial da abordagem; não é um domínio obrigatório para a arqueologia.

V

CONCLUSÃO

– Ao longo deste livro, você tentou, nem bem nem mal, escapar do "estruturalismo" ou do que se compreende, comumente, por esse nome. Acentuou que não usava seus métodos, nem seus conceitos; que não se referia aos processos da descrição linguística; que não tinha nenhuma preocupação com formalização. Mas o que significam tais divergências, a não ser que você fracassou em empregar o que pode haver de positivo nas análises estruturais, o que elas podem comportar de rigor e de eficácia demonstrativa, e que o domínio que você tentou abordar é rebelde a esse gênero de empreendimento, continuando sua riqueza a escapar aos esquemas em que você queria fechá-lo? Com muita desenvoltura, você mascarou sua impotência em termos de método; apresenta-nos, agora, como uma diferença explicitamente desejada, a distância invencível que o mantém e o manterá sempre separado de uma verdadeira análise estrutural.

Você não conseguiu nos enganar. É verdade que, no vazio deixado pelos métodos que você não empregou, você lançou toda uma série de noções que parecem estranhas aos conceitos hoje admitidos pelos que descrevem línguas ou mitos, obras literárias ou contos; você falou de formações, positividades, saber, práticas discursivas; toda uma panóplia de termos cuja singularidade e poderes maravilhosos você tinha a satisfação de sublinhar, a cada momento. Mas teria de inventar tantas extravagâncias, se não tivesse tentado valorizar, em um domínio que lhes era irredutível, alguns dos temas fundamentais

240 Michel Foucault – A Arqueologia do Saber

do estruturalismo – e até aqueles que constituem seus postulados mais contestáveis, sua mais duvidosa filosofia? Tudo se passa como se você tivesse retido métodos contemporâneos de análise, não o trabalho empírico e sério, mas dois ou três temas que são mais extrapolações destes do que princípios necessários.

Foi assim que você quis reduzir as dimensões próprias do discurso, abandonar sua irregularidade específica, ocultar o que ele pode comportar de iniciativa e de liberdade, compensar o desequilíbrio que instaura na língua: você quis fechar essa abertura. A exemplo de uma certa forma de linguística, você procurou dispensar o sujeito falante; acreditou que se podia livrar o discurso de todas as suas referências antropológicas e tratá-lo como se jamais tivesse sido formulado por alguém, como se nunca tivesse nascido em circunstâncias particulares, como se não fosse atravessado por representações, como se não se dirigisse a ninguém. Finalmente, você aplicou-lhe um princípio de simultaneidade: recusou-se a ver que o discurso, diversamente talvez da língua, é essencialmente histórico, que não era constituído de elementos disponíveis, mas de acontecimentos reais e sucessivos, e que não se pode analisá-lo fora do tempo em que se desenvolveu.

– Você tem razão: ignorei a transcendência do discurso; recusei-me, descrevendo-o, a relacioná-lo como uma subjetividade; não acentuei, em primeiro lugar, e como se devesse ser a forma geral, seu caráter diacrônico. Mas tudo isso não se destinava a prolongar, além do domínio da língua, conceitos e métodos que nela tinham sido experimentados. Se falei de um discurso, não foi para mostrar que os mecanismos ou os processos da língua aí se mantinham integralmente; mas, antes, para fazer aparecer, na densidade das *performances* verbais, a diversidade dos níveis possíveis de análise; para mostrar que, ao lado dos métodos de estruturação linguística (ou dos de interpretação), podia-se estabelecer uma descrição específica dos enunciados, de sua formação e das regularidades próprias do discurso. Se suspendi as referências ao

V – Conclusão **241**

sujeito falante, não foi para descobrir leis de construção ou formas que seriam aplicadas da mesma maneira por todos os sujeitos falantes, nem para fazer falar o grande discurso universal que seria comum a todos os homens de uma época. Tratava-se, pelo contrário, de mostrar em que consistiam as diferenças, como era possível que homens, no interior de uma mesma prática discursiva, falassem de objetos diferentes, tivessem opiniões opostas, fizessem escolhas contraditórias; tratava-se, também, de mostrar em que as diferentes práticas discursivas se distinguiam umas das outras; em suma, não quis excluir o problema do sujeito; quis definir as posições e as funções que o sujeito podia ocupar na diversidade dos discursos. Finalmente, você pôde constatar: não neguei a história; mantive em suspenso a categoria geral e vazia da mudança para fazer aparecerem transformações de níveis diferentes; recuso um modelo uniforme de temporalização para descrever, a propósito de cada prática discursiva, suas regras de acúmulo, exclusão, reativação, suas formas próprias de derivação e suas modalidades específicas de conexão em sequências diversas.

Não quis, portanto, levar além de seus limites legítimos o empreendimento estruturalista. Você há de convir que não empreguei uma única vez o termo estrutura em *Les mots et les choses*. Mas deixemos as polêmicas a respeito do "estruturalismo"; elas sobrevivem, com dificuldade, em regiões hoje abandonadas pelos que trabalham; esta luta, outrora fecunda, só é conduzida agora pelos farsantes e pelos forasteiros.

– Por mais que você queira evitar tais polêmicas, não escapará ao problema, pois não é no estruturalismo que ele se encontra. Reconhecemos de bom grado sua justeza e eficácia: quando se trata de analisar uma língua, mitologias, narrativas populares, poemas, sonhos, obras literárias, talvez filmes, a descrição estrutural faz com que apareçam relações que, sem ela, não poderiam ter sido isoladas; ela permite definir elementos recorrentes, com suas formas de oposição e seus critérios de indivi-

242 Michel Foucault – A Arqueologia do Saber

dualização; permite estabelecer, também, leis de construção, equivalências e regras de transformação. Apesar de algumas reticências que puderam ser marcadas no início, aceitamos agora, sem dificuldade, que a língua, o inconsciente, a imaginação dos homens, obedecem a leis de estrutura. Mas o que recusamos inteiramente é o que você faz: poder analisar os discursos científicos em sua sucessão sem relacioná-los a algo como uma atividade constituinte, sem reconhecer, até em suas hesitações, a abertura de um projeto originário ou de uma teleologia fundamental, sem reencontrar a profunda continuidade que os liga e os conduz até o ponto de onde podemos retomá-los; poder, assim, destrinçar o devir da razão e liberar de qualquer índice de subjetividade a história do pensamento. Limitemos o debate: admitimos que se possa falar, em termos de elementos e de regras de construção, da linguagem em geral – da linguagem de outro lugar e de outro tempo que é a dos mitos, ou ainda da linguagem, apesar de tudo um pouco estranha, que é a de nosso inconsciente ou de nossas obras; mas a linguagem de nosso saber, que temos aqui e agora, o próprio discurso estrutural que nos permite analisar tantas outras linguagens, nós a consideramos como irredutível em sua densidade histórica. Você não pode esquecer, igualmente, que é a partir dela, de sua lenta gênese, do devir obscuro que a conduziu ao estado atual, que podemos falar dos outros discursos em termos de estruturas; foi ela que nos deu essa possibilidade e esse direito; ela forma a mancha cega a partir da qual as coisas, em torno de nós, se dispõem como as vemos hoje. Queremos lidar com elementos, relações e descontinuidades quando analisamos lendas indo-europeias ou tragédias de Racine; aceitamos ainda que se dispense, sempre que possível, uma interrogação sobre os sujeitos falantes; mas contestamos que se possam tomar como pretexto essas tentativas bem-sucedidas para fazer refluir a análise, para remontar às formas do discurso que as torna possíveis e para pôr em questão o próprio lugar de onde falamos hoje. A história das análises, onde a subjetividade se esquiva, guarda consigo sua própria transcendência.

– Parece-me que é justamente esse (e muito mais que na questão repisada do estruturalismo) o ponto do debate e da resistência que você opõe. Permita-me, como passatempo, é claro – porque, como você bem sabe, não tenho inclinação particular para a interpretação –, dizer-lhe como compreendi seu discurso de há pouco. "Claro, dizia você em surdina, estamos de agora em diante coagidos, apesar de todos os combates de retaguarda que travamos, a aceitar que discursos dedutivos sejam formalizados; claro que devemos suportar que se descreva, não a história de uma alma, não um projeto de existência, mas a arquitetura de um sistema filosófico; claro, não importa o que pensemos, devemos tolerar as análises que relacionam as obras literárias, não à experiência vivida de um indivíduo, mas às estruturas da língua. Claro, foi preciso que abandonássemos todos os discursos que sujeitávamos outrora à soberania da consciência. Mas o que perdemos, já há mais de meio século, queremos recuperar em um segundo momento pela análise de todas essas análises, ou, pelo menos, pela interrogação fundamental que lhes endereçamos. Vamos perguntar-lhes de onde vêm, qual é a destinação histórica que as atravessa sem que disso se deem conta, que ingenuidade as impossibilita de ver as condições que as tornam possíveis, em que clausura metafísica se fecha seu positivismo rudimentar. Será irrelevante, finalmente, que o inconsciente não seja a extremidade implícita da consciência, como acreditávamos e afirmávamos; será irrelevante que uma mitologia não seja mais uma visão do mundo, e que um romance seja algo diferente da vertente exterior de uma experiência vivida; pois a razão que estabelece todas essas "verdades" novas temo-la sob grande vigilância: nem ela, nem seu passado, nem o que a torna possível, nem o que a faz nossa escapa à delimitação transcendental. Será a ela, agora – e estamos firmemente decididos a jamais renunciar a isto –, que colocaremos a questão da

244 Michel Foucault – A Arqueologia do Saber

origem, da constituição inicial, do horizonte teleológico, da continuidade temporal. Será este pensamento, que hoje se efetiva como nosso, que manteremos na dominância histórico-transcendental. Isso porque, se somos obrigados a suportar, de bom ou mau grado, todos os estruturalismos, não podemos aceitar que se toque na história do pensamento que é a história de nós mesmos; não podemos aceitar que se desfaçam todos os laços transcendentais que a ligaram, desde o século XIX, à problemática da origem e da subjetividade. A quem se aproximar da fortaleza em que nos refugiamos, mas que queremos manter solidamente, repetiremos, com o gesto que imobiliza a profanação: *Noli tangere*.

Ora, obstinei-me em avançar. Não que esteja certo da vitória nem conte com as minhas armas. Mas porque achei que, no momento, era o essencial: libertar a história do pensamento de sua sujeição transcendental. O problema para mim não era, absolutamente, estruturalizá-la, aplicando ao devir do saber ou a gênese das ciências categorias que tinham sido testadas no domínio da língua. Tratava-se de analisar tal história em uma descontinuidade que nenhuma teleologia reduziria antecipadamente: demarcá-la em uma dispersão que nenhum horizonte prévio poderia tornar a fechar; deixar que ela se desenrolasse em um anonimato a que nenhuma constituição transcendental imporia a forma do sujeito; abri-la a uma temporalidade que não prometeria o retorno de nenhuma aurora. Tratava-se de despojá-la de qualquer narcisismo transcendental; era preciso libertá-la da esfera da origem perdida e reencontrada em que estava presa: era preciso mostrar que a história do pensamento não podia ter o papel revelador do momento transcendental que a mecânica racional já não tem desde Kant, nem as idealidades matemáticas desde Husserl, nem as significações do mundo percebido desde Merleau-Ponty – a despeito dos esforços que foram feitos para aí descobri-lo.

Creio que, no fundo, apesar do equívoco introduzido pelo aparente debate do estruturalismo, nós nos entendemos perfeitamente, isto é, entendíamos perfeitamente o que queríamos fazer. Era normal que você defendesse o direito de uma história contínua, aberta ao mesmo tempo ao trabalho de uma teleologia e aos processos indefinidos da causalidade; mas não era para protegê-la de uma invasão estrutural que lhe desconhecesse o movimento, espontaneidade e o dinamismo interno; você queria, na verdade, garantir os poderes de uma consciência constituinte, pois eles é que eram postos em questão. Ora, tal defesa devia ter lugar em outra cena e não no próprio local do debate: pois, se você reconhecia em uma pesquisa empírica, em um mínimo trabalho de história, o direito de contestar a dimensão transcendental, então abria mão do essencial. Daí uma série de deslocamentos. Tratar a arqueologia como uma busca da origem dos *a priori* formais, dos atos fundadores, em suma, como uma espécie de fenomenologia histórica (enquanto para ela se trata, ao contrário, de libertar a história da dominação fenomenológica), e objetar-lhe, então, que ela fracassa em sua tarefa e que só descobre uma série de fatos empíricos. Depois opor à descrição arqueológica, à sua preocupação de estabelecer limiares, rupturas e transformações, o verdadeiro trabalho dos historiadores que seria o de mostrar as continuidades (enquanto, há dezenas de anos, o propósito da história não é esse), e criticar-lhe então sua indiferença em relação às empiricidades. Depois, ainda, considerá-la como uma empresa para descrever totalidades culturais, para homogeneizar as diferenças mais manifestas e reencontrar a universalidade das formas coatoras (enquanto ela tem por propósito definir a especificidade singular das práticas discursivas), e objetar-lhe, então, diferenças, mudanças e mutações. Finalmente, designá-la como a importação, no domínio da história, do estruturalismo (se bem que seus métodos e conceitos não possam, em caso algum, se prestar à confusão) e mostrar, então, que ela não poderia funcionar como uma verdadeira análise estrutural.

Todo esse jogo de deslocamentos e de incompreensões é perfeitamente coerente e necessário. Ele comportava uma vantagem secundária: poder dirigir-se em dia-

246 Michel Foucault – A Arqueologia do Saber

gonal a todas as formas de estruturalismos que é preciso tolerar – e às quais já foi preciso ceder tanto – e lhes dizer: "Vejam a que vocês se exporiam se tocassem nos domínios que ainda são os nossos; os procedimentos que vocês adotam, e que talvez tenham em outro lugar alguma validade, aí reencontrariam logo seus limites; eles deixariam escapar todo o conteúdo concreto que vocês queriam analisar; vocês seriam obrigados a renunciar a seu empirismo prudente; e vocês cairiam, contra a vontade, em uma estranha ontologia da estrutura. Tenham, pois, a prudência de se manter nos domínios que, sem dúvida, conquistaram, mas que fingiremos, de agora em diante, haver concedido a vocês, já que nós próprios fixamos-lhes os limites." Quanto à vantagem maior, ela consiste, é claro, em mascarar a crise em que estamos envolvidos há muito tempo e cujo âmbito não para de crescer: crise em que estão comprometidas a reflexão transcendental com a qual se identificou a filosofia desde Kant; a temática da origem, da promessa do retorno pela qual evitamos a diferença de nosso presente; um pensamento antropológico que consagra todas as interrogações à questão do ser do homem, e permite evitar a análise da prática; todas as ideologias humanistas; e – enfim e sobretudo – o *status* do sujeito. É esse debate que você sonha mascarar e de que espera, creio, desviar a atenção, prosseguindo os jogos agradáveis da gênese e do sistema, da sincronia e do devir, da relação e da causa, da estrutura e da história. Você está certo de não praticar uma metátese teórica?

– Suponhamos que o debate esteja onde você diz; suponhamos que se trate de defender ou de atacar o último reduto do pensamento transcendental e admitamos que nossa discussão, agora, tenha lugar na crise de que você fala: qual é, então, o título de seu discurso? De onde vem e de onde poderia exercer seu direito de falar? Como poderia legitimar-se? Se você não fez nada além de uma análise empírica consagrada ao aparecimento e à transformação dos discursos, se você descreveu conjuntos de enunciados, figuras epistemológicas, as formas históricas de um saber, como pode escapar à ingenuidade de todos os positivismos? Como sua empresa poderia valer contra a questão da origem e o recurso necessário a um sujeito constituinte? Mas se você pretende abrir uma interrogação radical, se você quer colocar seu discurso no nível em que nós próprios nos colocamos, você bem sabe que ele entrará em nosso jogo e que prolongará, por sua vez, a dimensão de que tenta, contudo, se libertar. Ou não nos atinge, ou nós o reivindicamos. De qualquer maneira, você é obrigado a nos dizer o que são esses discursos que você se obstina, há 10 anos, em pesquisar, sem nunca ter tomado o cuidado de estabelecer sua identidade. Em uma palavra, que são eles: história ou filosofia?

– Mais do que suas objeções de há pouco, essa questão, confesso, me embaraça. Ela não me surpreende inteiramente; entretanto, gostaria, ainda algum tempo, de mantê-la suspensa. É que no momento, e sem que eu possa ainda prever um fim, meu discurso, longe de determinar o lugar de onde fala, evita o solo em que se poderia apoiar. É um discurso sobre discursos, mas não pretende neles encontrar uma lei oculta, uma origem recoberta que só faltaria libertar; não pretende tampouco estabelecer, por si mesmo e a partir de si mesmo, a teoria geral da qual eles seriam os modelos concretos. Trata-se de desenvolver uma dispersão que nunca se pode conduzir a um sistema único de diferenças, e que não se relaciona a eixos absolutos de referência; trata-se de operar um descentramento que não permite privilégio a nenhum centro. Tal discurso não tem por papel dissipar o esquecimento, reencontrar no âmago das coisas ditas, e onde elas se calam, o momento de seu nascimento (quer se trate de sua criação empírica ou do ato transcendental que lhes dá origem); não tenta ser recolhimento do originário ou lembrança da verdade. Tem, pelo contrário, de *fazer* as diferenças; constituí-las como objeto, analisá-las e definir seu conceito. Em vez de percorrer o campo dos discursos para refazer, por sua conta, as totalizações suspensas, em vez de procurar, no que foi dito, o *ou-*

248 Michel Foucault – A Arqueologia do Saber

tro discurso oculto, que permanece o *mesmo* (em vez, portanto, de ele fazer, sem interrupção, de *alegoria* e de *tautologia*), opera sem cessar as diferenciações: é *diagnóstico*. Se a filosofia é memória ou retorno da origem, o que faço não pode, de modo algum, ser considerado como filosofia, e se a história do pensamento consiste em tornar a dar vida a figuras semiapagadas, o que faço não é, tampouco, história.

– Do que você acaba de dizer, deve-se reter, pelo menos, que sua arqueologia não é uma ciência. Você a deixa flutuar, com o *status* incerto de uma descrição, ou ainda, sem dúvida, um desses discursos que queria passar por alguma disciplina em estado de esboço; o que traz para seus autores a dupla vantagem de não ter de fundamentar sua cientificidade explícita e rigorosa, e de abri-la a uma generalidade futura que a liberta dos acasos de seu nascimento; ainda um desses projetos que se justificam pelo que não são, adiando sempre para mais tarde o essencial de sua tarefa, o momento de sua verificação e o posicionamento definitivo de sua coerência; ainda uma dessas fundações, como tantas que foram anunciadas desde o século XIX: pois sabemos que, no campo teórico moderno, o que se gosta de inventar não são sistemas demonstráveis, mas disciplinas cuja possibilidade se abre, cujo programa se delineia e cujo futuro e destino se confiam aos outros. Ora, apenas acabado o esboço de seu desenho, eis que elas desaparecem com seus autores. Assim, o campo que deveriam gerir permanece estéril para sempre.

– É certo que jamais apresentei a arqueologia como uma ciência, nem mesmo como os primeiros fundamentos de uma ciência futura. Em vez de traçar o plano de um edifício a ser construído, dediquei-me a fazer o esboço – reservando-me o direito de fazer muitas correções – do que realizara por ocasião de pesquisas concretas. A palavra arqueologia não tem valor de antecipação; designa somente uma das linhas de abordagem para a análise das *performances* verbais: especificação de um nível

V – Conclusão **249**

– o do enunciado e do arquivo; determinação e esclarecimento de um domínio: as regularidades enunciativas, as positividades; emprego de conceitos como os de regra de formação, derivação arqueológica, *a priori* histórico. Mas, em quase todas as suas dimensões e em quase todas as suas arestas, a empresa relaciona-se a ciências, a análises de tipo científico ou a teorias que respondem a critérios de rigor. Ela tem, inicialmente, relação com ciências que se constituem e estabelecem suas normas no saber arqueologicamente descrito e que são para ela *ciências-objetos* tanto quanto já o foram a anatomia patológica, a filologia, a economia política, a biologia. Tem relação, também, com formas científicas de análise de que se distingue, seja pelo nível, seja pelo domínio, seja pelos métodos, e das quais está próxima conforme linhas características de divisão; criticando, na massa das coisas ditas, o enunciado definido como função de realização da *performance* verbal, ela se destaca de uma pesquisa que teria como campo privilegiado a *competência* linguística: enquanto tal descrição constitui um modelo gerador para definir a aceitabilidade dos enunciados, a arqueologia tenta estabelecer regras de formação para definir as condições de sua realização; daí um certo número de analogias, mas também de diferenças (em particular no que se refere ao nível possível de formalização) entre essas duas modalidades de análise; de qualquer forma, para a arqueologia, uma gramática gerativa representa o papel de uma *análise conexa*. Além disso, as descrições arqueológicas, em seu desenrolar e nos campos que percorrem, articulam-se com outras disciplinas: procurando definir, fora de qualquer referência a uma subjetividade psicológica ou constituinte, as diferentes posições de sujeito que os enunciados podem implicar, a arqueologia atravessa uma questão que é colocada, hoje, pela psicanálise; tentando fazer aparecer as regras de formação dos conceitos, os modos de sucessão, encadeamento e coexistência dos enunciados, ela se depara com o problema das estruturas epistemológicas; estudando a formação dos objetos, os campos nos quais emergem e

250 Michel Foucault – A Arqueologia do Saber

se especificam, estudando também as condições de apropriação dos discursos, se depara com a análise das formações sociais. Trata-se, para a arqueologia, de *espaços correlativos*. Finalmente, na medida em que é possível constituir uma teoria geral das produções, a arqueologia – como análise das regras características das diferentes práticas discursivas – encontrará o que se poderia chamar sua *teoria envolvente*.

Se situo a arqueologia entre tantos outros discursos que já estão constituídos não é para fazer com que se beneficie, como quer por contiguidade e contágio, de um *status* que ela não seria capaz de dar a si mesma; não é para dar-lhe um lugar definitivamente delineado em uma constelação imóvel; mas para revelar, com o arquivo, as formações discursivas, as positividades, os enunciados e suas condições de formação, um domínio específico que não constitui, ainda, objeto de nenhuma análise (pelo menos no que ele pode ter de particular e de irredutível às interpretações e às formalizações); mas nada me garante antecipadamente – no ponto de demarcação ainda rudimentar em que estou agora – que ele permanecerá estável e autônomo. Afinal, seria possível que a arqueologia não fizesse nada além de representar o papel de um instrumento que permite articular, de maneira menos imprecisa do que no passado, a análise das formações sociais e as descrições epistemológicas; ou que permite unir uma análise das posições do sujeito a uma teoria da história das ciências; ou que permite situar o lugar de entrecruzamento entre uma teoria geral da produção e uma análise gerativa dos enunciados. Poderia ser revelado, finalmente, que a arqueologia é o nome dado a uma certa parte da conjuntura teórica de hoje. Se esta conjuntura dá lugar a uma disciplina individualizável, cujos primeiros caracteres e limites globais se esboçariam aqui, ou se ela suscita um feixe de problemas cuja coerência atual não impede que possam ser, mais tarde, retomados em outra situação, de modo diferente, em um nível mais elevado ou segundo métodos diversos, isso eu não saberia dizer no momento. E na verdade, a decisão, sem dúvida, não cabe a mim. Aceito que meu discurso se apague como a figura que conseguiu trazê-lo até aqui.

– Você mesmo faz um estranho uso da liberdade que contesta nos outros, pois você se dá todo o campo de um espaço livre que se recusa até mesmo a qualificar. Mas será que se esquece do cuidado que tomou para enquadrar o discurso dos outros em sistemas de regras? Será que se esquece de todas as coações que descrevia com meticulosidade? Você não tirou dos indivíduos o direito de intervir pessoalmente nas positividades em que se situam seus discursos? Você prendeu a menor de suas palavras a obrigações que condenam ao conformismo a menor de suas inovações. Você considera a revolução fácil quando se trata de si mesmo, mas difícil quando se trata dos outros. Seria melhor, sem dúvida, se você tivesse uma consciência mais clara das condições sob as quais fala, mas, em compensação, mais confiança na ação real dos homens e em suas possibilidades.

– Receio que você esteja cometendo um duplo erro: a respeito das práticas discursivas que tentei definir e a propósito da parte que você mesmo reserva à liberdade humana. As positividades que tentei estabelecer não devem ser compreendidas como um conjunto de determinações que se impõem do exterior ao pensamento dos indivíduos ou que moram em seu interior como que antecipadamente; elas constituem o conjunto das condições segundo as quais se exerce uma prática, segundo as quais essa prática dá lugar a enunciados parcial ou totalmente novos, segundo as quais, enfim, ela pode ser modificada. Trata-se menos dos limites colocados à iniciativa dos sujeitos que do campo em que ela se articula (sem constituir seu centro), das regras que emprega (sem que as tenha inventado ou formulado), das relações que lhe servem de suporte (sem que ela seja seu resultado último, ou seu ponto de convergência). Trata-se de revelar as práticas discursivas em sua complexidade e em sua

252 Michel Foucault – A Arqueologia do Saber

densidade; mostrar que falar é fazer alguma coisa – algo diferente de exprimir o que se pensa, de traduzir o que se sabe e, também, de colocar em ação as estruturas de uma língua; mostrar que somar um enunciado a uma série preexistente de enunciados é fazer um gesto complicado e custoso que implica condições (e não somente uma situação, um contexto, motivos) e que comporta regras (diferentes das regras lógicas e linguísticas de construção); mostrar que uma mudança, na ordem do discurso, não supõe "ideias novas", um pouco de invenção e de criatividade, uma mentalidade diferente, mas transformações em uma prática eventualmente nas que lhe são próximas e em sua articulação comum. Longe de mim negar a possibilidade de mudar o discurso: tirei dele o direito exclusivo e instantâneo à soberania do sujeito.

"De minha parte, queria, para terminar, fazer-lhe uma pergunta: que ideia você tem da mudança e, digamos, da revolução, pelo menos na ordem científica e no campo dos discursos, se a liga aos temas do sentido, do projeto, da origem e do retorno, do sujeito constituinte, em suma, a toda a temática que garante à história a presença universal do *logos*? Que possibilidade lhe dá, se a analisa conforme metáforas dinâmicas, biológicas, evolucionistas, nas quais, habitualmente, se dissolve o problema difícil e específico da mutação histórica? Mais precisamente ainda: que *status* político pode dar ao discurso se nele só vê uma transparência diminuta que cintila por um instante no limite das coisas e dos pensamentos? A prática do discurso revolucionário e do discurso científico na Europa, há 200 anos, não o liberou da ideia de que as palavras são vento, um sussurro exterior, um ruído de asas que mal ouvimos na seriedade da história? Ou será preciso imaginar que, para recusar essa lição, você se obstinou a desconhecer as práticas discursivas em sua existência própria, e que queria manter contra ela uma história do espírito, dos conhecimentos da razão, das ideias ou das opiniões? Qual é, pois, o medo que o faz responder em termos de consciência, quando lhe falam de uma prática, de suas condições, de suas regras, de suas transformações históricas? Qual é, pois, o medo que o faz procurar, além de todos os limites, as rupturas, os abalos, as escansões, o grande destino histórico-transcendental do Ocidente?

A essa questão, estou certo de que a única resposta é política. Mantenhamo-la, por enquanto, em suspenso. Talvez seja necessário retomá-la logo e de outro modo.

Este livro foi feito apenas para afastar algumas dificuldades preliminares. Tanto quanto qualquer outra pessoa, sei o que podem ter de "ingratas" – no sentido estrito do termo – as pesquisas de que falo e que empreendo há 10 anos. Sei o que pode haver de árido no fato de tratar os discursos não a partir da doce, muda e íntima consciência que aí se exprime, mas de um obscuro conjunto de regras anônimas. O que há de desagradável em fazer aparecer os limites e as necessidades de uma prática no lugar em que tínhamos o hábito de ver desenrolarem-se, em pura transparência, os jogos do gênio e da liberdade. O que há de provocante em tratar como um feixe de transformações essa história dos discursos que era animada, até aqui, pelas metamorfoses tranquilizadoras da vida ou a continuidade intencional do vivido. Enfim, considerando-se o que cada um quer colocar, pensa colocar de "si mesmo" em seu próprio discurso, quando tenta falar, o que há de insuportável em recortar, analisar, combinar, recompor todos os textos que agora voltam ao silêncio, sem que neles jamais se desenhe o semblante transfigurado do autor: "Como! Tantas palavras acumuladas, tantas marcas depositadas em tantas folhas de papel e oferecidas a inúmeros olhares, um zelo tão grande para mantê-las além do gesto que as articula, uma piedade tão profunda destinada a conservá-las e inscrevê-las na memória dos homens – tudo isso para que não reste nada da pobre mão que as traçou, da inquietude que nelas procurava acalmar-se, e da vida acabada que só tem a elas, daqui por diante, para sobreviver? O discurso, em sua determinação mais profunda, não seria 'rastro'? E

254 Michel Foucault – A Arqueologia do Saber

seu murmúrio não seria o lugar das imortalidades sem substância? Seria preciso admitir que o tempo do discurso não é o tempo da consciência levado às dimensões da história, ou o tempo da história presente na forma da consciência? Seria preciso que eu supusesse que em meu discurso não está em jogo minha imortalidade? E que falando dele não conjuro minha morte, mas a estabeleço ou, antes, suprimo toda interioridade nesse exterior que é tão indiferente à minha vida e tão *neutro* que não estabelece diferença entre minha vida e minha morte?"

Eu compreendo bem o mal-estar de todos esses. Foi, sem dúvida, muito doloroso, para eles, reconhecer que sua história, sua economia, suas práticas sociais, a língua que falam, a mitologia de seus ancestrais, até as fábulas que lhes contavam na infância, obedecem a regras que não se mostram inteiramente à sua consciência; eles não desejam ser privados, também e ainda por cima, do discurso em que querem poder dizer, imediatamente, sem distância, o que pensam, creem ou imaginam; vão preferir negar que o discurso seja uma prática complexa e diferenciada que obedece a regras e a transformações analisáveis a ser destituídos da frágil certeza, tão consoladora, de poder mudar, se não o mundo, se não a vida, pelo menos seu "sentido", pelo simples frescor de uma palavra que viria apenas deles mesmos e permaneceria o mais próximo possível da fonte, indefinidamente. Tantas coisas em sua linguagem já lhes escaparam: eles não querem mais que lhes escape, além disso, *o que dizem*, esse pequeno fragmento de discurso – falado ou escrito, pouco importa – cuja débil e incerta existência deve levar sua vida mais longe e por mais tempo. Não podem suportar (e os compreendemos um pouco) ouvir dizer: "O discurso não é a vida: seu tempo não é o de vocês; nele, vocês não se reconciliarão com a morte; é possível que vocês tenham matado Deus sob o peso de tudo que disseram; mas não pensem que farão, com tudo o que vocês dizem, um homem que viverá mais que ele."